会计学国家一流专业建设点系列教材

智能财税风险管控

Intelligent Financial and Tax Risk Control

主　编　孟祥玲
副主编　窦婧嘉　郭艳莹

中国财经出版传媒集团

经济科学出版社
Economic Science Press

· 北京 ·

图书在版编目（CIP）数据

智能财税风险管控／孟祥玲主编；窦婧嘉，郭艳莹
副主编. -- 北京：经济科学出版社，2025.3. --（会
计学国家一流专业建设点系列教材）. -- ISBN 978 - 7
- 5218 - 6872 - 2

Ⅰ. F810 - 39

中国国家版本馆 CIP 数据核字第 2025HN1444 号

责任编辑：杜　鹏　武献杰　常家凤
责任校对：王京宁
责任印制：邱　天

智能财税风险管控
ZHINENG CAISHUI FENGXIAN GUANKONG

主　编　孟祥玲
副主编　窦婧嘉　郭艳莹
经济科学出版社出版、发行　新华书店经销
社址：北京市海淀区阜成路甲 28 号　邮编：100142
编辑部电话：010 - 88191441　发行部电话：010 - 88191522
网址：www. esp. com. cn
电子邮件：esp_bj@ 163. com
天猫网店：经济科学出版社旗舰店
网址：http：//jjkxcbs. tmall. com
固安华明印业有限公司印装
787 × 1092　16 开　18 印张　420000 字
2025 年 3 月第 1 版　2025 年 3 月第 1 次印刷
ISBN 978 - 7 - 5218 - 6872 - 2　定价：49.00 元
（图书出现印装问题，本社负责调换。电话：010 - 88191545）
（版权所有　侵权必究　打击盗版　举报热线：010 - 88191661
QQ：2242791300　营销中心电话：010 - 88191537
电子邮箱：dbts@ esp. com. cn）

前　　言

金税工程是国家级电子政务工程"十二金"之一，构建了覆盖全国的、统一的税收管理信息系统，改进了中国的电子税务管理体系，提高了税务工作的效率和便捷性，并为纳税人提供了更好的税务服务。目前，金税工程已经进入第四个阶段，也就是"金税四期"。

本教材作为智能财税领域的理论与实训相结合的应用型教材，旨在结合实际工作场景聚焦问题，通过教学实训平台与商用风险管控系统配合企业案例进行激活旧知、论证新知、尝试应用、融会贯通，掌握"金税四期"下企业税务风险识别、评估及应对。本教材第一章对我国的税制改革、金税工程等进行了阐述；第二章到第八章均结合案例进行实务操作训练。

本教材注重理论与实践相结合，首先通过对各模块理论知识的学习，使学生对税务风险相关知识有所掌握。接下来通过案例企业数据导入"智能财税风险管控系统"进行财税体检、识别税务风险类别及其所属类别的指标项，分析风险指标出现的原因。通过调整业务、财务和税务修正差错，将修正后的数据再次导入"智能财税风险管控系统"进行财税体检，风险消除。在此过程中使学生将专业知识与企业实际业务相结合，提高知识应用能力。

本教材体现业财税一体化的人才培养模型：两类知识——企业运营类知识、财会专业类知识；八项能力——交易业务处理能力、规划和报告能力、决策指引能力、新技术应用能力、财税风险管控能力、财务大数据分析治理能力、领导力、沟通协作能力；三项创新素养——批判及探究思维、前瞻与创新、业财税一体化思维。

本教材为会计学国家一流专业建设点系列教材之一，由长春光华学院会计学国家一流本科专业建设教学团队编写。具体分工为：第一章当前税收环境、第七章存货异常税务风险、第八章个人所得税税务风险由孟祥玲编写；第二章增值税税务风险、第三章企业所得税税务风险由窦婧嘉编写；第四章隐瞒收入税务风险、第五章往来核算税务风险、第六章虚增成本税务风险由郭艳莹编写。

本教材的编写得到了财智未来（北京）教育科技有限公司、厦门科云信息科技有限公司等单位的大力支持和帮助，在此表示衷心感谢。我们也诚挚地欢迎广大读者对本教材提出宝贵的意见和建议，以便我们不断改进和完善。

编者

2025 年 2 月

目 录

第一章 当前税收环境

【课程导读】

　　税收是国家为了实现其职能和满足社会公共需要，凭借其政治权力，运用法律手段参与社会产品和国民收入分配，强制、无偿取得财政收入的一种形式。新中国成立70多年来财税体制不断演进，金税工程一期从1994年开始，如今已进行到金税工程四期，在"金税四期"严格监管下，资产收支将更加透明化，任何违反现行税法的行为都无处遁形。

【学习目标】

　　★ 了解金税工程
　　★ 了解金税工程对税务风险管控的影响

【能力目标】

　　★ 培养学生金税工程下进行税务风险管控的能力

【素质目标】

　　★ 培养学生依法纳税意识
　　★ 培养学生具有严谨、诚信的职业品质和良好的职业道德

第一节 现行税收制度

一、税收的本质

　　税收是国家为了实现其职能和满足社会公共需要，凭借其政治权力，运用法律手段参与社会产品和国民收入分配，强制、无偿取得财政收入的一种形式。

　　税收包含下列实质内容：第一，征税的主体是国家，除了国家之外，任何机构和团体都无权征税；第二，国家征税依据的是政治权力，这种政治权力凌驾于财产权力之上，没有国家的政治权力为依托，征税就无法实现；第三，征税的基本目的是满足国家的财政需要，以实现其进行阶级统治和满足社会公共需要的职能；第四，税收分配的客体是社会剩余产品，税收不能课及生产资料和劳动者报酬，否则简单再生产将

无法维持；第五，税收具有强制性、无偿性、固定性的特征。

税收法律关系有两种观点："权力关系说"和"债务关系说"。"权力关系说"将税收法律关系理解为纳税人对国家课税权的服从关系，课税以国家政治权力为依据，体现国家的意志，国家在课税过程中始终处于主导地位，课税权的行使以税收法规的制定、课税行为的实施、税务罚则的运用为基本模式进行。"债务关系说"则认为税收法律关系是一种公法上的债权债务关系，因为税收从本质上看是一种金钱的给付，是以国家为债权人而依法设定的债务。"权力关系说"代表较为传统的观念，是从税法基本概念作出的推理。"债务关系说"则揭示了税收法律关系的经济属性，即一种公法上的债权债务关系，从而充实了税收法律关系的理论基础。

税收法律主体的一方只能是国家，体现国家单方面的意志，权利义务关系具有不对等性，具有财产所有权或支配权单向转移的性质。税收与其他财政收入形式相比，具有以下三大显著的形式特征。

一是强制性。它是指国家凭借其政治权力和社会公共权力，以社会管理者的身份，以法律形式确定征纳双方的权利义务关系并保证税收收入的实现。

二是无偿性。它是指在国家征税以后，税款归国家所有，既不需要再直接归还给纳税人，也不需要向纳税人支付任何报酬或代价。

三是固定性。它是指国家通过法律形式，预先规定了课税对象、纳税人和征税标准等征税行为规则，征纳双方都必须遵守，不能随意改变。

税收的三个形式特征是一个完整的统一体，缺一不可。无偿性是税收分配的核心特征，强制性和固定性是对无偿性的保证和约束。税收的三个形式特征也是不同社会制度下的税收所共有的，它是税收本质的具体体现。

二、税收法律关系

税收法律关系是税法确认和调整的、国家与纳税人之间在税收分配过程中形成的权利义务关系。税收法律关系的一方主体始终是国家，税收法律关系主体双方具有单方面的权利与义务内容，税收法律关系的产生以纳税人发生了税法规定的行为或者事实为根据。税收法律关系包括三方面内容：税收法律关系的构成；税收法律关系的产生、变更与消灭；税收法律关系的保护。税收法律关系有四个特点：

1. 主体的一方只能是国家。

构成税收法律关系主体的一方可以是任何负有纳税义务的法人和自然人，但是另一方只能是国家。固定有一方主体为国家，是税收法律关系的特点之一。

2. 体现国家单方面的意志。

税收法律关系只体现国家单方面的意志，不体现纳税人一方主体的意志。税收法律关系的成立、变更、消灭不以主体双方意思表示一致为要件。

3. 权利义务关系具有不对等性。

纳税人和国家的法律地位是平等的，但在权利义务方面具有不对等性。

4. 具有财产所有权或支配权单向转移的性质。

税收法律关系中的财产转移具有无偿、单向、连续等特点，只要纳税人不中断税法规定应纳税的行为，税法不发生变更，税收法律关系就将一直延续下去。

税法体系中各税法按立法目的、课税对象、权限划分、适用范围、职能作用的不同，可分为不同类型。税法分类只为研究和表述使用，不具有法定性。

三、税法的分类

（一）按职能作用不同，可分为实体法和程序法

实体法体系在 2018 年 1 月 1 日以后实际征收的 18 个税种，包括增值税、消费税、关税、资源税、土地增值税、城镇土地使用税、企业所得税、个人所得税、房产税、车船税、印花税、契税、城市维护建设税、车辆购置税、耕地占用税、烟叶税、船舶吨税、环境保护税。

程序法体系我国税收征管制度，是按照税收管理机关的不同而分别规定的：

（1）由税务机关负责征收的税种的征收管理，按照全国人大常委会发布实施的《中华人民共和国税收征收管理法》及各实体税法中的征管规定执行。

（2）由海关负责征收的税种的征收管理，按照《中华人民共和国海关法》和《中华人民共和国进出口关税条例》等有关规定执行。

（二）按照税法的基本内容和效力的不同，可分为基本法和普通法

税收基本法是税收领域的根本大法，在整个税收法律体系中居于母法地位，对各税收实体法和税收程序法起着统帅作用。同时，由税法的地位和税收法治建设的规律所决定，税法属于公法，是国家的重要法律。因此，制定税收基本法是我国税收法治的重大事件，对于促进中国市场经济的发展和完善具有重大意义。

税收普通法和税收基本法相对应，目前我国的税收法律都是税收普通法，税收普通法是根据税收基本法的原则，对税收基本法规定的事项分别立法实施，如个人所得税法、税收征收管理法等。我国目前还没有制定统一的税收基本法，随着我国税收法治建设的发展和完善，将研究制定税收基本法。

（三）按照税法相关税种征收对象的不同分类

按课税对象不同，税收可以划分为货物劳务税、所得税、资源税和财产行为税。

货物劳务税又称为流转税，是指在生产、流通和服务领域中，以销售商品或提供劳务而取得的销售收入额或营业收入额为课税对象的税收，主要包括增值税、消费税、车辆购置税、关税。

所得税是指以各种所得额为课税对象的税收，主要包括两大税种，即企业所得税和个人所得税。

资源税是以各种应税自然资源为课税对象、为了调节资源级差收入并体现国有资

源有偿使用而征收的一种税。

财产行为税是指以纳税人所拥有或支配的财产数量或财产价值为课税对象，或者为了某些特定目的以某些特定行为为课税对象的税收。在我国现行税制体系中，属于财产行为税的有契税、土地增值税、印花税、房产税、城市维护建设税、城镇土地使用税、车船税等。

（四）按照主权国家行使税收管辖权的不同分类

按照主权国家行使税收管辖权的不同，可分为国内税法、国际税法、外国税法等。国内税法主体为个人，以及由个人组成的法人或作为法人的国家机构。国际税法是调整国与国之间因跨国纳税人的所得而产生的国际税收分配关系的法律规范的总称；其客体主要是跨国纳税人的跨国所得，有时还包括跨国纳税人在居住国的财产和遗产。外国税法普遍意义上是指其他国家（非本国）施行的关于税务的法律规范的总称。

（五）按税收收入归属和征管权限的不同分类

按照财政分税制的要求，将税种按照实际情况划分为中央税、中央与地方共享税、地方税三种。其中，中央税归中央所有，地方税归地方所有，中央与地方共享税分配后分别归中央与地方所有。

第二节　金税工程

金税工程是以计算机网络为依托，实现税务机关互联互通、相关部门信息共享，采用先进技术，覆盖税收各税种、各管理环节的信息管理系统工程的总称。该系统由一个网络、四个子系统构成。一个网络是指国家税务总局与省、地、县税务局四级计算机网络；四个子系统是指增值税防伪税控开票子系统、防伪税控认证子系统、增值税稽核子系统和发票协查子系统。金税工程实际上就是利用覆盖全国税务机关的计算机网络对增值税专用发票和企业增值税纳税状况进行严密监控的一个体系。

一、金税工程一期

金税工程一期从 1994 年到 1998 年，增值税交叉稽核系统（该系统主要采用企业提供增值税专用发票，由税务机关组织手工录入的方式进行数据采集）和增值税防伪税控系统在全国范围内进行推广使用。

二、金税工程二期

从 1998 年到 2003 年年底，金税工程二期实施并取得阶段性成果。金税工程二期由增值税防伪税控开票子系统、防伪税控认证子系统、增值税稽核子系统、发票协查信息管理子系统四大系统组成。

三、金税工程三期

2013 年，金税工程三期经过在广东、山东、河南、山西、内蒙古、重庆 6 个省（区、市）级国地税局试点后，在全国范围逐步推广。根据一体化原则，建立基于统一规范的应用系统平台，依托计算机网络，总局和省局高度集中处理信息，覆盖所有税种、所有工作环节、国地税局并与有关部门联网，包括征管业务、行政管理、外部信息、决策支持等四大子系统的功能齐全、协调高效、信息共享、监控严密、安全稳定、保障有力的税收管理信息系统，即建立"一个平台、两级处理、三个覆盖、四个系统"。

四、金税工程四期

"金税四期"的核心是"以数控税"，通过建立纳税人"一人式档案"，进行实时归集和分析，感知风险并自动预警，实现从"人找数"填报到"数找人"确认的转变。

对比"金税三期"，"金税四期"增加了一些"非税"业务和其他监管部门的信息，在整体业务层面上进行更全面的监控；同时，以人工智能和云处理技术赋能传统的"互联网＋信息化"系统，以数字科技提升税务管理的精准性；并将全面采用电子发票的运行模式，在发票生成后即刻完成数据信息分析，大幅提升税收征管效率。可见，金税四期的推进使得现代化税收征管系统更加强大，实现"税费"全数据、全业务、全流程的"云化"打通，为智能办税、智慧监管提供条件和基础，实现"以票控税"向"以数治税"的转变。

第三节　"金四"下的税务风险管控

一、"金税四期"的功能升级

（一）建立指挥决策系统

1. 建立总局端指挥台。
2. 开创税务云化时代。
3. 实施企业信息联网核查系统。
4. 实现公安部门、经侦部门与税务、工商、银行大数据共享机制。

（二）开发综合画像功能

1. 税务人工智能技术为企业精准"画像"功能。

2. 人工智能大数据平台对每张"画像"进行精准分析。

（三）完善底账库穿透数据规则

1. 纸质发票即将退出历史舞台，迎接发票数字化浪潮。
2. 发票生命周期背后的信息。
3. 大数据对证据链完整而无真实业务的判断规则。
4. 发票开具异常监控项——不断开发智能学习。

（四）开发智慧稽查系统功能

1. 智慧稽查系统工具。
2. 智慧稽查系统智慧。
3. 360°无死角监测。

二、企业税务转型探索

（一）外部环境：新技术的发展促进了传统会计的变革

当前新的技术不断涌现、飞速发展，云计算、人工智能、大数据、区块链等新一代信息技术的发展不但引领着企业业务和组织的变革，也应用于税务局的税收征管与服务升级中，税务局通过"金税四期"的建设逐步实现自动算税、上云赋智和以数治税。金税工程四期采用了云计算、区块链等多种先进的信息技术，未来能够实现海量数据存储、高并发响应等，实现在大数据技术下更快速和精准的税务管理。

（二）内部环境：企业发展要求会计创造更高的价值

1. 会计信息价值提升。

从移动互联网和人工智能的飞速发展可以看出人们对信息价值的追求，而对于会计信息而言，企业管理人员对其信息质量要求更有着不同以往的重视程度。

2. 企业税务风险管控及筹划。

在"以数治税"的大环境下，企业的税务管理系统和业务数据不"连通"，发票传递和纳税筹划都可能存在风险。数字化与税务管控相融合可以帮助企业快速收集业务数据、预防潜在税务风险、提高效率。

（三）税务转型目标

1. 发票管理智能化。

从销项管理、进项管理、发票风险三个环节实现智能开票、发票签收、智能查验、智能勾选、全链条风控等能力，助力企业票税安全，提升企业运营效率。建立企业发票池，对企业的发票获取、报销、入账、认证、转出、归档状态实行全生命周期管理。

2. 税务计算智能化。

税务计算智能化能够消除手工作业和线下作业，从根本上解放一线税务人员的劳动力，降低基础操作风险。借助自动化、规范化、标准化的税务计算流程，解放烦琐的数据收集、计税及申报等基础工作，税务管理重心由手工计税申报转变为税务核算过程管理、合规风控，并可对涉税任务进行实时追踪与监管。

3. 纳税申报自动化。

打通业财税票数据，预置税法规则和标准流程，实现企业全税种自动计税和应税判定，自动生成纳税申报表并完成申报工作。以自动化、智能化为基层赋能，脱离线下工作底稿，降低税务专业门槛，提高税务核算与纳税申报的效率和质量。

4. 税务风险场景化。

基于各行业特点及企业自身价值取向，全面分析、梳理税务风险点，以"风险指标配置、风险检测、风险分析及应对"的模式，将税务风险管理融入企业日常经营管理中，与业务转型创新紧密结合，在前端业务树立第一道税务风险防线，有效防范风险的发生。

5. 税务数据台账化。

企业传统的税务管理方式导致数据"孤岛"现象严重，税务人员大量时间用于数据收集、质量检查与比对，缺乏完整、持续的管理台账。数字化转型通过建设智能税务管理系统，将管理台账线上化，形成专业化、标准化的线上税务管理台账体系，实现对涉税业务分门别类、精准连续的管理，提高企业纳税申报表数据填报的效率、准确性和合规性，进而提升企业税务管理水平，有效规避税务风险。

三、"金税四期"工程对企业的影响

在"金税四期"严格监管下，资产收支将更加透明化，任何违反现行税法的行为都会无处遁形。

对于企业来说，"金税四期"上线以后，国家将运用大数据、人工智能等新一代的信息技术对企业进行监督，"以数治税"时代下，企业更多的数据将被税务局掌控。

（一）企业信息更加透明

"金税四期"将打通税务、银行、社保、工信部等机构间信息共享和核查的通道，社保、工资、收入、成本费用等"非税"数据也将被全面监控，让虚开发票、库存与账实不符、公私混用、社保缴纳不规范、虚假开户、空壳企业、税负率异常等违法行为无处遁形，进一步维护经济金融秩序。

（二）涉税风险更难隐藏

"金税四期"采用"信用＋风险"的新型监管机制，通过更精准的企业画像，实现"无风险不打扰，有违法要追究，全过程强智控"。

（三）　办税质效大幅提升

"金税四期"的高度智能化和数字化将进一步减轻企业财务端的工作负担，提升工作效率和用户体验。

（四）　大额交易重点监管

"金税四期"下个人账户的大额交易都会被重点监管，情形包括现金交易超过5万元、公户转账超过200万元、私户转账超20万元（境外）或50万元（境内）。

四、"金税四期"工程下企业涉税风险管控

（一）　保证经营合法有效

做到资金流、票据流、合同流、货物流"四流一致"，保证主体经营合法、业务实质有效。

（二）　规范涉税业务管理

企业需规范业务管理，根据自身实际情况和业务模式搭建合理的纳税管理标准和实施方案。

（三）　提升财务精细化管理

提升财务团队的人员素质，加强财务审核工作，及时了解并熟悉最新税收政策，严格贯彻执行，控制税务风险。

第二章　增值税税务风险

【课程导读】

增值税是以商品（含应税劳务）在流转过程中产生的增值额作为计税依据而征收的一种流转税，是国家主要的税收来源之一。企业在增值税的计算和申报过程中面临多种涉税风险，如发票管理风险、征税凭证不全、计税方法使用错误和认证、抵扣问题等。为了有效应对涉税风险，企业应加强内部管理、优化会计核算、加强税务合规意识、加强税务管理和定期开展涉税培训等方面。只有通过完善的风险管控机制和管理流程，企业才能实现健康稳定发展，为社会和国家的发展作出积极贡献（本章涉及的所有企业名称、相关材料及数据均为虚构，仅作教学使用）。

【学习目标】

★ 掌握业财税一体化思维

★ 了解增值税法律法规

★ 掌握增值税税务风险分析指标和税务风险点

【能力目标】

★ 培养学生对增值税涉税业务的敏感性

★ 培养学生具有"财税一体化思维"的能力

【素质目标】

★ 培养学生依法纳税意识

★ 培养学生严谨、诚信的职业品质和良好的职业道德

第一节　聚焦问题

一、场景一

好美超市是一家综合性的大超市，商品品种齐全，琳琅满目，物美价廉。由于经营有方，开业一年多以来，超市在附近几个大型社区迅速建立了良好的口碑，营业额稳步攀升。

今年五一，超市为了保持顾客的忠诚度，向顾客发行了充值消费卡——好美卡，凡持卡消费的顾客，不仅享受会员价，结算时还能享受 95 折优惠；一时间，新老顾客纷纷购卡充值，超市的现金流迅速增加。

销售额增加的同时，交的税也多了起来，这让超市的总经理贾总很伤脑筋。于是，贾总找来财务部的赵经理，让赵经理"想想办法"。

赵经理的确是个很有办法的人。很快，超市的各项税负都降下来了。

二、场景二

元旦刚过，公司聘请税务师事务所来到公司做审计。经过 3 天的审计，现场负责的审计师找到财务经理赵经理进行沟通。

审计师：赵经理，我们查了今年的账，发现贵公司的收入好像不准确，尤其是"五一"之后的收入，我们认为存在收入漏记的问题。

赵经理：怎么可能？不会漏记收入，我们每一笔账都记得清清楚楚，你们一定是搞错了。

审计师：这样吧赵经理，我给你们看一套风险指标，看完您就明白了。

第二节 激活旧知

一、增值税的含义

在中华人民共和国境内（以下简称境内）销售货物、服务、无形资产、不动产（以下称应税交易），以及进口货物的单位和个人，为增值税的纳税人，应当依照本法规定缴纳增值税。

应税交易是指销售货物、服务、无形资产、不动产和金融商品。

境内应税交易是指：

销售货物的，货物的起运地或者所在地在境内；

销售服务、无形资产（自然资源使用权除外）的，销售方为境内单位和个人，或者服务、无形资产在境内消费；

销售不动产、转让自然资源使用权的，不动产、自然资源所在地在境内；

销售金融商品的，销售方为境内单位和个人，或者金融商品在境内发行。

增值税已经成为中国最主要的税种之一，增值税的收入占中国全部税收的 40%以上，是最大的税种。

二、增值税的征收机关

增值税由税务部门负责征收，税收收入中 50% 为中央财政收入，50% 为地方收入。进口环节的增值税由海关负责征收，税收收入全部为中央财政收入。

三、增值税的纳税人

为了便于增值税的征收管理并简化计税，我国按照增值税纳税人的生产经营规模及会计核算健全程度，将增值税纳税人划分为一般纳税人和小规模纳税人两种，并在征收管理上采取不同的办法。

（一）一般纳税人的认定标准及管理要求

1. 基本规定。

增值税纳税人年应税销售额超过财政部、国家税务总局规定的小规模纳税人标准（以下简称规定标准）的，除另有规定者外，应当向其机构所在地主管税务机关办理一般纳税人登记。年应税销售额标准：增值税小规模纳税人标准为年应征增值税销售额 500 万元及以下。

年应税销售额包括纳税申报销售额、稽查查补销售额、纳税评估调整销售额、税务代开发票销售额和免税销售额。

2. 资格条件。

年应税销售额不能达到规定标准但符合资格条件的，也可登记成为增值税一般纳税人。目前规定的资格条件：能够按照国家统一的会计制度规定设置账簿，根据合法、有效凭证核算，能够准确提供税务资料。即小规模纳税人在核算水平条件达标的情况下，可登记成为增值税一般纳税人。

（1）有固定的生产经营场所。

（2）能够按照国家统一的会计制度规定设置账簿，根据合法、有效凭证核算，能够提供准确税务资料。会计核算健全，是指能够按照国家统一的会计制度规定设置账簿，根据合法、有效凭证核算。

一般纳税人资格认定权限，在县（市、区）税务局或者同级别的税务分局。

除国家税务总局另有规定外，纳税人一经认定为一般纳税人后，不得转为小规模纳税人。

（二）小规模纳税人的认定及管理要求

小规模纳税人是指年应纳增值税销售额（以下简称应税销售额）在规定标准以下，会计核算不健全，不能按规定报送有关纳税资料的增值税纳税人。

1. 小规模纳税人认定的金额标准。

增值税小规模纳税人标准为年应征增值税销售额 500 万元及以下。会计核算不健全，不能按规定报送有关税务资料的增值税纳税人认定为小规模纳税人。

2. 特殊规定。

（1）年应税销售额超过小规模纳税人标准的其他个人按小规模纳税人纳税。

（2）年应税销售额超过规定标准但不经常发生应税行为的单位和个体工商户，以及非企业性单位、不经常发生应税行为的企业，可选择按照小规模纳税人纳税。

（3）兼有销售货物、提供加工修理修配劳务以及应税服务，且不经常发生应税行为的单位和个体工商户可选择按小规模纳税人纳税。

四、增值税的征税范围

根据《增值税法》增值税的征税范围应包括：应税交易和进口货物。

（一）一般范围

应税交易是指销售货物、服务、无形资产、不动产和金融资产。即有偿转让货物的所有权、转让不动产的所有权、提供服务、转让无形资产所有权或使用权。

1. 销售货物。

销售货物是指有偿转让货物的所有权。其中，货物是指有形动产，包括电力、热力、气体在内。

2. 销售服务。

销售服务是指提供加工、修理修配服务，交通运输服务，邮政服务，电信服务，建筑服务，金融服务，生活服务。

（1）加工、修理修配服务，是指有偿提供加工、修理修配服务。其中，加工是指受托加工货物，即委托方提供原料及主要材料，受托方按照委托方的要求制造货物并收取加工费的业务；修理修配，是指受托对损伤和丧失功能的货物进行修复，使其恢复原状和功能的业务。单位或者个体工商户聘用的员工为本单位或者雇主提供加工、修理修配劳务，不包括在内。

（2）交通运输服务是指利用运输工具将货物或者旅客送达目的地，使其空间位置得到转移的业务活动，包括陆路运输服务、水路运输服务、航空运输服务和管道运输服务。

水路运输的程租、期租业务，属于水路运输服务。

程租业务，是指运输企业为租船人完成某一特定航次的运输任务并收取租赁费的业务。

期租业务，是指运输企业将配备有操作人员的船舶承租给他人使用一定期限，承租期内听候承租方调遣，不论是否经营，均按天向承租方收取租赁费，发生的固定费用均由船东负担的业务。

航空运输的湿租业务，属于航空运输服务。

湿租业务，是指航空运输企业将配备有机组人员的飞机承租给他人使用一定期限，承租期内听候承租方调遣，不论是否经营，均按一定标准向承租方收取租赁费，发生的固定费用均由承租方承担的业务。

注意：水路运输的光租业务、航空运输的干租业务不属于交通运输。

航天运输服务，是指利用火箭等载体将卫星、空间探测器等空间飞行器发射到空间轨道的业务活动。

（3）邮政服务，是指中国邮政集团公司及其所属邮政企业提供邮件寄递、邮政汇兑和机要通信等邮政基本服务的业务活动，包括邮政普遍服务、邮政特殊服务和其他邮政服务。

（4）电信服务，是指利用有线、无线的电磁系统或者光电系统等各种通信网络资源，提供语音通话服务，传送、发射、接收或者应用图像、短信等电子数据和信息的业务活动，包括基础电信服务和增值电信服务。

基础电信服务，是指利用固网、移动网、卫星、互联网，提供语音通话服务的业务活动，以及出租或者出售带宽、波长等网络元素的业务活动。

增值电信服务，是指利用固网、移动网、卫星、互联网、有线电视网络，提供短信和彩信服务、电子数据和信息的传输及应用服务、互联网接入服务等业务活动。

（5）建筑服务，是指各类建筑物、构筑物及其附属设施的建造、修缮、装饰，线路、管道、设备、设施等的安装以及其他工程作业的业务活动，包括工程服务、安装服务、修缮服务、装饰服务和其他建筑服务。

固定电话、有线电视、宽带、水、电、燃气、暖气等经营者向用户收取的安装费、初装费、开户费、扩容费以及类似收费，按照安装服务缴纳增值税。

（6）金融服务，是指经营金融保险的业务活动，包括贷款服务、直接收费金融服务、保险服务。

（7）现代服务，是指围绕制造业、文化产业、现代物流产业等提供技术性、知识性服务的业务活动。包括研发和技术服务、信息技术服务、文化创意服务、物流辅助服务、租赁服务、鉴证咨询服务、广播影视服务、商务辅助服务和其他现代服务。

研发和技术服务，包括研发服务、合同能源管理服务、工程勘察勘探服务、专业技术服务。

信息技术服务包括软件服务、电路设计及测试服务、信息系统服务、业务流程管理服务和信息系统增值服务。

文化创意服务，包括设计服务、知识产权服务、广告服务和会议展览服务。

物流辅助服务，包括航空服务、港口码头服务、货运客运场站服务、打捞救助服务、装卸搬运服务、仓储服务和收派服务。

租赁服务，包括融资租赁服务和经营租赁服务。"经营租赁服务"又包括有形动产租赁和不动产租赁。

按照标的物的不同，经营租赁服务可分为有形动产经营租赁服务和不动产经营租赁服务。

车辆停放服务、道路通行服务（包括过路费、过桥费、过闸费等）等按照不动产经营租赁服务缴纳增值税。

将建筑物、构筑物等不动产或者飞机、车辆等有形动产的广告位出租给其他单位或者个人用于发布广告，按照经营租赁服务缴纳增值税。

水路运输的光租业务、航空运输的干租业务，属于经营租赁。

光租业务，是指运输企业将船舶在约定的时间内出租给他人使用，不配备操作人员，不承担运输过程中发生的各项费用，只收取固定租赁费的业务活动。

干租业务，是指航空运输企业将飞机在约定的时间内出租给他人使用，不配备机组人员，不承担运输过程中发生的各项费用，只收取固定租赁费的业务活动。

鉴证咨询服务，包括认证服务、鉴证服务和咨询服务。

广播影视服务，包括广播影视节目（作品）的制作服务、发行服务和播映（含放映，下同）服务。

商务辅助服务，包括企业管理服务、经纪代理服务、人力资源服务、安全保护服务。

其他现代服务，是指除研发和技术服务、信息技术服务、文化创意服务、物流辅助服务、租赁服务、鉴证咨询服务、广播影视服务和商务辅助服务以外的现代服务。

（8）生活服务，是指为满足城乡居民日常生活需求提供的各类服务活动。包括文化体育服务、教育医疗服务、旅游娱乐服务、餐饮住宿服务、居民日常服务和其他生活服务。

3. 销售无形资产。

销售无形资产，是指转让无形资产所有权或者使用权的业务活动。无形资产，是指不具实物形态，但能带来经济利益的资产，包括技术、商标、著作权、商誉、自然资源使用权和其他权益性无形资产。

技术，包括专利技术和非专利技术。

自然资源使用权，包括土地使用权、海域使用权、探矿权、采矿权、取水权和其他自然资源使用权。

其他权益性无形资产，包括基础设施资产经营权、公共事业特许权、配额、经营权（包括特许经营权、连锁经营权、其他经营权）、经销权、分销权、代理权、会员权、席位权、网络游戏虚拟道具、域名、名称权、肖像权、冠名权、转会费等。

4. 销售不动产。

销售不动产，是指转让不动产所有权的业务活动。不动产，是指不能移动或者移动后会引起性质、形状改变的财产，包括建筑物、构筑物等。

转让建筑物有限产权或者永久使用权的，转让在建的建筑物或者构筑物所有权的，以及在转让建筑物或者构筑物时一并转让其所占土地的使用权的，按照销售不动产缴纳增值税。

5. 销售金融商品。

销售金融商品是指转让外汇、有价证券、非货物期货和其他金融商品所有权的业务活动。

其他金融商品转让包括基金、信托、理财产品等各类资产管理产品和各种金融衍生产品的转让。

（二）特殊项目

1. 货物期货，应当征收增值税，在期货的实物交割环节纳税。

交割时采取由期货交易所开具发票的，以期货交易所为纳税人；交割时采取由供货的会员单位直接将发票开给购货会员单位的，以供货会员单位为纳税人。

2. 对增值税纳税人收取的会员费收入不征收增值税。

3. 各燃油电厂从政府财政专户取得的发电补贴不属于价外费用，不征收增值税。

4. 供电企业利用自身输变电设备对并入电网的企业自备电厂生产的电力产品进行电压调节，收取并网服务费，属于提供加工劳务，应当征收增值税。

5. 经批准允许从事二手车经销业务的纳税人，收购二手车时将其办理过户登记到自己名下，销售时再将该二手车过户登记到买家名下的行为，属于销售货物的行为，应按照现行规定征收增值税。

6. 关于罚没物品征免增值税问题：执罚部门和单位查处的具备拍卖条件、不具备拍卖条件以及属于专营的财物，取得的收入如数上缴财政，不予征税。购入方再销售的照章纳税。

7. 按照现行增值税政策，纳税人取得的中央财政补贴，不属于增值税应税收入，不征收增值税。

8. 根据现行增值税有关规定，融资性售后回租业务中，承租方出售资产的行为，不属于增值税的征收范围，不征收增值税。

9. 航空运输企业已售票但未提供航空运输服务取得的逾期票证收入，按照航空运输服务征收增值税。

10. 药品生产企业销售自产创新药的销售额，为向购买方收取的全部价款和价外费用，其提供给患者后续免费使用的相同创新药，不属于增值税视同销售范围。

11. 纳税人在资产重组过程中，通过合并、分立、出售、置换等方式，将全部或者部分实物资产以及与其相关联的债权、负债和劳动力一并转让给其他单位和个人，不属于增值税的征税范围，其中涉及的货物转让，不征收增值税。

12. 存款利息不征收增值税。

13. 被保险人获得的保险赔付不征收增值税。

14. 房地产主管部门或者其指定机构、公积金管理中心、开发企业以及物业管理单位代收的住宅专项维修资金不征收增值税。

15. 单用途商业预付卡（以下简称单用途卡）业务。

（1）售卡方（售卡）：销售单用途卡，或者接受单用途卡持卡人充值取得的预收资金，不缴纳增值税，可以开具普通发票，不得开具增值税专用发票。

（2）售卡方（收佣）：因发行或者销售单用途卡并办理相关资金收付结算业务取得的手续费、结算费、服务费、管理费等收入，应按照现行规定缴纳增值税。

（3）销售方（提供服务）：持卡人使用单用途卡购买货物或服务，销售方应按照现行规定缴纳增值税，且不得向持卡人开具增值税发票。

（4）销售方（结算）：在收到售卡方结算的销售款时，应向售卡方开具增值税普通发票，不得开具增值税专用发票。

16. 支付机构预付卡（多用途卡）业务。

A. 支付机构：（售卡）销售多用途卡、接受多用途卡充值，不缴纳增值税，不得开具增值税专用发票。（收佣）支付机构因发行或者受理多用途卡并办理相关资金收付结算业务取得的手续费、结算费、服务费、管理费等收入，应按照现行规定缴纳增值税。

B. 特约商户：（提供服务）持卡人使用多用途卡，特约商户应按照现行规定缴纳增值税，且不得向持卡人开具增值税发票。（结算）特约商户收到支付机构结算的销售款时，应向支付机构开具增值税普通发票。

（三）特殊行为

1. 视同应税交易行为。

下列情形视同应税交易，应当依照本法规定缴纳增值税：

一是将自产、委托加工的货物用于集体福利或者个人消费。

二是无偿转让货物。

三是无偿转让无形资产、不动产或者金融商品。

2. 混合交易行为。

一项应税交易如果涉及两个或两个以上税率或者征收率，为混合交易行为。纳税人发生混合交易行为，从主适用税率或征收率。从事货物的生产、批发或者零售的单位和个体工商户的混合交易行为，按照销售货物缴纳增值税；其他单位和个体工商户的混合交易行为，按照销售服务、无形资产、不动产和金融商品缴纳增值税。

上述从事货物的生产、批发或者零售的单位和个体工商户，包括从事货物生产、批发或者零售为主，并兼营销售服务和个体工商户在内。

混合交易行为涉及的不同税率或征收率只是针对一项交易而言，也就是说，销售货物引起销售服务或者销售服务引起销售货物，两者之间存在紧密的内在从属关系。

3. 兼营行为。

纳税人发生适用不同税率或者征收率的应税交易，应当分别核算适用不同税率或者征收率的销售额；未分别核算的，从高适用税率或征收率。

（1）兼有不同税率的应税交易，从高适用税率。

（2）兼有不同税率和征收率的应税交易，从高适用税率。

纳税人兼营免税、减税项目的，应当分别核算免税、减税项目的销售额；未分别核算的，不得免税、减税。

（四）免征范围

1. 农业生产者销售的自产农产品。

2. 医疗机构提供的医疗服务。

3. 古旧图书，是指向社会收购的古书和旧书。

4. 直接用于科学研究、科学试验和教学的进口仪器、设备。

5. 外国政府、国际组织无偿援助的进口物资和设备。

6. 由残疾人的组织直接进口供残疾人专用的物品。

7. 销售自己使用过的物品。自己使用过的物品，是指除游艇、摩托车和应征消费税的汽车外的个人自己使用过的物品。

五、增值税的税率

（一）一般纳税人税率

1. 基本税率 13%。
适用于：销售或进口货物、加工修理修配服务、有形动产租赁服务。
2. 低税率 9% 适用的货物（销售或进口）。
（1）农产品（含粮食）、食用植物油、食用盐。
（2）自来水、暖气、石油液化气、天然气、冷气、热水、煤气、居民用煤炭制品、沼气、二甲醚。
（3）农机、农药、农膜、化肥、饲料。
（4）图书、报纸、杂志、音像制品和电子出版物。
低税率 9% 适用的服务：交通运输服务、邮政服务、基础电信服务、建筑服务、不动产租赁服务，以及销售不动产，转让土地使用权。
3. 低税率 6% 适用的服务。
销售无形资产（除转让土地使用权外）、增值电信服务、金融服务、现代服务（除租赁服务外）和生活服务。
4. 零税率。
纳税人出口货物，税率为零；国务院另有规定的除外。

（二）小规模纳税人和允许简易计税方式计税的一般纳税人征收率

1. 征收率 3%。
适用于：销售或进口货物，加工修理修配服务。
2. 征收率 5%。
适用于：销售不动产、符合条件的不动产融资租赁
3. 其他征收率。
（1）3% 减按 1%，自 2021 年月 1 日起，除湖北省外，其他省、自治区、直辖市的增值税小规模纳税人。
（2）3% 减按 2%，小规模纳税人（不含其他个人）以及符合规定情形的一般纳税人销售自己使用过的固定资产。
（3）3% 减按 0.5%，从 2020 年 5 月 1 日至 2023 年 12 月 31 日，从事二手车经销的纳税人销售其收购的二手车。
（4）5% 减按 1.5%，个人出租住房。

六、一般纳税人增值税的计算

（一）销项税额的计算

一般纳税人与小规模纳税人采用两种不同的计税方法。增值税一般纳税人适用一

般计税方法，在一般计税方法下，应纳税额是指当期销项税额抵扣当期进项税额后的余额。应纳税额计算公式：

$$当期应纳增值税税额 = 当期销项税额 - 当期进项税额$$

当期销项税额小于当期进项税额不足抵扣时，其不足部分可以结转下期继续抵扣。

1. 一般纳税人销项税额的计算。

销项税额，是指纳税人发生应税交易按照销售额和增值税税率计算的增值税额。销项税额计算公式：

$$销项税额 = 销售额(不含税) × 税率$$

一般计税方法的销售额不包括销项税额，如果纳税人取得的是价税合计金额，还需换算成不含增值税的销售额。按照下列公式计算销售额：

$$销售额 = 含税销售额 ÷ (1 + 税率)$$

销售额，是指纳税人发生应税交易取得的与之相关的价款，包括全部货币或者非货币形式的经济利益，不包括按照一般计税方法计算的销项税额和按照简易计税方法计算的应纳税额。特殊情况下，可以按照差额计算销售额。

2. 视同交易行为的销售额。

纳税人发生应税交易价格明显偏低或者偏高且不具有合理商业目的的，或者视同销售行为的销售额，税务机关有权按照下列顺序确定销售额，不能随意跨越次序：

（1）按纳税人最近时期同类货物或应税交易的平均销售价格确定；

（2）按其他纳税人最近时期同类货物或应税交易的平均销售价格确定；

（3）按组成计税价格确定。

组成计税价格公式为：

$$组成计税价格 = 成本 × (1 + 成本利润率)$$

公式中的成本是指：销售自产货物的为实际生产成本，销售外购货物的为实际采购成本，公式中的成本利润率按照国家税务总局的规定确定。用这个公式的货物不涉及消费税。对于既征增值税又征消费税的货物。

组成计税价格有两种情况：

①消费税为比例税率，组成计税价格公式为：

$$组成计税价格 = 成本 × (1 + 成本利润率) ÷ (1 - 消费税税率)$$

②消费税为复合税率，组成计税价格：

$$组成计税价格 = [成本 × (1 + 成本利润率) + 课税数量 × 定额税率]$$
$$÷ (1 - 消费税比例税率)$$

不具有合理商业目的，是指以谋取税收利益为主要目的，通过人为安排，减少、免除、推迟缴纳增值税税款，或者增加退还增值税税款。

3. 特殊销售方式下的销售额。

（1）商业折扣、现金折扣、销售折让。

①折扣销售，即商业折扣是指企业为促进商品销售而在商品标价上给予的价格扣除；销售商品涉及商业折扣的，应当按照扣除商业折扣后的金额确定销售商品收入金额。

销售额和折扣额在同一张发票（金额栏）上分别注明，按折扣后的余额作为销售额计算销项税，仅仅在发票的"备注栏"注明折扣额的"折扣额不得从销售额中减除"；如果将折扣额另开发票，不论其在财务上如何处理，均不得从销售额中减除折扣额。

折扣销售仅限于货物价格的折扣，如果销货者将自产、委托加工和购买的货物用于实物折扣的，则该实物款额不能从货物销售额中减除，且该实物应按增值税条例"视同销售货物"中的"赠送他人"计算征收增值税。

②销售折扣（现金折扣）仅是一项债务扣除，不影响销售收入的确认，不影响增值税计算，只有销售折让或商业折扣才会对增值税有影响。销售折扣发生在销货之后，是一种融资性质的理财费用，因此，销售折扣不得从销售额中减除。

③销售折让，是指企业因售出商品的质量不合格等原因而在售价上给予的减让。因此可以折让后的货款为销售额。

（2）采取以旧换新方式销售。

以旧换新是指纳税人在销售自己的货物时，有偿收回旧货物的行为。采取以旧换新方式销售货物的，应按新货物的同期销售价格确定销售额，不得扣减旧货物的收购价格。

考虑到金银首饰以旧换新业务的特殊情况，对金银首饰以旧换新业务可以按销售方实际收取的不含增值税的全部价款征收增值税。

（3）采取还本销售方式销售。

还本销售是指纳税人在销售货物后，到一定期限由销售方一次或分次退还给购货方全部或部分价款。这种方式实际上是一种筹集资金，是以货物换取资金的使用价值，到期还本不付息的方法。税法规定，采取还本销售方式销售货物，其销售额就是货物的销售价格，不得从销售额中减除还本支出。

（4）采取以物易物方式销售。

以物易物是一种较为特殊的购销活动，是指购销双方不是以货币结算，而是以同等价款的货物相互结算，实现货物购销的一种方式。

以物易物双方都应作购销处理，以各自发出的货物核算销售额并计算销项税额，以各自收到的货物按规定核算购货额并计算进项税额。

应注意，在以物易物活动中，应分别开具合法的票据，如收到货物不能取得相应的增值税专用发票或其他合法票据的，不能抵扣进项税额。

（5）包装物押金。

①包装物押金收入征税范围的认定。根据现行增值税及消费税的有关规定，一

般来说，包装物押金收入单独记账核算的，时间在一年以内又未逾期的，不并入销售额征税，但对逾期未收回包装物不再退还的押金，应按规定计算征收增值税和消费税。

"逾期"是指超过合同约定的期限或超过一年的期限，对收取一年以上的押金，无论是否退还均应并入销售额征税。此外，要注意两个问题，一是包装物押金属于含税收入，要先换算为不含税销售额；二是包装物押金和包装物租金不能混淆，包装物租金属于价外费用，在收取时便并入销售额征税。

具体可区分以下两种情况：

第一种：应征消费税货物的包装物押金收入。对于非酒类应税消费品包装物押金收入，在逾期的前提下，既计征增值税又计征消费税。对于酒类应税消费品包装物押金收入的计税分为：一是啤酒、黄酒包装物押金收入，无论是否逾期，均不计征消费税（因为啤酒、黄酒从量计征消费税）；但在逾期的前提下，啤酒、黄酒包装物押金则应计征增值税；二是其他酒类产品包装物押金收入，在收取当期应计征增值税和消费税（按比例税率）。

第二种：不征消费税货物的包装物押金收入，在逾期的前提下，只计征增值税，不计征消费税。

②包装物押金收入的计税方法及计算公式。根据税收法规的规定，包装物押金收入视为含税收入，在计征增值税、消费税时，应先换算成不含税收入后再并入销售额计税，其计算公式为：

$$不含税押金收入 = 含税押金收入 \div (1 + 增值税税率或征收率)$$

公式中的增值税税率同销售货物的增值税税率；公式中的征收率为采用简易征税办法的应税货物的征收率。

$$应纳增值税 = 不含税押金收入 \times 增值税税率或征收率$$
$$应纳消费税 = 不含税押金收入 \times 消费税税率$$

公式中的消费税税率同包装应税消费品的消费税税率。

（二）进项税额的计算

进项税额，是指纳税人购进货物、服务、无形资产或者不动产支付或者负担的增值税额。进项税额的概念可从以下三方面理解：一是只有增值税一般纳税人才涉及进项税额的抵扣问题；二是产生进项税额的行为是纳税人购进货物、服务、无形资产或者不动产；三是购买方支付或者负担的增值税额。

1. 准予从销项税额中抵扣的进项税额。

（1）增值税专用发票。从销售方取得的增值税专用发票（含税控机动车销售统一发票）上注明的增值税额。

（2）海关进口增值税专用缴款书。从海关取得的海关进口增值税专用缴款书上注明的增值税额。

（3）农产品收购发票。

购进农产品，按照农产品收购发票或者销售发票上注明的农产品买价和13%的扣除率计算的进项税额。计算公式为：

$$进项税额 = 买价 × 扣除率$$

买价，是指纳税人购进农产品在农产品收购发票或者销售发票上注明的价款和按照规定缴纳的烟叶税。

纳税人购进农产品，按下列规定抵扣进项税额：

①纳税人购进农产品，取得一般纳税人开具的增值税专用发票或海关进口增值税专用缴款书的，以增值税专用发票或海关进口增值税专用缴款书上注明的增值税额为进项税额；

②从按照简易计税方法依照3%征收率计算缴纳增值税的小规模纳税人取得增值税专用发票的，以增值税专用发票上注明的金额和9%的扣除率计算进项税额；

③取得（开具）农产品销售发票或收购发票的，以农产品销售发票或收购发票上注明的农产品买价和9%的扣除率计算进项税额。

④纳税人购进用于生产销售或委托加工13%税率货物的农产品，按照10%的扣除率计算进项税额。

（4）完税凭证。从境外单位或者个人购进服务、无形资产或者不动产，自税务机关或者扣缴义务人取得的解缴税款的完税凭证上注明的增值税额。

（5）已抵扣进项税额的购进服务，发生规定情形（简易计税方法计税项目、免征增值税项目除外）的，应当将该进项税额从当期进项税额中扣减；无法确定该进项税额的，按照当期实际成本计算应扣减的进项税额。

（6）不动产及不动产在建工程。纳税人取得不动产或者不动产在建工程的进项税额，①对于新规生效后，即2019年4月1日后购入的不动产，纳税人可在购进当期一次性予以抵扣。②2019年3月30日前购入的不动产，原按照40%比例转入待抵扣进项税的部分，从2019年4月所属期开始，允许全部从销项税额中抵扣。

取得不动产，包括以直接购买、接受捐赠、接受投资入股、自建以及抵债等各种形式取得不动产，不包括房地产开发企业自行开发的房地产项目。

（7）增值税一般纳税人购进服务、无形资产或者不动产，取得的增值税专用发票上注明的增值税额为进项税额，准予从销项税额中抵扣。

（8）增值税一般纳税人自用的应征消费税的摩托车、汽车、游艇，其进项税额准予从销项税额中抵扣。

（9）增值税一般纳税人从境外单位或者个人购进服务、无形资产或者不动产，按照规定应当扣缴增值税的，准予从销项税额中抵扣的进项税额为自税务机关或者扣缴义务人取得的解缴税款的完税凭证上注明的增值税额。

纳税人凭完税凭证抵扣进项税额的，应当具备书面合同、付款证明和境外单位的对账单或者发票。资料不全的，其进项税额不得从销项税额中抵扣。

2. 不得从销项税额中抵扣的进项税额。

（1）适用简易计税方法计税项目对应的进项税额。

（2）免征增值税项目对应的进项税额。

（3）非正常损失项目对应的进项税额。

（4）购进并用于集体福利或者个人消费的货物、服务、无形资产、不动产对应的进项税额。

（5）购进并直接用于消费的餐饮服务、居民日常服务和娱乐服务对应的进项税额。

（6）国务院规定的其他进项税额。

3. 进项税额转出。

企业购进的货物发生非常损失（非经营性损失），以及将购进货物改变用途（如用于非应税项目、集体福利或个人消费等）。

（1）购进货物用于集体福利和个人消费。

纳税人已抵扣进项税额的购进货物（不含固定资产）、服务，用于集体福利和个人消费的，应当将已经抵扣的进项税额从当期进项税额中转出；无法确定该进项税额的，按照当期实际成本计算应转出的进项税额。

（2）货物发生非正常损失。

纳税人购进的货物发生因管理不善造成的被盗、丢失、霉烂变质，或因违反法律法规造成的依法没收、销毁、拆除情形，其购进货物，以及相关的加工修理修配服务和交通运输服务所抵扣的进项税额应进行转出。

（3）在产品、产成品发生非正常损失。

纳税人在产品、产成品发生因管理不善造成的被盗、丢失、霉烂变质，或因违反法律法规造成的依法没收、销毁、拆除情形，其耗用的购进货物（不包括固定资产），以及相关的加工修理修配服务和交通运输服务所抵扣的进项税额应进行转出。

无法确定该进项税额的，按照当期实际成本计算应转出的进项税额。

（4）纳税人适用一般计税方法兼营简易计税项目、免税项目。

适用一般计税方法的纳税人，兼营简易计税项目、免税项目而无法划分不得抵扣的进项税额，应按照下列公式计算不得抵扣的进项税额：

$$\text{不得抵扣的进项税额} = \text{当期无法划分的全部进项税额} \times \left(\text{当期简易计税方法计税项目销售额} + \text{免征增值税项目销售额} \right) \div \text{当期全部销售额}$$

（5）固定资产、无形资产发生应进项税额转出。

已抵扣进项税额的固定资产，发生应进项税额转出情形的，按照下列公式计算不得抵扣的进项税额：

$$\text{不得抵扣的进项税额} = \text{固定资产、无形资产或者不动产净值} \times \text{适用税率}$$

固定资产、无形资产或者不动产净值，是指纳税人根据财务会计制度计提折旧或摊销后的余额。

（6）取得不得抵扣进项税额的不动产进项税额转出。

纳税人取得不动产专用于简易计税方法计税项目、免征增值税项目、集体福利或者个人消费的，应取得 2016 年 5 月 1 日后开具的合法有效的增值税扣税凭证，并进行进项税额转出。

（7）购货方发生销售折让、中止或者退回。

纳税人适用一般计税方法计税的，因销售折让、中止或者退回而退还给购买方的增值税额，购买方应暂依《开具红字增值税专用发票信息表》所列增值税税额从当期进项税额中转出。

（8）不动产及不动产在建工程进项税额转出规定。

已抵扣进项税额的不动产，发生非正常损失，或者改变用途，专用于简易计税方法计税项目、免征增值税项目、集体福利或者个人消费的，按照下列公式计算不得抵扣的进项税额：

$$不得抵扣的进项税额 = （已抵扣进项税额 + 待抵扣进项税额）\times 不动产净值率$$
$$不动产净值率 = （不动产净值 \div 不动产原值）\times 100\%$$

不得抵扣的进项税额小于或等于该不动产已抵扣进项税额的，应于该不动产改变用途的当期，将不得抵扣的进项税额从进项税额中扣减。

不得抵扣的进项税额大于该不动产已抵扣进项税额的，应于该不动产改变用途的当期，将已抵扣进项税额从进项税额中扣减，并从该不动产待抵扣进项税额中扣减不得抵扣进项税额与已抵扣进项税额的差额。

（三）应纳税额的计算

纳税人销售货物、服务、无形资产、不动产（以下统称应税销售行为），应纳税额为当期销项税额抵扣当期进项税额后的余额。应纳税额计算公式：

$$应纳税额 = 当期销项税额 - 当期进项税额$$

当期销项税额小于当期进项税额不足抵扣时，其不足部分可以结转下期继续抵扣。

$$应纳税额 = 当期销项税额 - 当期进项税额 - 留抵税额$$

七、小规模纳税人增值税的计算

小规模纳税人增值税应纳税额的计算按照销售额和征收率计算应纳增值税税额，不得抵扣进项税额。

计算公式为：
$$应纳税额 = 销售额 \times 征收率$$
$$销售额 = 含税销售额 \div （1 + 征收率）$$

小规模企业所得税的应纳税额的计算方式为：所得税的征收方式有两种：查账征收、核定征收；所得税是实行按月或季度预缴，年终汇算清缴的管理办法。

查账征收计算公式：本月（季度）应纳企业所得税＝本年累计利润×25% － 本年度以前月（季度）已纳所得税。

核定征收计算公式：本月（季度）应纳企业所得税＝本月（季度）销售收入×核定的应税所得率×25%。符合小微企业的，可以按减免后的税率计算缴纳。

$$应纳税额＝销售额×征收率$$

八、增值税纳税义务发生时间

增值税纳税义务发生时间，按照下列规定确定：

1. 发生应税交易，纳税义务发生时间为收讫销售款项或者取得销售款项索取凭据的当日；先开具发票的，为开具发票的当日。

2. 视同发生应税交易，纳税义务发生时间为完成视同应税交易的当日。

3. 进口货物，纳税义务发生时间为货物报关进口的当日。

其中，收讫销售款项或者取得索取销售款项凭据的当天，按销售结算方式的不同，具体为：

（1）采取直接收款方式的，不论货物是否发出，增值税纳税义务发生时间均为收到销售款或取得索取销售款凭据的当天。

（2）采取托收承付和委托银行收款方式的，增值税纳税义务发生时间为发出货物并办妥托收手续的当天。

（3）采取赊销和分期收款方式的，增值税纳税义务发生时间为书面合同约定的收款日期的当天，无书面合同的或者书面合同没有约定收款日期的，为货物发出的当天。

（4）采取预收货款方式的，增值税纳税义务发生时间为货物发出的当天，但生产销售生产工期超过 12 个月的大型机械设备、船舶、飞机等货物，为收到预收款或者书面合同约定的收款日期的当天。

（5）采取委托他人代销货物方式的，增值税纳税义务发生时间为收到代销单位的代销清单或收到全部或者部分货款的当天。但最晚不超过发出代销货物满 180 天的当天。

（6）除代销以外的其他视同销售货物行为，增值税纳税义务发生时间为货物移送的当天。

（7）销售应税劳务，增值税纳税义务发生时间为提供劳务同时收到销售款或者取得索取销售款凭据的当天。

（8）提供租赁服务采取预收款方式的，增值税纳税义务发生时间为收到预收款的当天。

（9）从事金融商品转让业务的，增值税纳税义务发生时间为金融商品所有权转移的当天。

【实训练习1】

1. AB 公司 1 月、2 月、3 月增值税销项税额和进项税额如表 2 - 1 所示，请计算 MG 公司 1~3 月当期应纳增值税额。

表 2 - 1　　　　　　　　　　　**AB 公司 1~3 月增值税数据**

项目	1 月	2 月	3 月
营业收入	2 080 000	2 100 000	2 300 000
当期销项税额	270 400	273 000	299 000
当期进项税额	215 800	223 600	237 900
当期应纳税额			

2. （多选题）我国增值税的征税范围包括哪几部分内容？（　　）

A. 特殊项目　　　B. 一般范围　　　C. 小规模纳税人　　D. 免征范围

E. 特殊行为

3. （多选题）在我国税收征收管理中，通常将增值税纳税人分为哪两类？（　　）

A. 一般纳税人　　　B. 普通纳税人　　　C. 特殊纳税人　　　D. 小规模纳税人

第三节　健康财税体检

将北京超美超市 2023 年 2 月 1 日至 12 月 31 日科目汇总表、期初数据汇总表以及修正后凭证数据等 Excel 表格下载后进入实训平台，按系统提示依次导入健康财税体检软件，并进行健康体检。软件显示好美超市增值税税负存在两项风险，分别是增值税税负变动过大以及销售收入与应纳增值税变动不匹配。如图 2 - 1、图 2 - 2、图 2 - 3、图 2 - 4 所示。

图 2 - 1　下载好美超市科目汇总表、期初数据汇总表以及修正前凭证数据

图 2-2　导入科目汇总表进行科目初始化

图 2-3　进行税务风险体检

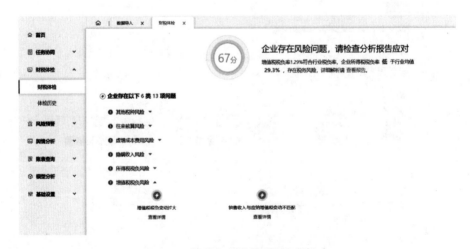

图 2-4　好美超市增值税税务风险点

第四节　论证新知

一、场景三

公司会议室内，超市总经理贾总、财务部经理赵经理和审计师还在讨论着。

赵经理：你说的这些指标，什么税负啊，什么变动率啊，这个我们都清楚，我们自己也会算，没什么特别的；指标嘛，总是高高低低地变化，受季节影响很大，这说明不了什么问题。

审计师：赵经理，一个指标单独拿出来看，确实没多大意义，但是您别忘了，现在有大数据啊。上千万家企业，各行各业，各种规模，这么多企业的各项指标汇集到一起，就能形成行业指标、区域指标等，这个"金三系统"是做得到的。一个指标拿出来，跟行业指标、区域指标一一对比，有没有问题、有什么问题，基本上都能推断出来。我还是具体地给您说说吧。

审计师：我们这套系统在导入企业的账套数据后，能够对其进行一系列的分析，并将分析结果汇集到一份《财税健康体检报告》中。我们在报告中会指出，企业存在哪些风险点，这些风险点所指向的问题是什么，并提出一套相应的检查办法和建议，帮助企业消除风险点。这些风险点就是由各项指标构成。与增值税税负相关的风险点包含3项指标，分别是：增值税税负率水平、增值税税负变动率、销售收入与应纳增值税变动的配比程度。

二、业财税一体化思维模型

1. 风险项出现。

2. 指标预警值。

3. 风险指向。

A. 可能存在实现销售收入而不计提销项税额。

B. 可能由于扩大抵扣范围而多抵进项税额的问题。

4. 风险应对。

（1）检查主要经营范围，目的是查看营业执照的征管范围界定情况。

判断：A. 是否存在超范围虚开发票。

B. 是否存在兼营不同税率的应税货物时未准确核算增值税。

……

5. 示例与解析。

三、增值税风险分析指标

(一) 增值税税负率低于同行业 (见表2-2)

表2-2　　　　　　　　　增值税税负风险——税负率低于行业

指标类型	指标明细	指标值	偏离方向	风险级别
增值税税负风险	增值税税负率低于行业	0.012930	偏低	有风险

1. 增值税税负概念。

增值税税负用于衡量企业在一定时期内实际税收负担的大小,从三个维度来分析:

(1) 从国家宏观调控角度讲,只有相对合理的税负才能保障国民经济的健康发展。

(2) 从纳税监管角度讲,在名义税率和税收政策一定情况下,实际税负过低,则有可能存在偷漏税问题,会引起税务监管部门的注意。

(3) 从企业来讲,如果实际税负较高,企业也应该查明原因,加强纳税核算管理,避免纳税损失。

2. 计算公式。

$$增值税税负率 = 本期增值税应纳税额 / 本期增值税应税收入 \times 100\%$$

3. 指标预警值。

与同行业、同类型的税负预警值对比,低于设定的预警值的幅度越大,税收风险程度越高。

4. 风险指向。

A. 可能存在实现销售收入而不计提销项税额。

B. 可能由于扩大抵扣范围而多抵进项税额的问题。

5. 风险应对。

(1) 检查主要经营范围,目的是查看营业执照的征管范围界定情况。

判断:A. 是否存在超范围虚开发票。

B. 是否存在兼营不同税率的应税货物时未准确核算增值税。

(2) 检查销售、采购合同的执行情况,并通过货币资金、往来款项存货等科目的查询。

判断:A. 是否存在漏记。

B. 隐瞒或虚记收入。

C. 虚开发票的情况。

(3) 结合期后事项对销售收入做截止性测试。

判断:是否虚记或漏记收入。

(4) 在实际工作中对存货进行盘点。

判断:采购的真实性,是否存在虚开发票的情形。

（5）对销售收入、应收账款、预收账款以及销售成本、存货、预付账款、应付账款进行分析性测试。

判断：其勾稽关系是否正确。

（6）查询购进的固定资产关于进项税额申报抵扣的情况。

判断：是否存在将购进的不符合抵扣标准的固定资产进项税额申报抵扣了。

（7）检查存货明细账。

判断：A. 是否存在将外购的存货用于职工福利、个人消费而未作进项税额转出。

B. 是否存在对外投资、捐赠时，未视同销售少计销项税额等情况。

【示例】

北京质冠工艺制造有限公司为工艺品生产商一般纳税人，2023 年相关的经营数据如下：当年实现销售额 1 023.63 万元，应交增值税为 23.25 万元。假设该工艺品增值税税负率的行业预警值为 3.5%。经审查发现，该公司当年对外捐赠 2 000 件 A 类工艺品，未开具发票。每件工艺品成本价为 235 元，平均不含税市场价为 275 元。公司会计认为此项业务无须开票，且无对应增值税可报，对此项业务处理为：

借：营业外支出　　　　　　　　　　　　　　　　　470 000

　　贷：库存商品——A 类工艺品　　　　　　　　　　470 000

请分析上述对外捐赠的会计处理是否正确，并计算该公司的增值税税负率。

【解析】

根据案例，对外捐赠如未开票，应作为未开具发票，申报对应增值税。正确的会计处理为：

借：营业外支出　　　　　　　　　　　　　　　　　541 500

　　贷：库存商品——A 类工艺品　　　　　　　　　　470 000

　　　　应交税费——应交增值税（销项税额）　　　　　71 500

该公司的增值税税负率为：（23.25 + 7.15）÷ 1 023.63 × 100% = 2.97% < 3.5%

应进一步核实是否还有隐瞒、少计收入、少计销项税额的事项。

（二）增值税一般纳税人税负变动率异常（见表 2 - 3）

表 2 - 3　　　　　　　　　增值税税负风险——增值税税负变动过大

指标类型	指标明细	指标值	偏离方向	风险级别
增值税税负风险	税负变动率异常	0.596125	偏低	极度危险

1. 增值税税负变动率的概念。

增值税税负变动率是指税负增加或者减少的比率，可以与上期或者同期比，也可以与同业比等。通过这些指标可以分析企业是否多缴税或者少缴税。

2. 计算公式。

$$增值税税负变动率 = (本期增值税税负 - 上期增值税税负)$$
$$÷ 上期增值税税负 × 100\%$$

3. 指标预警值。

正常区间：−30% ~ 30%。

4. 风险指向。

A. 可能存在账外经营

B. 可能存在已实现纳税义务而未结转收入

C. 可能取得进项税额不符合规定

D. 可能虚开发票

5. 风险应对。

（1）检查主要经营范围，查看营业执照、税务登记、经营方式以及征管范围界定情况。

判断：A. 是否存在超范围虚开发票。

B. 是否存在兼营不同税率的应税货物时未准确核算增值税。

（2）检查销售、采购合同的执行情况，并通过货币资金、往来款项、存货等科目的查询。

判断：A. 是否存在漏记。

B. 隐瞒或虚记收入。

C. 虚开发票的情况。

（3）通过测试资产负债表日前后几天金额较大的发货单据，将应收账款和收入明细账进行核对；同时，从应收账款和收入明细账选取在资产负债表日前后几天金额较大的凭证，与发货单据核对。

判断：是否虚记或漏记收入。

（4）检查资产负债表日前后销售和发货水平。

判断：确定业务活动水平是否异常。

（5）检查资产负债表日后所有的销售退回记录。

判断：是否存在提前确认收入的情况。

（6）在实际工作中对存货进行盘点。

判断：采购的真实性，是否存在虚开发票的情形。

（7）对销售收入、应收账款、预收账款以及销售成本、存货、预付账款、应付账款进行分析性测试。

判断：其勾稽关系是否正确。

（8）检查固定资产进项抵扣是否合理，通过盘点固定资产及涉税账户核查。

判断：是否存在将购进的不符合抵扣标准的固定资产进项税额申报抵扣的情况。

（9）检查存货明细账。

判断：A. 是否存在将外购的存货用于职工福利、个人消费而未作进项税额转出。

B. 是否存在对外投资、捐赠时，未视同销售少计销项税额等情况。

【示例】

北京某批发零售有限公司为增值税一般纳税人，2022 年实现销售额为 903 万元，应交增值税为 40.8 万元，期初无留抵税额。2023 年实现销售额为 1 160 万元，应交增值税为 29.9 万元。请计算该公司 2023 年的增值税税负变动率。

假设该企业所处行业的指标预警值正常区间为 −30% ~ 30%，判断该公司 2023 年的增值税税负变动率是否处在正常区间？

【解析】

2022 年增值税税负率 = 40.8 ÷ 903 × 100% = 4.52%；

2023 年增值税税负率 = 29.9 ÷ 1 160 × 100% = 2.58%；

税负变动率 = (本期税负率 − 基期税负率) ÷ 基期税负率 × 100%

= (2.58% − 4.52%) ÷ 4.52% × 100%

= −42.92%

该企业的增值税税负变动率为 −42.92%，小于预警值下限即 −30%，存在异常，可能存在少计收入或虚抵进项税额、应转出未转出进项税额等问题。

（三）销售收入变动率与应纳增值税变动率不匹配（见表 2 −4）

表 2 −4　　　　增值税税负风险——销售收入与应纳增值税变动不匹配

指标类型	指标明细	指标值	偏离方向	风险级别
增值税税负风险	销售收入与应纳增值税变动不匹配	0.143837	偏低	极度危险

1. 计算公式。

销售收入变动率 = (本期销售收入 − 上期销售收入) ÷ 上期销售收入 × 100%

增值税应纳税额变动率 = (本期增值税应纳税额 − 上期增值税应纳税额) ÷ 上期增值税应纳税额 × 100%

销售收入变动率与应纳增值税变动率配比 = 销售收入变动率 ÷ 增值税应纳税额变动率

2. 指标预警值。

正常情况下，二者应基本同步增长，指标值应接近 1。正常范围应在 0.8 ~ 1.2。

3. 风险指向。

A. 可能存在实现销售收入而不计提销项税额。

B. 可能由于扩大抵扣范围而多抵进项税额的问题。

注意：正常情况下两者应基本同步增长，弹性系数应接近 1。

4. 风险应对。

（1）检查主要经营范围，目的是查看营业执照的征管范围界定情况。

判断：A. 是否存在超范围虚开发票。

B. 是否存在兼营不同税率的应税货物时未准确核算增值税。

（2）检查销售、采购合同的执行情况，并通过货币资金、往来款项存货等科目的查询。

判断：A. 是否存在漏记。

B. 隐瞒或虚记收入。

C. 虚开发票的情况。

（3）结合期后事项对销售收入做截止性测试。

判断：是否虚记或漏记收入。

（4）在实际工作中对存货进行盘点。

判断：采购的真实性，是否存在虚开发票的情形。

（5）对销售收入、应收账款、预收账款以及销售成本、存货、预付账款、应付账款进行分析性测试。

判断：其勾稽关系是否正确。

（6）检查固定资产进项抵扣是否合理，通过盘点固定资产及涉税账务核查。

判断：是否存在将购进的不符合抵扣标准的固定资产进项税额申报抵扣的情况。

（7）检查存货明细账。

判断：A. 是否存在将外购的存货用于职工福利、个人消费而未作进项税额转出。

B. 是否存在对外投资、捐赠时，未视同销售少计销项税等情况。

（8）审核进项税额抵扣凭证、检查有无将购进货目、简易计税项目、集体福利等情况。

【示例】

北京某花卉绿植园艺品有限公司系增值税一般纳税人，纳税评估人员通过监管软件提取了该企业年度增值税纳税申报情况及财务报表中的相关情况。该企业有关财务指标如表 2-5 所示。

表 2-5　　　　　北京某花卉绿植园艺品有限公司财务指标　　　　　单位：万元

项目	2022 年	2023 年
销售收入	1 523.30	1 905.25
销售成本	1 385.35	1 603.69
营业利润	198.36	185.68
应缴增值税	40.83	23.04
应付账款	1 350.44	603.23

根据上述资料，分析销售收入变动率与应纳税额变动率配比是否异常，并分析异常之处。

【解析】

销售收入变动率 = (1 905. 25 − 1 523. 30) ÷ 1 523. 30 × 100% = 25. 07%

增值税应纳税额变动率 = (23. 04 − 40. 83) ÷ 40. 83 × 100% = − 43. 57%

销售收入变动率与增值税应纳税额变动率配比 = 25. 07% ÷ − 43. 57% = − 0. 58

正常情况下，销售收入变动率与应纳税额变动率应基本同步增长，比值应接近 1。该企业销售收入稳定增长，而应纳税额却大幅下降，且应付账款较上年大幅下降。应审核相关明细账及凭证附件，判断有无将收入长期挂往来账、少计销项税额以及多抵进项税额等问题。

（四）运费发票抵扣进项税额占比异常

1. 计算公式。

本期运费发票抵扣进项税额 = 运费发票凭证抵扣进项税额占比 × 100%

2. 指标预警值。

运费发票抵扣进项税额占本期进项税额比例过高或月单笔抵扣进项税额超过 20 万元（含）的情况，可能存在异常。

3. 风险指向。

可能存在取得虚开、虚假或不合规定的运费发票抵扣进项税额及虚列费用的风险。

4. 风险应对。

检查运费发票，找出运费发票对应的销售发票和进货发票，核对被查货运发票对应的货物流。

【示例】

北京某贸易有限公司为一般纳税人，主要经营生活日用品批发。2023 年 3 月，该公司申报抵扣运费进项税额 430 326. 06 元，当期全部进项税额为 938 396. 25 元，经运费发票统计，该公司运费费用明细如表 2 − 6 所示。

表 2 − 6　　　　　北京某贸易有限公司运输费用明细　　　　　单位：元

承运方	发票金额合计	申报抵扣金额
北京驰骋运输有限公司	309 800. 00	26 795. 94
北京程鹏运输有限公司	1 983 000. 00	169 495. 47
云南宏顺运输有限公司	2 600 385. 00	234 034. 65

请分析运费发票抵扣进项占比情况及运输费用明细，并指出异常之处。

【解析】

运费发票抵扣进项税额占本期进项税额比例 = 430 326. 06 ÷ 938 396. 25 × 100% = 45. 86% 。

分析承运公司运输费用明细可知，北京某贸易有限公司作为一家经营生活日用品批发的公司，由云南宏顺运输有限公司这一家外地承运公司开具的运费发票金额占比为：
$2\,600\,385 \div (309\,800 + 1983\,000 + 2\,600\,385) \times 100\% = 53.14\%$。

运费发票抵扣进项占本期进项税额比例占比过高，与经营范围及行业性质不相符，由此可判断可能存在虚开运输发票的问题。

（五）进项税额与销项税额变动率配比异常

1. 计算公式。

进项税额变动率 =（本期进项税额 - 上期进项税额）÷ 上期进项税 × 100%
销项税额变动率 =（本期销项税额 - 上期销项税额）÷ 上期销项税额 × 100%
进项税额与销项税额变动率弹性系数 = 进项税额变动率 ÷ 销项税额变动率

2. 指标预警值。

正常情况下，两者应基本同步增长，指标值应接近1。正常范围应在0.8~1.2。

3. 风险指向。

可能存在销售货物不开票而隐瞒销售收入；发出货物未收到货款不开票而迟计销售；取得虚开增值税专用发票虚假抵扣税款等问题。

4. 风险应对。

（1）查证企业是否由于新增在建工程或购入新固定资产而增加了进项税额，如有，属于正常。

（2）如果企业本期费用类进项税额是否偏大，会核实费用的真实性。

（3）核实有无用于不得抵扣项目的购进货物等未做进项税额转出，如免税项目、简易计税项目、集体福利等，有无非正常损失类产品的进项税额没有及时转出等问题。

（4）有无视同销售行为没有申报问题。

（5）核实销项税额计算的正确性，侧重查证有无漏报、迟报计税销售额、错用税率等问题。

【示例】

某石材贸易有限公司系增值税一般纳税人，纳税评估人员通过监管软件提取了该企业年度增值税纳税申报情况及财务报表中的相关情况。该企业有关财务指标如表2-7所示。

表2-7	某石材贸易有限公司财务指标	单位：万元
项目	2022年	2023年
销售收入	6 309.25	7 305.36
销售成本	5 893.64	6 908.04
实缴所得税	75.98	75.98
预收账款	1 509.65	836.73

根据上述资料，分析进项税额与销项税额配比是否异常，并分析异常之处。

【解析】

进项税额变动率 = (200.30 - 323.59) ÷ 323.59 × 100% = -38.10%

销项税额变动率 = (560.60 - 1268.03) ÷ 1 268.03 × 100% = -55.79%

进项税额与销项税额变动率配比 = -38.10% ÷ (-55.79%) = 0.68

正常情况下，进项税额变动率与销项税额变动率应基本同步增长，比值应接近1。可能存在销售货物不开票而隐瞒销售收入的问题，或者发出货物未收到货款不开票而迟计销售收入等问题。

（六）期末预收账款变动率与销售收入变动率配比异常

1. 计算公式。

$$\begin{array}{l}\text{期末预收账} \\ \text{款变动率}\end{array} = \left(\begin{array}{l}\text{本期期末预收} \\ \text{账款期末余额}\end{array} - \begin{array}{l}\text{上期期末预收} \\ \text{账款期末余额}\end{array}\right) \div \begin{array}{l}\text{上期期末预收} \\ \text{账款期末余额}\end{array} \times 100\%$$

$$\begin{array}{l}\text{销售收入} \\ \text{变动率}\end{array} = (\text{本期销售收入} - \text{上期销售收入}) \div \text{上期销售收入} \times 100\%$$

$$\begin{array}{l}\text{期末预收账款变动率与} \\ \text{销售收入变动率弹性系数}\end{array} = \text{期末预收账款变动率} \div \text{销售收入变动率}$$

2. 指标预警值。

正常情况下，两者应基本同步增长，指标值应接近1。正常范围应在0.8～1.2。

3. 风险指向。

（1）当指标值大于1、两者都为正时，可能存在实现销售收入而不计提销项税额或扩大抵扣范围多抵进项税额的问题。

（2）当指标值小于1，两者都为负时，可能存在上述问题。

（3）当指标值为负数、前者为正后者为负时，可能存在上述问题。

4. 风险应对。

重点核查以下方面：一是通过预收账款核算的前提是否存在，如购货方有无必要预付货款，有无订立预付账款购销合同。二是通过检查有关销货合同、仓库发货单、货运单据、收款凭证、记账 凭证等，分析已实现销售的商品是否及时转销预收账款，以确定预收账款和销售收入核算的正确性和合理性。三是对税法规定必须纳税的预收账款，是否已及时、足额纳税。

【示例】

辽宁某钢铁制造有限公司系增值税一般纳税人，纳税评估人员从税源监控、征管系统中获取信息数据。该企业有关财务指标如表2-8所示。

表 2 - 8	辽宁某钢铁制造有限公司财务指标	单位：万元
项目	6 月	7 月
销售收入	10 140.83	4 484.80
销售成本	560.60	2 502.60
销项税额	1 268.03	560.60
进项税额	323.59	200.30

根据上述资料，分析进项税额与销项税额配比是否异常，并分析异常之处。

【解析】

销售收入变动率 = (7 305.36 - 6 309.25) ÷ 6 309.25 × 100% = 15.79%

预收账款变动率 = (836.73 - 1 509.65) ÷ 1 509.65 × 100% = -44.57%

销售收入变动率与预收账款变动率弹性系数 = 15.79% ÷ (-44.57%) = -0.3543

正常情况下，销售收入变动率与预收账款变动率应基本同步增长，二者比值应接近 1。根据资料，2023 年销售收入较 2022 年有所增长，而预收账款却大幅下降，此项配比异常应核实是否有往期已实现收入却先暂挂账在预收账款科目，未确认销项税额的情形，即核销是否存在未及时足额缴纳税款的情形。

（七）增值税专用发票用量变动异常

1. 计算公式。

$$增值税专用发票用量变动率 = \left(本月增值税专用发票使用量 - 上月增值税专用发票使用量 \right) ÷ 上月增值税专用发票使用量 × 100\%$$

2. 指标预警值。

纳税人开具增值税专用发票超过上月工业 30%（含），商业 120%（含）以上并超过上月 10 份，视为异常。1 个月内出现 3 次增票且增票总数超过 240 份（平均每次超过 80 份），视为异常。

3. 风险指向。

增值税专用发票用量骤增，除主营业务变化外，可能有虚开现象。

4. 风险应对。

检查纳税人的购销合同是否真实、检查纳税人的生产经营情况是否与签订的合同情况相符并实地检查存货等。主要检查存货类"原材料""库存商品"以及"银行存款""现金""应收账款""预收账款"等科目。对于临时增量购买专用发票的还将重点检查其合同履行情况。

【示例】

以赵某为首的团伙为满足个人私利，纠集一批无业人员，通过网络收购身份证注册多个假企业，集中大量开具货物名称为口罩、中成药、防护服等防疫物资的发票，并利用疫情期间小规模纳税人减按1%征收率征收增值税的优惠政策、办税便利条件及便民办税措施规避税务部门的实地核查。

在2022年12月，该团伙所注册的企业大肆对外虚开发票，较上月开票量增长数倍有余，通过虚开发票骗取疫情税收优惠及代开发票费率差异，从中牟利数千万元。由于这些企业没有相应的增值税进货发票，迅速触发了税务部门"虚开企业预判模型"的预警，亮起风险警示的红灯。经调查核实，税务部门发现上述企业是典型的无实际经营场所、无实际经营人员、无实际经营业务的"假企业"。最终成功将这些犯罪团伙绳之以法。

（八）增值税专用发票用量变动异常

1. 计算公式。

$$增值税发票作废率 = 本月作废增值税发票份数 \div \left(本月正常开具增值税发票份数 + 本月作废增值税发票份数 \right) \times 100\%$$

2. 指标预警值。

增值税发票作废率 > 10%，视为异常。

3. 风险指向。

（1）恶意隐瞒收入：这是一种较为常见的情况，纳税人将已开具的发票作废，下月重开，将当月发票开具金额降至起征点以下，从而达到不交税的目的。

（2）恶意串通，销售方违规作废，接票方虚列成本：销售方与受票方在没有真实业务的前提下恶意串通，销售方违规作废开具的部分发票（未收回发票联），接票方虚列成本，从而达到偷税目的。

（3）涉嫌虚开发票：部分企业涉嫌虚开发票，但为了避免被税务机关发现，将部分发票进行作废，以平销、微利达到虚开发票的目的。

4. 风险应对。

企业在日常发票开具过程中应注意开票规范，尽量避免因为操作人员不熟悉、对方信息给错了等原因作废。同时，收票时也要仔细，因为退票成本有时也不小。要审核入账的发票的合法性，可以先通过增值税发票查验平台查验真伪；再审核发票开具规范性，信息是否完整、准确（单位信息、编码、备注栏等），是否正确加盖发票专用章，是否有压线错格现象，发票号码、代码是否与系统上的匹配等。还要将能证明其真实性的如合同协议、支出依据、付款凭证等相关资料留存备查。

【示例】

某高新建筑装饰公司向检察机关出具举报信，举报本单位偷逃税款，其法人代表刘某在任职期间，该公司发票作废率稳定在20%以上，隐瞒应纳税收入，偷逃税款数额较大，其行为已构成偷税罪。某市相关税务机关出具证明认定该公司开具的发票编号属于92版作废发票，并在检察机关案件办理期间作出行政处罚。法人代表刘某提出该公司在该市工程项目的委托代理人郑某没有按照规定报税，也没有将工程款上交公司，公司没有收到工程款，故不构成偷逃税款，即使偷逃税款亦应由郑某承担责任。

【解析】

公司偷逃税款，作为法定代表人的刘某应当对该行为承担相应责任。代理人没有将工程款上交公司，只是公司内部管理的事项，代理人的行为依法应由公司承担责任，非公司开具报废发票逃税的理由。因此，追究法人代表刘某的责任并无不当。

四、增值税税务风险点

（一）销项税相关风险

1. 纳税义务发生时间确认错误风险。

（1）风险表现。

企业因增值税纳税义务发生时间的规定与会计确认收入时间的规定存在差异，纳税人未按照增值税纳税义务发生时间及时确认收入。

（2）税收政策依据。

《中华人民共和国增值税暂行条例》第十九条；

《中华人民共和国增值税暂行条例实施细则》第三十八条；

《营业税改征增值税试点实施办法》第四十五条。

【示例】

2023 年 1 月佳艺建材公司发生如下经济业务，请判断是否存在风险？

（1）向鑫晖公司销售一批建材，含税金额 160 万元，采用分期收款方式，合同约定当月收取 60% 货款，6 月收取 40%。1 月鑫晖公司出现债务危机，货款尚未支付，佳艺建材公司未计提该笔业务的销项税额。

（2）将闲置的仓库出租给永安公司，签订房屋租赁合同，租期一年（2023 年 1～12 月），年含税租金 65.4 万元，按季支付。合同约定佳艺建材公司于 2023 年 1 月将全年租金发票开给永安公司。当月，佳艺建材公司收到一季度租金 5.45 万元，计算销项税额 0.45 万元。

【解析】

（1）存在风险。

纳税人销售服务、无形资产或者不动产，签订了书面合同并确定了付款日期，为书面合同确定的付款日期的当天。合同约定，佳艺公司应于 1 月收取 60% 货款，合计 96 万元，但由于鑫晖公司出现债务危机，租金虽然尚未支付，但仍应确定纳税义务，按 96 万元计算销项税额。

销项税 = 960 000 ÷ (1 + 13%) × 13% = 110 442.48（元）

（2）存在风险。

根据规定，纳税人发生应税销售行为的，先开具增值税发票的，为开具发票的当天。虽然合同约定租金按季支付，但是佳艺公司已于2023年1月将全年租金发票开给永安公司，因此纳税义务发生的时间为1月，佳艺公司应按全年租金65.4万元计算销项税额。

销项税 = 65.5 ÷ (1 + 9%) × 9% = 5.4（万元）

2. 预收账款未及时确认纳税义务风险。

（1）风险表现。

①纳税人采取预收款方式销售货物，货物已发出，不按规定确认纳税义务。

②纳税人提供租赁服务采取预收款方式的，未在收到预收款时确认增值税纳税义务，而是分期确认或延后确认。

（2）税收政策依据

《中华人民共和国增值税暂行条例》第十九条；

《中华人民共和国增值税暂行条例实施细则》第三十八条；

《营业税改征增值税试点实施办法》第四十五条。

【示例】

北京华科资产管理公司（以下简称华科公司）主要从事商铺租赁与管理服务，1月发生如下经济业务，请判断是否存在风险？

1月，与百特商贸公司签订商铺租赁合同，租期一年（2023年1~12月），年含税租金54.5万元，租金按年收取，年末统一开票。华科公司于1月5日一次性收取一年的租金54.5万元，会计人员认为该业务尚未开具租赁发票，因此纳税义务时间尚未发生，账务处理如下：

借：银行存款　　　　　　　　　　　　　　　　545 000
　　贷：预收账款　　　　　　　　　　　　　　　　545 000

【解析】

存在风险。

根据规定，纳税人提供租赁服务采取预收款方式的，其纳税义务发生时间为收到预收款的当天。正确的账务处理应为：

借：银行存款　　　　　　　　　　　　　　　　545 000
　　贷：主营业务收入　　　　　　　　　　　　　　500 000
　　　　应交税费——应交增值税（销项税额）　　　 45 000

该项销项税额应填入增值税纳税申报表附表（一）未开票收入栏次，避免造成少报税风险。

3. 视同销售行为未按规定确认收入申报纳税风险。

（1）风险表现。

企业将增值税应税产品用于集体福利或者个人消费、投资、分配给投资者、无偿赠送等行为未做视同销售确认收入，未按政策规定申报纳税，存在少缴增值税的风险。

（2）税收政策依据。

《中华人民共和国增值税暂行条例实施细则》第四条；

《营业税改征增值税试点实施办法》第十四条。

【示例】

2023 年 2 月陆顺汽车配件生产公司（以下简称陆顺公司）发生如下经济业务，请判断是否存在风险？

陆顺公司将 1 月购入的一批配件无偿赠送给一些市区的维修站，配件购进时含税金额为 1 130 000 元，取得增值税专用发票，并进行勾选认证。赠送时公允价值与购入价格相同，且未开具发票。该公司账务处理如下：

借：销售费用——维修服务   1 000 000

    贷：库存商品   1 000 000

【解析】

存在风险。

《增值税暂行条例实施细则》第四条规定，将自产、委托加工或购买的货物无偿赠送给他人需视同销售缴纳增值税。正确的账务处理应为：

借：销售费用   1 130 000

    贷：库存商品   1 000 000

        应交税费——应交增值税（销项税额）   130 000

该项销项税额应填入增值税纳税申报表附表（一）未开票收入栏次，避免造成少报税风险。

4. 价外费用未按规定申报纳税风险。

（1）风险表现。

企业提供货物、劳务以及服务过程中，向购买方收取的手续费、补贴、基金、集资费、返还利润、奖励费、违约金、滞纳金、延期付款利息、赔偿金、代收款项、代垫款项、包装费、包装物租金、储备费、优质费、运输装卸费以及其他各种性质的价外收费，未按规定并入销售额计征增值税。

（2）税收政策依据。

《中华人民共和国增值税暂行条例实施细则》第十二条；

《营业税改征增值税试点实施办法》第三十七条。

【示例】

2023 年 3 月北京某工艺品制造有限公司发生如下经济业务，请判断是否存在风险？

北京某工艺品制造有限公司销售一批装饰花篮，收取价款23 165元，其中包含随同价款收取的包装费租金565元，购货方以银行转账方式支付货款。企业账务处理为：

借：银行存款   23 165

 贷：主营业务收入——装饰花篮   20 000

   应交税费——应交增值税（销项税额） 2 600

   其他应付款   565

【解析】

存在风险。

对增值税一般纳税人向购买方收取的价外费用和逾期包装物押金，应视为含税收入，在征税时换算成不含税收入并入销售额计征增值税。

北京某工艺品制造有限公司的账务处理错误，价外向购买方收取的包装费租金属于价外费用，应确认销项税额65元 $[565÷(1+13\%)×13\%]$。

此项价外费用应按规定予以申报纳税。

5. 未在同一张发票上分别注明价款和折扣额风险。

（1）风险表现。

折扣销售时，折扣额仅在发票的"备注栏"注明折扣额的，折扣额不得从销售额中减除；如果将折扣额另开发票，不论其在财务上如何处理，均不得从销售额中减除折扣额。

（2）税收政策依据。

《营业税改征增值税试点实施办法》第四十三条。

【示例】

2023年4月北京某工艺品制造有限公司发生如下经济业务，请判断是否存在风险？

北京某工艺品制造有限公司系增值税一般纳税人，2023年4月开展促销活动，将原价为10 000元的全部商品以九折销售，公司在开票时按全额开具发票，另外在"备注"栏注明折扣额。

企业账务处理为：

借：银行存款   10 170

 贷：主营业务收入   9 000

   应交税费——应交增值税（销项税额） 1 170

【解析】

存在风险。

销售额和折扣额在同一张发票上的"金额"栏分别注明，可按折扣后的销售额征收增值税；未在同一张发票"金额"栏注明折扣额，而仅在发票的"备注"栏注明折扣额的，折扣额不得从销售额中减除。

北京某工艺品制造有限公司将折扣额放在发票的"备注"栏注明，以销售全额填写金额栏，显然不符合相关规定。因选择的开票方式不对，而造成涉税风险的做法不可取。正确的账务处理应为：

借：银行存款　　　　　　　　　　　　　　　　　　　10 300

　　贷：主营业务收入　　　　　　　　　　　　　　　　 9 000

　　　　应交税费——应交增值税（销项税额）　　　　 1 300

6. 存在兼营行为未分别核算风险。

（1）风险表现。

存在兼营销售货物、劳务、服务、无形资产或者不动产，未分别核算适用不同税率或者征收率的销售额，导致从高适用税率。

（2）税收政策依据。

《营业税改征增值税试点实施办法》第三十九条。

【示例】

2023 年 8 月大连市安德有限责任公司（以下简称安德公司）发生如下经济业务，请判断是否存在风险？

2023 年 8 月，安德公司与 H 房地产有限公司签订了一份《发动机项目设备搬迁及安装合同》，合同中注明了作业内容，包括拆卸、搬迁、划线打孔和就位安装。其中注明，拆卸搬迁价格合计 10.3 万元（不含税），其余部分业务价格合计 16.8 万元（不含税）。工程项目执行完毕后，安德公司统一按照 6% 税率，向 H 公司开具了两份增值税专用发票，并未分别核算或从高适用税率。

【解析】

存在风险。

事实上，无论是合同内容还是实际工作，工程项目都明确包含了装卸搬运和安装两项业务，属于非常明确的兼营业务。业务发生当期，装卸、搬运业务属于现代服务业中的物流辅助服务，适用增值税税率为 6%，而安装业务属于建筑服务中的安装服务，适用增值税税率为 9%，安德公司应分别按照 6% 和 9% 的税率开票。即应该补缴增值税税款 5 040 元 [168 000×（9% −6%）]。

经稽查局检查，追缴安德公司税款，并补缴相关的城市维护建设税、教育费附加、地方教育附加。

7. 混合销售行为适用税率错误风险。

（1）风险表现。

一项应税交易如果涉及两个或两个以上税率或者征收率为混合交易行为，将根据情况分别适用"销售货物"或"销售服务"纳税，两者之间有从属关系；对于兼营行为，纳税人涉及的销售货物或销售服务是相互独立的，所以应分别核算，否则将面临适用高税率的不利后果。

如果存在混合销售行为错误按照兼营行为处理，或者混合销售税率适用错误则会出现税务风险。

（2）税收政策依据。

《营业税改征增值税试点实施办法》第四十条。

【示例】

2023年9月厦门同安荣辉丽饰汽车美容店发生如下经济业务，请判断是否存在风险？

厦门同安荣辉丽饰汽车美容店（一般纳税人）主要从事汽车打蜡业务，向车主提供打蜡服务的同时销售车蜡。2023年9月取得打蜡服务及销售车蜡不含税收入共计18万元，上述行为属于混合销售还是兼营行为？

【解析】

打蜡服务适用生活服务6%的税率，车蜡销售适用13%税率，但向车主提供打蜡服务的同时销售车蜡，属于同一项销售行为。提供打蜡服务的同时销售车蜡，应按照销售服务6%的税率计算销项税额，即1.08万元（18×6%）。

8. 无正当理由低价销售商品或服务风险。

（1）风险表现。

关联方的应税销售行为价格明显偏低或者偏高，并且没有正当理由，税务机关会怀疑企业通过此种方式转移利润以达到少缴税款的目的。

（2）税收政策依据。

《中华人民共和国增值税暂行条例》第七条；

《中华人民共和国增值税暂行条例实施细则》第十六条；

《营业税改征增值税试点实施办法》第十四条。

【示例】

2020年3月甲置业有限公司（以下简称甲公司）销售14间商铺，申报计税价格明显低于同期同类商铺的平均销售价格，且无正当理由。另外，其对1000多平方米的回迁面积未按规定申报纳税。依据相关规定，税务机关于2023年1月要求该公司补缴税款、支付滞纳金共计398.9万元。

甲公司不服，向税务局申请复议，结果未发生改变。2023年6月，该公司向法院提起诉讼，结果败诉，再上诉，仍未得到法院支持。

【解析】

二审法院认为，税务机关提供的材料表明甲公司存在部分商铺销售价格折半且低于市场价格的事实，但是甲公司也没有提供相关证明材料，因此二审法院认为税务机关的有关处理决定认定事实清楚，证据充分。

"无正当理由"一般应满足三个条件：一是必须存在人为规划的一个或一系列行动或交易安排；二是企业必须从该安排中获取减少应纳税额的税收利益；三是企业将获取税收利益作为其从事某种安排的唯一或者主要目的。如果纳税人的行为满足了这三个条件，则可断定其行为已经构成"无正当理由"。

9. 处置自己使用过的固定资产，未计算缴纳增值税风险。

（1）风险表现。

①处置使用过的固定资产未按规定确认收入。

②不符合按照简易办法依 3% 征收率减按 2% 征收增值税政策条件的，按照简易计税办法计税。

（2）税收政策依据。

《中华人民共和国增值税暂行条例实施细则》第三十五条。

【示例】

北京鑫晖商贸有限公司为小规模纳税人，2023 年第二季度销售自己使用过的电脑等固定资产，取得含税销售额 10 300 元。该公司财务认为这些固定资产已达税法规定的最低折旧年限，取得的收益无须纳税，因此无须开具发票。经税务师税审认为，出售固定资产取得收益应开具发票，申报缴纳增值税。

【解析】

小规模纳税人销售自己使用过的固定资产，减按 2% 征收率征收增值税。小规模纳税人销售自己使用过的除固定资产以外的物品，应按 3% 的征收率征收增值税。

北京鑫晖商贸有限公司出售使用过的固定资产的行为应开具发票，并可选择减按 2% 征收率来申报增值税。即应申报的增值税 200 元 ［10 300 ÷（1 + 3%）× 2%］。

10. 出售废品、废料未按规定计税风险。

（1）风险表现。

①出售废品、废料未按适用税率计算增值税。

②错用简易计税方式或错用低税率。

（2）税收政策依据。

《中华人民共和国增值税暂行条例》第一条；

《中华人民共和国增值税暂行条例实施细则》第三条。

【示例】

请判断下公司是否存在税务风险？

2023 年 7 月，税务机关对某机械设备有限公司（一般纳税人）2022 年度的纳税情况进行检查。检查中，稽查人员采用比较分析法对该公司的有关财务数据进行分析，发现其税收负担率明显低于行业平均税收负担率。于是，采用抽查法抽查"主营业务收入""其他业务收入"等账户以及相关的记账凭证、附件资料，发现在 2022 年 3 月 23 日第 20 号凭证上有这样一笔分录：

借：银行存款 200 000

　　贷：其他业务收入 200 000

记账凭证后附有"货物清单"，上面注明货物为废铝材、铜丝等。

【解析】

存在风险。

检查废品、废料未按规定计税风险涉税风险的方法主要有：

（1）采用审阅法和核对法，从与"其他业务收入""营业外收入"等账户贷方相对应的账户着手，核查销售收入是否提取了销项税额。

（2）检查"产成品""原材料"以及费用、成本等账户，看是否有红字冲减记录，并查阅原始凭证，看是否属销售残次品、废品、材料、边角废料等取得的收入。

（3）结合投入产出率、企业消耗定额、废品率等指标分析企业残次品、废品、材料、边角废料等数量，与账面记载情况相核对。该公司出售废品、废料，应就销售废料计提销项税额，并申报增值税，销项税额 26 000 元（200 000×13%）。正确的账务处理应为：

借：银行存款　　　　　　　　　　　　　　　　　　226 000

　　贷：其他业务收入　　　　　　　　　　　　　　　　200 000

　　　　应交税费——应交增值税（销项税额）　　　　　 26 000

（二）进项税相关风险

1. 取得不符合规定的增值税扣税凭证风险。

（1）风险表现。

取得不符合规定的进项税扣税凭证，并用其抵扣了进项税额。

（2）税收政策依据。

《国家税务总局关于修订增值税专用发票使用规定的通知》第二十五条、第二十六条规定。

【示例】

税务机关向 A 公司发出《税务事项通知书》（以下简称《通知书》），因其上游企业 B 公司被判定为走逃企业，要求其对异常凭证（销方纳税人名称：B 公司；发票代码：1100xxxxxx；发票号码：5509xxxx－5509xxxx，共计 25 张，金额 2 350 598.24元，税额 399 601.76 元）按如下处理方式进行处理：如尚未申报抵扣或申报出口退税的，暂不允许抵扣或办理退税；如已经申报抵扣的，一律先作进项税额转出。

【解析】

A 公司的上游企业 B 公司比较配合，向 A 公司提供说明：其企业虽被认定为走逃企业，但是在开具给 A 公司被认定为异常凭证的发票当属税期，已经如期申报纳税，并出具了对应属期申报纳税的增值税纳税申报表，以及由北京市海淀区税务局第一税务所出具的税务行政处罚决定书（简易）等相关证明。但在实践中，企业常会遇到取得异常凭证，但是上游却不积极配合的情况。因此企业应关注相关企业是否有异常事项，警惕异常凭证风险，早做防范。

2. 不得抵扣进项税项目未做进项税转出风险。

（1）风险表现。

发生应作进项税额转出事项的，未按规定进行转出处理，导致少缴增值税。

（2）税收政策依据。

《财政部 国家税务总局关于全面推开营业税改征增值税试点的通知》。

【示例】

2023 年北京鑫辉广告宣发有限公司发生如下经济业务，请判断是否存在风险？

北京鑫辉广告宣发有限公司为一般纳税人，2023 年 5 月 1 日购进复印机 1 台，在会计上作为固定资产核算，折旧期 5 年，取得增值税专用发票列明的货物金额 1 万元，于当月认证抵扣。2023 年 11 月，复印机因管理不善被盗。

【解析】

存在风险。

购买的固定资产因管理不善被盗属于非正常损失，不得抵扣进项税额，应于发生的次月计算不得抵扣的进项税额：

固定资产折旧额 = 10 000 ÷ 5 ÷ 12 × 6 = 1 000（元）

固定资产净值 = 10 000 - 1 000 = 9 000（元）

应转出的进项税额 = 9 000 × 13% = 1 170（元）

在进行纳税申报时，企业应就该项固定资产进项税额作转出处理，避免税务稽查时，由于固定资产账实不一致，未对非正常损失进行进项税额转出，纳税申报错误风险。

3. 发生进货退回或折让进项税未转出风险。

（1）风险表现。

发生退货或取得折让未按规定作进项税额转出，多抵扣进项税额。

（2）税收政策依据。

《国家税务总局关于红字增值税发票开具有关问题的公告》。

【示例】

因供货商选择较多，北京德榜日用品批发零售有限公司在进场、议价、取得专用发票、支付货款等方面处于强势地位，时有发生因货物质量等问题发生销售折让的情形。按照规定，该公司应开具红字发票信息表给供货方，之后依据供货方开具的红字发票作进项税额转出。2023 年 5 月，有关机关对该公司进行税审时，发现该公司多次采用直接扣减应付款项，不按规定作进项税额转出的问题，造成多抵扣进项税额、少缴纳增值税的问题。

【解析】

发生退货或取得折让，应按规定作进项税额转出，不得抱有侥幸逃过税务稽查的心理，对相应进项税额不作转出。相关责任工作人员在自查时，可取超级市场与供货商商品供销合同，核查"应付账款""银行存款""库存现金""主营业务成本"等科目，抽查该公司进项税额发票，包括财务人员自行设立的辅助账或其他记录，判断是否存在违规行为。如有相关违规行为，及时作出改正，申报应做进项税额转出的事项及数额。

4. 收到返利进项税额未转出风险。

（1）风险表现。

①不同形式返利涉税处理错误。

②收到返利未作进项税额转出处理。

（2）税收政策依据。

《国家税务总局关于纳税人折扣折让行为开具红字增值税专用发票问题的通知》规定。

【示例】

2023 年北京陆顺汽车经销企业发生如下经济业务，请判断是否存在风险？

北京陆顺汽车经销企业为一般纳税人，2023 年 12 月收到供应商给予的现金返利 300 000 元。该公司财务并未对此项业务做任何涉税处理。

【解析】

存在风险。

当期应冲减进项税额 = 当期取得的返还资金 ÷（1 + 所购货物适用增值税税率）× 所购货物适用增值税税率 = 300 000 ÷（1 + 13%）× 13% = 34 513. 27（元）

5. 固定资产、不动产进项税处理错误风险。

（1）风险表现。

①兼用于简易计税方法计税项目、免征增值税项目、集体福利的固定资产、不动产对应进项税额作转出处理，导致多缴增值税。

②已抵扣进项税额的固定资产、不动产发生不得抵扣进项税额情形的，未计算或错误计算不得抵扣进项税额。

③原用于不得抵扣且未抵扣进项税额的固定资产，转用于允许抵扣进项税额的应税项目时，未按规定计算可以抵扣的进项税额，导致多缴增值税。

（2）税收政策依据。

《营改增试点实施办法》第二十七条、第三十一条。

【示例】

2023 年北京鑫晖有限公司（以下简称鑫晖公司）发生如下经济业务，请判断是否存在风险？

2020 年 6 月 5 日，鑫晖公司购置一层公寓专用于员工宿舍，价款共计 1 308 万元（含税），取得增值税专用发票 1 份，注明价款 1 200 万元，税额 108 万元。因用于职工福利，发票确认为不抵扣勾选，且账上未做进项税额。鑫晖公司次月开始计提折旧，折旧年限20年，不考虑残值。2023年6月，鑫晖公司将该公寓进行改造，并用于经营租赁。

【解析】

存在风险。

根据规定，不得抵扣且未抵扣进项税额的固定资产、无形资产、不动产发生用途改变，用于允许抵扣进项税额的应税项目，可在用途改变的次月按照下列公式计算可以抵扣的进项税额。

可以抵扣的进项税额 = 不动产净值 ÷ (1 + 适用税率) × 适用税率

不动产折旧额 = 1 308 ÷ (20 × 12) × 36 = 196.2（万元）

不动产净值率 = 1 308 − 196.2 = 1 111.8（万元）

可抵扣的进项税额 = 1 111.8 ÷ (1 + 9%) × 9% = 91.8（万元）

6. 农产品抵扣进项税额处理错误风险。

（1）风险表现。

①购进农产品抵扣凭证不符合规定。

②购进农产品抵扣进项税额计算错误。

③纳税人购进农产品，既用于生产销售或委托受托加工13%税率货物，又用于生产销售其他货物服务的，未分别核算。

（2）税收政策依据。

《财政部 国家税务总局关于增值税税率有关政策的通知》；

《关于深化增值税改革有关政策的公告》。

【示例】

2023年北京绿顺农丰制造有限公司发生如下经济业务，请判断是否存在风险？

北京绿顺农丰制造有限公司向农业合作社收购棉花用于生产棉布，取得农产品销售发票，金额90 000元，当月领用全部收购的棉花用于生产棉布。该公司财务就此项业务计算抵扣进项税额8 100元。

【解析】

存在风险。

纳税人购进用于生产或者委托加工13%税率货物农产品，按照10%的扣除率计算进项税额。

棉布属13%税率的产品，可加计扣除1%的。因此，北京绿顺农丰制造有限公司就此项业务允许加计扣除的农产品进项税额 = 当期生产领用农产品已按票面税率（扣除率）抵扣税额 ÷ 票面税率（扣除率）× 1% = 9 000 × 9% ÷ 9% × 1% = 900（元）。

购进农产品实际可抵扣税额 = 90 000 × 9% + 900 = 9 000（元）

7. 运输服务抵扣进项税额风险。

风险点：旅客运输服务抵扣进项税风险分析。

（1）风险表现。

①非本单位员工发生的国内旅客运输服务抵扣了进项税额。

②不符合规定的凭证抵扣了进项税额。

（2）税收政策依据。

《财政部 税务总局海关总署关于深化增值税改革有关政策的公告》第六条规定。

风险点：货物运输服务抵扣进项税风险分析。

（3）风险表现。

①取得未按规定填写相关内容货物运输服务增值税专用发票，存在不能抵扣进项税额风险。

②货物运输发票项目与实际经营情况不符。

（4）税收政策依据。

货物运输服务抵扣进项税额相关规定；

国家税务总局关于停止使用货物运输业增值税专用发票有关问题的公告。

【示例】

北京成维广告宣发有限责任公司 2023 年 3 月取得国内旅客运输如下：

（1）公司高管郑元丰到省会出差，取得注明本人身份信息的火车票，票面金额 109 元。

（2）邀请外地讲师到公司进行员工培训，取得注明其身份信息的汽车票，票面价格 103 元。

（3）收到本公司业务员陈礼德递交的注明个人身份信息的飞机票，票价总额为 1 850 元，其中，包括机场建设费 50 元。

财务在进行税费申报时，计算抵扣的旅客运输发票进项税额为：$109 \div (1 + 9\%) \times 9\% + 103 \div (1 + 3\%) \times 3 + 1850 \div (1 + 9\%) \times 9\% = 164.75$（元）。

请判断该公司财务是否填报旅客运输发票可计算抵扣的税额时，是否有误？

【解析】

存在错误。

根据资料，邀请的外地讲师非本公司员工，其汽车票不得抵扣。而收到的本公司员工陈礼德递交的飞机票中，计算抵扣的税额为（机票上的票价 + 燃油附加费）$\div (1 + 9\%) \times 9\%$，不包括机场建设费。

综上，财务在进行税费申报时，计算抵扣的旅客运输发票进项税额为：$109 \div (1 + 9\%) \times 9\% + (1\,850 - 50) \div (1 + 9\%) \times 9\% = 157.62$（元）。

在计算旅客运输发票计算抵扣事项时，非本公司员工提供的旅客运输发票不得用于计算抵扣；未注明旅客身份信息的其他票证（手写无效）不得作为扣税凭证。在进行相关税额申报时，要准确申报计算抵扣的数额，筛选不符合抵扣要求的发票等。

【实训练习2】

1. BD公司1月、2月、3月增值税销项税额和进项税额如表2-9所示，请计算BD公司2~3月增值税税负及增值税税负变动率。

表2-9	BD公司1~3月增值税数据		单位：元
项目	1月	2月	3月
营业收入	3 080 000	3 300 000	5 600 000
当期销项税额	400 400	429 000	728 000
当期进项税额	315 800	324 600	553 900
当期应纳税额	84 600	104 400	174 100
增值税税负			
增值税税负变动率			

2. （多选题）北京好美超市增值税税负风险项有哪些？（　　　）

A. 增值税税负低于行业

B. 增值税税负变动过小

C. 增值税税负变动过大

D. 销售收入与应纳增值税变动不匹配

第五节　业财税一体化检查

北京好美超市业财税一体化检查页面如图2-5所示。

图2-5　北京好美超市业财税一体化检查页面

一、基本情况

已知北京好美超市有限公司在增值税税负风险存在的风险上有：一是增值税税负变动过大；二是销售收入与应纳增值税变动不匹配。

（一）一体化建议检查点

1. 检查主要经营范围，查看营业执照、税务登记、经营方式以及征管范围界定情况，判断是否存在超范围虚开发票、是否存在兼营不同税率的应税货物时未准确核算增值税。

2. 检查销售采购合同的执行情况，并结合货币资金、应收账款、预收货款、应付账款、预付账款、存货等科目判断是否存在漏记、隐瞒或虚记收入，虚开发票的情况。

3. 结合期后事项对销售收入做截止性测试，判断是否虚记或漏记收入。

4. 检查固定资产进项税额抵扣是否合理，是否将购进的不符合抵扣标准的固定资产进项税额申报抵扣的情况。

（二）任务要求

案例分析，查找风险点。

二、业财税一体化检查结果

（多选题）经检查后，以下哪几项检查结果是正确的（　　　）。

A. 对照本公司营业执照查询本公司经营范围，发现存在超范围开票的情况。

B. 10 月的增值税缴税银行回单中的销项税额 370 500 元，比账载销项税额 318 500 元多 52 000 元

C. 11 月的增值税缴税银行回单中的销项税额 768 365 元，比账载销项税额 754 065 元多 14 300 元

D. 10 月和 11 月实际缴纳增值税额比账载销项税额多了 66 300 元

E. 经确认，12 月虚增库存商品 110 万元，多计增值税进项税额 14.3 万元。

F. 经核实，在 10 月和 11 月记账时分别落下销售发票，未将收入和计提增值税及时入账导致风险出现

第六节　尝试应用

一、场景四

公司会议室内，超市总经理贾总、财务部赵经理和审计师继续讨论着。

审计师：根据我们的财税体检报告给出的风险提示，结合我们观察到的超市各月的出货量，我们推断贵公司 10 月、11 月、12 月三个月的收入可能存在漏记，成本费用虚增的问题。我建议……

贾总一挥手，说：您的意思我们都清楚了，第 4 季度的收入和成本确实有些问题，我们也有所察觉。这样，赵经理，你全力配合审计师的工作，把有差错的地方都找出来；该调整的调整，该补税的补税。这次要做得彻底一些，不要留下隐患。

赵经理：你们这个系统还真是了不得啊，这么快就发现了问题，帮我们解决了一个大麻烦啊。你放心，我们一定全力配合你的工作。

二、场景五

公司财务部，财务部经理赵经理抱着一沓销售日报来到审计师面前。

赵经理：问题原因已经找到了。10 月、11 月、12 月这三个月比较忙，结果忙中出错，有一批单子收款台那边忘记交到财务部了。所以，出纳对账也没发现问题，这批单子总额有 100 多万元，幸亏你们来了啊，否则少记这么多收入和成本，今年的业绩必定要受影响了。

审计师：这么快就查到了，你们的效率真高啊。我知道，忙起来的时候团团转，难免会出点差错，原因找到就好，亡羊补牢为时未晚。

两人嘴上相互恭维着，其实心里都明白：这哪是什么忙中出错啊，这就是赵经理想到的"好办法"——隐瞒收入和成本，彼此心照不宣罢了。

三、业务分析

（一）财税体检报告（见表 2 – 10）

表 2 – 10 中的风险级别从低到高分别是有风险、高风险和极度危险三种。

表 2 – 10　　　　　　　　北京好美超市增值税税负风险情况

指标类型	指标明细	指标值	偏离方向	风险级别
增值税税负风险	增值税税负变动过大	– 0.596125	偏低	极度危险
	销售收入与应纳增值税变动不匹配	– 0.143837	偏低	极度危险

说明：偏离方向代表企业指标值与行业标准值的偏离方向，"偏离"表示企业指标值高于行业标准值，"偏低"表示企业指标值低于行业标准值。

（二）销售业务一

1. 销售业务发生所需原始单据。

销售合同（见图 2 – 7）、销售发票（见图 2 – 6）、出库单（见图 2 – 8）。

图 2-6　北京好美超市 2023 年 10 月增值税专用发票（销项税）

销售合同

		合同编号：	20231005
甲方：	江苏金阁南有限公司	（以下简称"甲方"）	
乙方：	北京好美超市有限公司	（以下简称"乙方"）	

甲、乙双方在平等互利、诚实信用的基础上，依据《中华人民共和国合同法》及其他相关法律法规的规定，经过友好协商，签订本合同。

第一条　产品名称、型号、数量、金额

序号	产品描述（名称、型号）	计量单位	数量	单价（含税）	总价
1	家用冷藏冷冻箱*电冰箱	台	100	4520.00	452,000.00

合计：	大写人民币：	肆拾伍万贰仟 元整	¥ 452,000.00

第二条　质量标准

乙方为甲方提供产品应以保证质量为前提。乙方为甲方提供产品必须符合国家关于此类产品的质量约定，否则由乙方承担全部由此引起的责任。

第三条　交货付款方式

1、交货时间：合同生效后，乙方在：5个工作日内，通过直接配送的形式发货，交给甲方。

2、付款方式及时间：

1）付款方式：甲方自收到商品后90天结算货款给乙方

2）付款时间：2024年1月27日

乙方应向甲方提供全额的增值税专用发票。

3、送货地点：南京市玄武区南大西路20号

乙方承担送货费用。

4、产品在运输过程中出现（产品损坏、产品丢失、包装破损、延期到达等）问题时，由乙方负责处理、协调、解决。

第四条　验收方法

甲方在收到乙方交付货物当日内安排验收，如发现货物品种、型号、规格、质量、数量等不合规定，有权立即要求乙方予以更换。乙方应在接到甲方通知后3个工作日内更换产品，并承担相应的费用。逾期未交付则乙方违约，同时乙方承担由此给甲方造成的损失。

图 2-7　北京好美超市 2023 年 10 月销售合同

销售出库单

客户：江苏金阁南有限公司　　　　业务员：刘备　　　开单日期：2023年10月28日

序号	品名	规格	单位	数量	单价	金额	备注
1	电冰箱		台	100	2,800	280,000	
2							
3							
4							
5							
6							
7							
合计总额：	人民币（大写）　贰拾捌万元整					（小写）￥280,000	

库房主管：王风　　　　　　　　　　　　　库房管理员：王雨

图 2-8　北京好美超市 2023 年 10 月出库单

2. 如何记账？

（1）确认 10 月销售收入

借：应收账款　　　　　　　　　　　　　　　　　　　　　　452 000

　　贷：主营业务收入　　　　　　　　　　　　　　　　　　　400 000

　　　　应交税费——应交增值税（销项税额）　　　　　　　　52 000

（2）结转 10 月销售成本。

借：主营业务成本　　　　　　　　　　　　　　　　　　　　280 000

　　贷：库存商品　　　　　　　　　　　　　　　　　　　　　280 000

3. 案例分析。

（1）归纳单据。

为了确定 10 月这笔销售收入是否入账，可以通过核查增值税是否缴纳来核实，因为在确认收入时要计提增值税销项税额（见图 2-9、图 2-10）。

（2）分析思路。

通过核查"应交税费余额表"（见图 2-9）和"缴税银行回单"（见图 2-10）对比分析，发现"缴税银行回单"上缴纳增值税税额为 370 500 元，而"应交税费余额表"中"应交税费——未交增值税"科目余额为 318 500 元，差额 52 000 元（370 500-318 500）。

2023年10月应交税费余额

科目代码	科目名称	币别	期初借方余额	期初贷方余额	本期借方发生额	本期贷方发生额	期末借方余额	期末贷方余额
2221	应交税费	人民币		289,376.64	607,876.64	675,220.00		356,720.00
222101	应交增值税			258,372.00	258,372.00			
22210101	进项税额							
22210102	销项税额				318,500.00	318,500.00		
22210103	转出未交增值税							
222102	未交增值税			258,372.00	258,372.00	318,500.00		318,500.00
222112	城市建设维护税			18,086.04	18,086.04	22,295.00		22,295.00
222113	教育附加费			7,751.16	7,751.16	9,555.00		9,555.00
222114	地方教育附加费			5,167.44	5,167.44	6,370.00		6,370.00

图 2-9　北京好美超市 2023 年 10 月应交税费余额

图 2 - 10　北京好美超市 2023 年 11 月银行付款回单

在实务中，增值税发票系统开具发票时，发票内容中的销项税额会同步到税务局的增值税纳税申报相关申报表销项税额的相应位置，所以会出现缴税是对的，但是由于这笔销售没有入账，导致增值税销项税额也没有入账，从而产生差额。这个差额就是少计收入的这笔业务产生的。即：确认 10 月销售收入：

借：应收账款　　　　　　　　　　　　　　　　　452 000

　　贷：主营业务收入　　　　　　　　　　　　　　400 000

　　　　应交税费——应交增值税（销项税额）　　　52 000

（3）再进一步通过函证的形式确定该笔漏计收入的业务（见图 2 - 11）。

（4）编写修正分录。

①确认 10 月漏计的销售收入。

借：应收账款　　　　　　　　　　　　　　　　　452 000

　　贷：主营业务收入　　　　　　　　　　　　　　400 000

　　　　应交税费——应交增值税（销项税额）　　　52 000

②结转 10 月销售收入的销项税额。

借：应交税费——应交增值税（转出未交增值税）　52 000

　　贷：应交税费——未缴增值税　　　　　　　　　52 000

③结转 10 月销售成本。

借：主营业务成本　　　　　　　　　　　　　　　280 000

　　贷：库存商品　　　　　　　　　　　　　　　　280 000

④根据计提的增值税销项税额，计提税金及附加。

城市维护建设税 $= 52\ 000 \times 7\% = 3\ 640$（元）

教育附加 $= 52\ 000 \times 3\% = 1\ 560$（元）

地方教育附加 = 52 000 × 2% = 1 040（元）

借：税金及附加	6 240	
贷：应交税费——应交城市维护建设税		3 640
——应交教育费附加		1 560
——应交地方教育附加		1 040

询证函

编号：062

江苏金阁南有限公司　　公司：

本公司聘请的财智未来会计师事务有限公司正在对本公司客户往来账务进行核查工作，按照中国注册会计师执业准则的要求，应当询证本公司与贵公司的往来账项等事项。下列数据出自本公司账簿记录，如与贵公司记录相符，请在本函下端“数据证明无误”处签章证明；如有不符，请在“数据不符”处列明不符金额，并附加说明事项详为指正。

回函请先邮件至：财智未来会计师事务有限公司邮箱caizhiweilai@iofedu.com，原件请快递至：北京市东城区朝外大街银河SOHO A座10层11002室

1、本公司与贵公司的往来账项列示如下：

截止日期	项目	贵公司欠	欠贵公司	说明
2023年12月31日	北京好美超市销售电冰箱给贵公司	￥452,000.00		合同约定按账期付款

2、其他事项

本函仅为复核账目之用，并非催款结算。若款项在上述日期之后已经付清，仍请及时函复为盼。

结论：

1、数据证明无误

我司与北京好美超市有限公司有这笔金额为：肆拾伍万贰仟元整（小写：45200.00）的电冰箱采购业务。

公司签章：江苏金阁南有限公司 公章

日期：2024年1月20日

2、数据不符，请列明不符金额及需加说明事项

图 2-11　江苏金阁南有限公司询证函

⑤结转 10 月销售相关的损益。

借：主营业务收入	400 000	
贷：主营业务成本		280 000
税金及附加		6 240
本年利润		113 760

提示：“主营业务收入”“主营业务成本”“税金及附加”属于损益类科目，而损益类科目期末无余额，金额需从反方向结转至“本年利润”。

⑥补提 10 月所得税费用并结转。

借：所得税费用	28 440	
贷：应交税费——应交企业所得税		28 440
借：本年利润	28 440	
贷：所得税费用		28 440

⑦结转 10 月补记的本年利润。

借：本年利润　　　　　　　　　　　　　　　　　　　　85 320

　　贷：利润分配——未分配利润　　　　　　　　　　　　　　　85 320

（三）销售业务二

1. 销售业务发生所需原始单据。

销售合同（见图 2 – 12）、销售发票（见图 2 –13）、出库单（见图 2 –14）。

销售合同

		合同编号：	20231006

甲方：	上海好运来商贸有限公司	（以下简称"甲方"）
乙方：	北京好美超市有限公司	（以下简称"乙方"）

　　甲、乙双方在平等互利、诚实信用的基础上，依据《中华人民共和国合同法》及其他相关法律法规的规定，经过友好协商，签订本合同。

第一条　产品名称、型号、数量、金额

序号	产品描述（名称、型号）	计量单位	数量	单价（含税）	总价
1	*视频设备*液晶电视	台	22	5650.00	124,300.00

合计	大写人民币	壹拾贰万肆仟叁佰	元整	￥124,300.00

第二条　质量标准

　　乙方为甲方提供产品应以保证质量为前提。乙方为甲方提供产品必须符合国家关于此类产品的质量约定，否则由乙方承担全部由此引起的责任。

第三条　交货付款方式

1、交货时间：合同生效后，乙方在：5个工作日内，通过直接配送的形式发货，交给甲方。

2、付款方式及时间：

　1）付款方式：甲方自收到商品后90天结算货款给乙方

　2）付款时间：2024年2月26日

　　乙方应向甲方提供全额的增值税专用发票。

3、送货地点：上海市松江区中山东路18号

　　乙方承担送货费用。

4、产品在运输过程中出现（产品损坏、产品丢失、包装破损、延期到达等）问题时，由乙方负责处理、协调、解决。

第四条　验收方法

　　甲方在收到乙方交付货物当日内安排验收，如发现货物品种、型号、规格、质量、数量等不合规定，有权立即要求乙方予以更换。乙方应在接到甲方通知后3个工作日内更换产品，并承担相应的费用。逾期未交付则乙方违约，同时乙方承担由此给甲方造成的损失。

图 2 –12　北京好美超市 2023 年 11 月销售合同

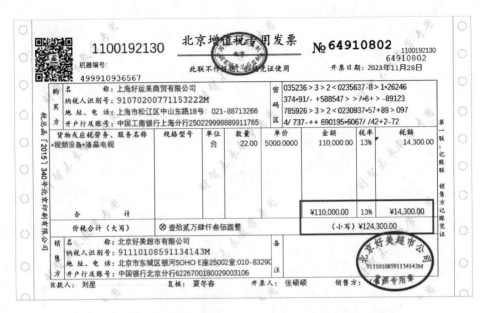

图 2-13 北京好美超市 2023 年 11 月增值税专用发票（销项税）

销售出库单

客户：上海好运来商贸有限公 业务员：刘备 开单日期：2023年11月28日

序号	品名	规格	单位	数量	单价	金额	备注
1	液晶电视		台	22	3,500	77,000	

合计总额：人民币（大写） 柒万柒仟 元整 （小写）￥ 77,000

库房主管：王风 库房管理员：王雨

图 2-14 北京好美超市 2023 年 11 月出库单

2. 如何记账？

（1）确认 11 月销售收入

借：应收账款 124 300

　　贷：主营业务收入 110 000

　　　　应交税费——应交增值税（销项税额） 14 300

（2）结转 11 月销售成本。

借：主营业务成本 77 000

　　贷：库存商品 77 000

3. 案例分析。

（1）归纳单据。

与 10 月业务同理，为了确定 11 月这笔销售收入是否入账，可以通过核查增值税是否缴纳来核实，因为在确认收入时要计提增值税销项税额。

（2）分析思路。

与 10 月业务同理，通过核查"应交税费余额表"（见图 2 - 15）和"缴税银行回单"（见图 2 - 16）对比分析，发现"缴税银行回单"上缴纳增值税税额为 768 365 元，而"应交税费余额表"中"应交税费——未交增值税"科目余额为 754 065 元，差额 143 000 元（768 365 - 754 065）。

2023年11月应交税费余额

科目代码	科目名称	币别	期初借方余额	期初贷方余额	本期借方发生额	本期贷方发生额	期末借方余额	期末贷方余额
2221	应交税费	人民币		356,720.00	1,110,785.00	1,598,617.80		844,552.80
222101	应交增值税	人民币		318,500.00	318,500.00			
22210101	进项税额	人民币						
22210107	销项税额	人民币			754,065.00	754,065.00		
222102	未交增值税	人民币		318,500.00	318,500.00	754,065.00		754,065.00
222112	应交城市建设维护税	人民币		22,295.00	22,295.00	52,784.55		52,784.55
222113	应交教育附加费	人民币		9,555.00	9,555.00	22,621.95		22,621.95
222114	应交地方教育附加费	人民币		6,370.00	6,370.00	15,081.30		15,081.30

图 2 - 15 北京好美超市 2023 年 11 月应交税费余额

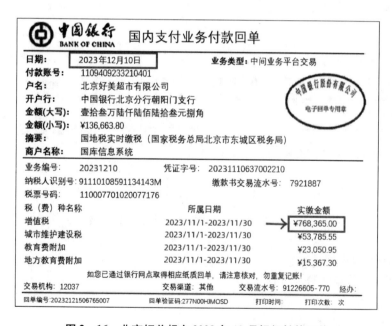

图 2 - 16 北京好美超市 2023 年 12 月银行付款回单

在实务中，增值税发票系统开具发票时，发票内容中的销项税额会同步到税务局的增值税纳税申报相关申报表销项税额的相应位置，所以会出现缴税是对的，但是由于这笔销售没有入账，增值税销项税额也没有入账，产生差额。这个差额就是少计收入的这笔业务产生的。即：确认 11 月销售收入。

　　借：应收账款 　　　　　　　　　　　　　　　　124 300

　　　　贷：主营业务收入 　　　　　　　　　　　　　　　　110 000

应交税费——应交增值税（销项税额）　　　　　　　　14 300

（3）再进一步通过函证的形式确定该笔漏计收入的业务（见图 2-17）。

询证函

			编号：	063

上海好运来商贸有限公司	公司：			

本公司聘请的财智未来会计师事务有限公司正在对本公司客户往来账务进行核查工作，按照中国注册会计师执业准则的要求，应当询证本公司与贵公司的往来账项等事项。下列数据出自本公司账簿记录，如与贵公司记录相符，请在本函下端"数据证明无误"处签章证明；如有不符，请在"数据不符"处列明不符金额，并附加说明事项详为指正。

回函请先邮件至：财智未来会计师事务所有限公司邮箱caizhiweilai@iofedu.com，原件请快递至：北京市东城区朝外大街银河SOHO A座10层11002室

1、本公司与贵公司的往来账项列示如下：

截止日期	项目	贵公司欠	欠贵公司	说明
2023年12月31日	北京好美超市销售商品给贵公司	￥124,300.00		合同约定按账期付款

2、其他事项

本函仅为复核账目之用，并非催款结算。若款项在上述日期之后已经付清，仍请及时函复为盼。

结论：

1、数据证明无误

我司与北京好美超市有限公司有这笔金额为：壹拾贰万肆仟叁佰元整（小写：124,300.00）的液晶电视采购业务。

公司签章：（上海好运来商贸有限公司 公章）

日期：2024年1月20日

2、数据不符，请列明不符金额及需加说明事项

公司签章：

日期：

图 2-17　上海好运来商贸有限公司询证函

（4）编写修正分录。

①确认 11 月漏记的销售收入。

借：应收账款　　　　　　　　　　　　　　　　　124 300

　　贷：主营业务收入　　　　　　　　　　　　　　　110 000

　　　　应交税费——应交增值税（销项税额）　　　　14 300

②结转 11 月销售收入的销项税额。

借：应交税费——应交增值税（转出未交增值税）　　14 300

　　贷：应交税费——未缴增值税　　　　　　　　　　14 300

③结转 11 月销售成本。

借：主营业务成本　　　　　　　　　　　　　　　77 000

　　贷：库存商品　　　　　　　　　　　　　　　　　77 000

④根据计提的增值税销项税额，计提税金及附加。

城市维护建设税 = 14 300 × 7% = 1 001（元）

教育费附加 = 14 300 × 3% = 429（元）

地方教育附加 = 14 300 × 2% = 286（元）

借：税金及附加　　　　　　　　　　　　　　　　　　　　　1 716

　　贷：应交税费——应交城市维护建设税　　　　　　　　　1 001

　　　　　　　　——应交教育费附加　　　　　　　　　　　　429

　　　　　　　　——应交地方教育附加　　　　　　　　　　　286

⑤结转 11 月销售相关的损益。

借：主营业务收入　　　　　　　　　　　　　　　　　　　110 000

　　贷：主营业务成本　　　　　　　　　　　　　　　　　　77 000

　　　　税金及附加　　　　　　　　　　　　　　　　　　　1 716

　　　　本年利润　　　　　　　　　　　　　　　　　　　　31 284

提示："主营业务收入""主营业务成本""税金及附加"属于损益类科目，而损益类科目期末无余额，金额需从反方向结转至"本年利润"。

⑥补提 11 月所得税费用并结转。

借：所得税费用　　　　　　　　　　　　　　　　　　　　　7 821

　　贷：应交税费——应交企业所得税　　　　　　　　　　　7 821

借：本年利润　　　　　　　　　　　　　　　　　　　　　　7 821

　　贷：所得税费用　　　　　　　　　　　　　　　　　　　7 821

⑦结转 11 月补记的本年利润。

借：本年利润　　　　　　　　　　　　　　　　　　　　　　23 463

　　贷：利润分配——未分配利润　　　　　　　　　　　　　23 463

第七节　融会贯通

一、问题描述

按常理说，临近年底企业不应该购进大批存货，但是核查中发现北京好美超市在 12 月份突然进了一批空调，此时正是空调销售的淡季，因此这笔业务引起了审计人员的关注。

二、采购业务

1. 采购业务发生所需原始单据。

采购发票（见图 2 - 18）、采购合同（见图 2 - 19）、入库单（见图 2 - 20）。

图 2 – 18 北京好美超市 2023 年 12 月增值税专用发票（进项税）

采购合同

		合同编号：	20231210
甲方：	北京好美超市有限公司	（以下简称"甲方"）	
乙方：	北京格力股份有限公司	（以下简称"乙方"）	

甲、乙双方在平等互利、诚实信用的基础上，依据《中华人民共和国合同法》及其他相关法律法规的规定，经过友好协商，签订本合同。

第一条 产品名称、型号、数量、金额

序号	产品描述（名称、型号）	计量单位	数量	单价（含税）	总价
1	格力空调	台	220	5650.00	1,243,000.00
合计	大写人民币：壹佰贰拾肆万叁仟 元整			￥	1,243,000.00

第二条 质量标准

乙方为甲方提供产品应以保证质量为前提。乙方为甲方提供产品必须符合国家关于此类产品的质量约定，否则由乙方承担全部由此引起的责任。

第三条 交货付款方式

1、交货时间：合同生效后，乙方在：2024年3月份，通过直接配送的形式发货，交给甲方。

2、付款方式及时间：

1）付款方式：甲方自收到商品后90天结算货款给乙方

2）付款时间：2024年3月29日

乙方应向甲方提供全额的增值税专用发票。

3、送货地点：北京市东城区银河SOHO E座25002室

乙方承担送货费用。

4、产品在运输过程中出现（产品损坏、产品丢失、包装破损、延期到达等）问题时，由乙方负责处理、协调、解决。

第四条 验收方法

甲方在收到乙方交付货物当日内安排验收，如发现货物品种，型号，规格，质量，数量等不合规定，有权立即要求乙方予以更换。乙方应在接到甲方通知后3个工作日内更换产品，并承担相应的费用。逾期未交付则乙方违约，同时乙方承担此给甲方造成的损失。

图 2 – 19 北京好美超市 2023 年 12 月采购合同

2. 如何记账?

12 月采购商品:

借:库存商品 1 100 000

　　应交税费——应交增值税(进项税额) 143 000

　　　贷:应付账款 1 243 000

3. 案例分析。

(1)分析思路。

通过核查该商品的入库单(见图 2-20)与进销存明细表(见图 2-21),我们看到数量、单价和金额一致。我们可以通过实地盘点方式,来核实账实是否相符。

入库单

供应商: 北京格力股份有限公司　　　　单号: RKD07001　　　　日期: 2023年12月28日

合同编号	货物名称	规格	单位	数量	单价	金额	备注
CG07001	格力空调	ARH27	台	220	5000	1,100,000.00	
合计总额: 人民币(大写)		壹佰壹拾万 元整		(小写) ¥ 1,100,000.00			

制单人: 王学君　　　　　　　验收人: 杨莹　　　　　　　入库人: 林毅

图 2-20　北京好美超市 2023 年 12 月入库单

库存商品月度进销存明细表

期间: 2023年12月　　　　　　　　计价方法: 先进先出法

序号	商品名称	规格型号	单位	期初结存			本期购入			本期销售			本期结存		
				数量	单价	金额	数量	单价	金额	数量	单价	金额	数量	单价	金额
1	格力空调	ARH27	台	126	4860	612,360.00	220	5000	1,100,000.00				346		1,712,360.00
2															
3															

图 2-21　北京好美超市 2023 年 12 月库存商品进销存明细表

通过实地盘点(见图 2-22),我们发现"格力空调"盘亏了 220 台,数量和金额正好与采购发票、采购合同、入库单一致。说明这 220 台格力空调根本不存在,是公司为了增加进项税额的抵扣而提前虚构的采购业务。

存货盘点明细表

盘点部门: 财务部　　　　　　　仓库: 第一仓库　　　　　　　2023年12月30日

序号	商品名称	规格型号	单位	账面		实点		盘盈		盘亏		备注
				数量	金额	数量	金额	数量	金额	数量	金额	
1	格力空调	ARH27	台	346	1,712,360.00	126	612,360.00			220	1,100,000.00	220台格力空调对方尚未发货

图 2-22　北京好美超市 2023 年 12 月存货盘点明细表

（2）发现问题。

再进一步通过函证（见图2-23）的形式确定该笔以虚增库存商品成本，多抵扣进项税额，少缴纳增值税为目的业务。所以，2023年12月虚增库存商品成本110万元，多计增值税进项税额14.3万元。

询证函

		编号：	064

北京格力股份有限公司　　　　公司：

本公司聘请的财智未来会计师事务有限公司正在对本公司客户往来账务进行核查工作，按照中国注册会计师执业准则的要求，应当询证本公司与贵公司的往来账项等事项。下列数据出自本公司账簿记录，如与贵公司记录相符，请在本函下端"数据证明无误"处签章证明；如有不符，请在"数据不符"处列明不符金额，并附加说明事项详为指正。

回函请先邮件至：财智未来会计师事务所有限公司邮箱caizhiweilai@iofedu.com，原件请快递至：北京市东城区朝外大街银河SOHO A座10层11002室

1、本公司与贵公司的往来账项列示如下：

截止日期	项目	贵公司欠	欠贵公司	说明
2023年12月31日	北京好美超市向贵公司采购商品		1,243,000.00	

2、其他事项

本函仅为复核账目之用，并非催款结算。若款项在上述日期之后已经付清，仍请及时函复为盼。

结论：

1、数据证明无误

公司签章：

日期：

2、数据不符，请列明不符金额及需加说明事项

2023年12月份，我司与北京好美超市有限公司没有发生任何经济往来事项。

公司盖章：（北京格力股份有限公司 公章）

日期：2024年1月30日

图2-23　北京格力股份有限公司询证函

（3）编写修正分录。

①红冲12月采购商品成本。

借：库存商品	-1 100 000
应交税费——应交增值税（进项税额）	-143 000
贷：应付账款	-1 243 000

说明：实务中用红字表示负数，这里用红字不清晰，所以用负号代替。

②结转12月因为抵扣少计的增值税进项税额。

借：应交税费——应交增值税（转出未交增值税）	143 000
贷：应交税费——未缴增值税	143 000

说明：负数的进项税额不能抵扣了，相当于需要缴税。

③根据调减的增值税进项税额，计提税金及附加。

城市维护建设税 = 143 000 × 7% = 10 010（元）

教育费附加 = 143 000 × 3% = 4 290（元）

地方教育附加 = 143 000 × 2% = 2 860（元）

借：税金及附加	17 160	
贷：应交税费——应交城市维护建设税	10 010	
——应交教育费附加	4 290	
——应交地方教育附加	2 860	

④结转 12 月补提的税金及附加。

借：本年利润	17 160
贷：税金及附加	17 160

提示："税金及附加"属于损益类科目，而损益类科目期末无余额，金额需从反方向结转至"本年利润"。

⑤结转 11 月本年利润。

借：利润分配——未分配利润	17 160
贷：本年利润	17 160

通过上述核查发现，10 月和 11 月的增值税纳税银行回单比账载销项税额多出 6.63 万元，后经反复核对，审计师确认：

1. 10 月少计收入 40 万元，少计增值税销项税额 5.2 万元。

2. 11 月少计收入 11 万元，少计增值税销项税额 1.43 万元。

通过核查该商品的入库单与进销存明细表，我们看到数量、单价和金额一致。通过实地盘点，我们发现"格力空调"盘亏了 220 台，数量和金额正好与采购发票、采购合同、入库单一致。说明这 220 台格力空调根本不存在，是公司为了增加进项税额的抵扣而提前虚拟的采购业务。再进一步通过函证的方式确定该笔以虚增库存商品成本，多抵扣进项税额，少缴纳增值税为目的业务。

3. 12 月虚增库存商品成本 110 万元，多计增值税进项税额 14.3 万元。

三、场景六

根据北京超美超市 2023 年 2 月 1 日至 12 月 31 日科目汇总表、期初数据汇总表以及上述修正后凭证数据，利用健康财税体检软件进行分析发现，好美超市增值税税负曾经存在两项风险点已全部消失（见图 2 - 24）。

・增值税税负风险共-3项

增值税税负变动过大　　　销售收入与应纳增值税变动不匹配　　　增值税税负低于行业

图 2 - 24　北京好美超市增值税风险检测

公司会议室内，好美超市总经理贾总、财务部赵经理和审计师再次坐到了一起。

审计师：贾总，问题已经查清楚了，相应的解决方案我也与赵经理沟通过了。幸亏发现得及时，没有造成更大的影响。

贾总：非常感谢有你们的帮助，我这心里就踏实多了，以后还会经常请你们帮忙的。你们的能力很强啊，我已经向集团的兄弟公司推荐你们了。

审计师：贾总、赵经理，我按照给您公司提供的解决方案模拟调整后的账套数据，并用我们的智能财税风险管控系统再次做了一次体检。现在结果已经出来了，上次我们发现的 2 个有问题的增值税税负风险点现在已经完全消除了。

第八节　编写风险分析报告

1.（多选题）通过"健康财税体检"，我们看到案例企业"增值税税负风险"出现的问题如下（　　）。

　A. 增值税税负变动率过大　　　　　B. 增值税税负变动过大

　C. 销售收入与应纳增值税变动不匹配　D. 销售收入与应纳增值税变动率不匹配

2.（多选题）在分析"增值税税负变动过大"风险指标时，一般情况下，这个指标的出现可能是这几个方面出现了问题（　　）。

　A. 可能存在账外经营的情况

　B. 可能存在将预收账款和其他往来款对冲的情况

　C. 可能存在已实现纳税义务而未计收入的情况

　D. 取得进项税额不符合规定的情况

　E. 可能存在低于进价销售、返利不记账、往来隐瞒、库存隐瞒等少计销售收入行为造成的少实现毛利

　F. 可能存在虚开发票的情况

　G. 可能存在由于虚假的业务，计算所得税时其取得的成本费用发票也不能扣除，还存在少缴所得税的风险

3.（多选题）在核查"增值税税负变动过大"问题时，在"可能存在已实现纳税义务而未计收入的情况"方面发现了如下问题（　　）。

　A. 10 月的增值税缴税银行回单中的销项税额 370 500 元，比账载销项税额 318 500 元多 52 000 元

　B. 11 月的增值税缴税银行回单中的销项税额 370 500 元，比账载销项税额 318 500 元多 52 000 元

　C. 10 月的增值税缴税银行回单中的销项税额 768 365 元，比账载销项税额 754 500 元多 14 300 元

　D. 11 月的增值税缴税银行回单中的销项税额 768 365 元，比账载销项税额 754 065 元多 14 300 元

　E. 10 月和 11 月实际缴纳增值税额比账载销项税额多了 66 300 元

F. 经查，在10月和11月记账时分别落下销售发票（发票号64910801、64910822）未将收入和计提增值税及时入账导致风险出现

G. 可能存在由于虚假的业务，计算所得税时其取得的成本费用发票也不能扣除，还存在少缴所得税的风险

4.（多选题）在核查"销售收入与应纳增值税变动不匹配"问题时，在"可能存在虚开增值税发票的情形"方面发现了如下问题（　　　）。

A. 按常理说，临近年底企业不应该购进大批存货，但是核查中发现该公司在12月突然购进一批空调，此时是空调销售的淡季业务，这引起了审计人员注意

B. 通过核查入库单、采购发票以及相应记账凭证，入库单、采购发票以及相应记账凭证记载均一致

C. 后经实地盘点发现账载"库存商品——格力空调"220台，数量多于存货盘点表中实盘数量

D. 后经确认，12月虚增成本110万元，多计增值税进项税额14.3万元

E. "库存商品——格力空调"的增加，是公司为了增加进项税额提前进了一批货，但是货并未抵达库房，然而提前开了采购发票

5.（多选题）增值税的日常管理与企业的经营活动直接相关且涉及很多方面，比如（　　　）。

A. 计算缴纳金额的正确与否

B. 是否遵从增值税税法的相关规定与本企业相关

C. 还关系到企业的关联公司、上下游企业及整个行业的结构链

D. 关系到企业的生死存亡

6.（多选题）风险分析是企业税务风险管理的前提，因此在实务中（　　　）。

A. 要围绕强化风险管理，减少税务风险的目标

B. 全面了解企业的经营业务

C. 解决企业税务风险存在的问题

D. 要降低税务成本

7.（多选题）通过不断内训、指导和提升，为企业经营保驾护航。企业的财务人员应学会（　　　）。

A. 识别风险的特征　　　　　　　　B. 分析风险的原因

C. 预估风险的后果　　　　　　　　D. 防范风险的发生

第九节　拓展案例

一、案例一

A公司是一家批发企业，主要从事厨具、餐具、清洁用具、毛巾、生活日用品等产品的批发，公司与多家厂商建立了长期稳定的合作关系，经销的品种齐全，价格合

理，质量有保障，在本省各大便利店超市客户中享有较高地位。该公司属于增值税一般纳税人。A 公司相关资料如表 2 – 11、表 2 – 12 所示。

表 2 – 11   A 公司 2022 ~ 2023 年部分财务数据

项目	2023 年	2022 年
预收账款	860 000.00	750 000.00
营业收入	89 012 960.00	76 914 260.00
营业成本	59 819 400.00	51 132 109.00
销项税额	11 571 684.80	9 998 853.80
进项税额	9 585 460.66	7 512 329.45
其中：商品采购发票抵扣进项	7 776 522.00	6 647 174.17
运费发票抵扣进项	1 173 656.63	368 151.18
其他费用发票抵扣进项	635 282.03	497 004.10
增值税应纳税额	1 986 224.14	2 486 524.35

表 2 – 12   增值税税务风险指标

序号	指标名称	指标公式	预警值
1	增值税税负率	本期增值税税负率 = 本期增值税应纳税额 ÷ 本期营业收入	3%
2	运费发票抵扣进项占比	运费发票抵扣进项占比 = 本期运费发票抵扣进项税额 ÷ 本期进项税额	10%
3	销售收入变动率与增值税应纳税额变动率弹性系数	销售收入变动率 = (本期营业收入 – 上期营业收入) ÷ 上期营业收入；增值税应纳税额变动率 = (本期增值税应纳税额 – 上期增值税应纳税额) ÷ 上期增值税应纳税额；销售收入变动率与增值税应纳税额变动率配比 = 销售收入变动率 ÷ 增值税应纳税额变动率	1
4	进项税额与销项税额变动率弹性系数	进项税额变动率 = (本期进项税额 – 上期进项税额) ÷ 上期进项税额；销项税额变动率 = (本期销项税额 – 上期销项税额) ÷ 上期销项税额；进项税额与销项税额变动率弹性系数 = 进项税额变动率 ÷ 销项税额变动率	1
5	销售毛利率变动率与税负率变动率弹性系数	本期毛利率 = (本期营业收入 – 本期营业成本) ÷ 本期营业收入；毛利率变动率 = (本期毛利率 – 上期毛利率) ÷ 上期毛利率；增值税税负变动率 = (本期增值税税负率 – 上期增值税税负率) ÷ 上期增值税税负率；销售毛利率变动率与税负率变动率弹性系数 = 毛利率变动率 ÷ 增值税税负变动率	1

序号	指标名称	指标公式	预警值
6	期末预收账款变动率与销售收入变动率弹性系数	期末预收账款变动率＝（本期预收账款期末余额－上期预收账款期末余额）÷上期预收账款期末余额； 销售收入变动率＝（本期营业收入－上期营业收入）÷上期营业收入； 期末预收账款变动率与销售收入变动率弹性系数＝期末预收账款变动率÷销售收入变动率	1

要求：请根据 A 公司 2022～2023 年财务数据及增值税申报数据，完成增值税税务风险指标计算工作。请将计算结果填入表 2 – 13～表 2 – 15 中，金额均保留小数点后 2 位，涉及百分号计算结果保留百分号前 2 位小数。

1. 增值税税负率指标的计算。

表 2 – 13　　　　　　　　　　增值税税负率指标的计算

项目	2023 年指标值	2022 年指标值	行业预警值	2023 年指标与行业偏离率	与 2022 年项目税负变动率
增值税税负率					

2. 运费发票抵扣进项占比指标计算。

表 2 – 14　　　　　　　　　　运费发票抵扣进项占比指标计算

项目	计算公式	预警值	计算结果	偏离率
运费发票抵扣进项占	运费发票抵扣进项占比＝本期运费发票抵扣进项税额÷本期进项税额			

3. 弹性指标计算。

表 2 – 15　　　　　　　　　　弹性指标计算

序号	指标名称	指标公式	预警值	计算结果	偏离率
1	销售收入变动率与增值税应纳税额变动率弹性系数	销售收入变动率÷增值税应纳税额变动率	1		
2	进项税额与销项税额变动率弹性系数	进项税额变动率÷销项税额变动率	1		
3	销售毛利率变动率与税负率变动率弹性系数	销售毛利率变动率÷税负率变动率	1		
4	期末预收账款变动率与销售收入变动率弹性系数	期末预收账款变动率÷销售收入变动率	1		

二、案例二

2023 年 B 公司发生以下经济业务，请判断相关业务是否存在风险？

业务 1：1 月 3 日，向甲公司销售一批建材，含税金额 1 600 000 元，采用分期收款方式，合同约定 1 月 10 日收取 60% 货款，6 月收取 40%。1 月甲公司出现债务危机，货款尚未支付，B 公司未计提该笔业务的销项税额。

业务 2：1 月 1 日，将闲置的仓库出租给乙公司，签订房屋租赁合同，租期一年（2023 年 1 月 1 日~12 月 31 日），年含税租金 654 000 元，按季支付。合同约定 B 公司于 2023 年 1 月 5 日将全年租金发票开给乙公司。当月 31 日，B 公司收到一月份租金 54 500 元，在申报该月此项业务销项税额时，选择在未开票收入中用负数冲销后 11 个月该租金发票的销项税额。

业务 3：1 月 28 日，与丙公司签订商铺租赁合同，租期一年（2023 年 2 月~2024 年 1 月），年租金 1 200 000 元。B 公司于 2023 年 1 月 31 日一次性收取一年 1 200 000 元租金，1 月未计提该笔业务的销项税额。

（一）多选题

1. 根据增值税法律制度的规定，下列关于增值税纳税义务发生时间的表述中，正确的有（　　）。

A. 采用分期收款方式销售货物，为实际收到款项的当天

B. 采用分期收款方式销售货物，为书面合同约定的收款日期的当天

C. 提供租赁服务，先开具发票的，为开具发票的当天

D. 提供租赁服务采取预收款方式的，为租期届满的当天

2. B 公司出租闲置仓库增值税纳税义务发生时间为（　　）。

A. 1 月 1 日　　　　B. 1 月 5 日　　　　C. 1 月 15 日　　　　D. 1 月 31 日

（二）税务风险自查

请根据业务自行判断是否存在税收风险，若存在请进行税收纳税调整（见表 2 - 16）。

表 2 - 16　　　　　　　　　　税收风险及纳税调整　　　　　　　　　　单位：元

业务	是否存在风险	纳税调整金额			
		增值税	城市维护建设税	教育费附加	地方教育附加
1					
2					
3					

三、案例三

2023年B公司发生以下经济业务，请判断相关业务是否存在风险？

业务1：3月10日，与X公司签订了货物销售合同，合同约定，B公司应在2023年5月前全部发货，合同价款为含税1 000 000元，X公司应于合同签订之日起5日内预付30%的预付款，于收到货物之日起10日内，付清全款。如一方违约，须向对方支付10 000元违约金。4月25日，B公司已经按合同要求发货，但X公司未按合同约定支付70%货款。5月31日，B公司向X公司收取剩余货款并收取10 000元违约金。B公司未对上述违约金计提销项税额。

业务2：5月15日，向Y公司销售建材，含税价款800 000元，随同价款收取20 000元价外补贴费，货物已发出，并收取货款及价外补贴820 000元。B公司计提销项税额92 035.40元。

（一）多选题

下列项目属于价外费用的有（　　　）。
A. 向购买方收取的手续费
B. 销售货物的同时代办保险等而向购买方收取的保险费
C. 因违反合同，向购买方收取的违约金
D. 收取的销项税额

（二）税务风险自查

请根据业务自行判断是否存在税收风险，若存在请进行税收纳税调整（见表2-17）。

表2-17　　　　　　　　　　　　　税收风险及纳税调整　　　　　　　　　　　　单位：元

业务	是否存在风险	纳税调整金额			
		增值税	城市维护建设税	教育费附加	地方教育附加
1					
2					

四、案例四

2023年C公司发生以下业务，请根据业务相关信息回答题目相关问题。

C公司是一家生产自行车的一般纳税人企业，所生产的货物销往全国。2023年10月，C公司将一批生产的14英寸儿童自行车作为周年回馈礼物赠送给Z公司成本价值140 000元，赠送时市场不含税公允价值为210 000元。10月31日，公司监管部门进行查账时发现会计对该项业务进行了如下账务处理：

借：销售费用——业务招待费　　　　　　　　　　　　　158 200
　　贷：库存商品——女士自行车　　　　　　　　　　　140 000
　　　　应交税费——应交增值税（销项税额）　　　　　 18 200

（一）多选题

以下行为中属于视同销售行为的有（　　　　）。

A. 将货物交付他人代销

B. 将自产、委托加工的货物用于集体福利或个人消费

C. 将自产、委托加工或购买的货物作为投资，提供给其他单位或个体经营者

D. 将委托加工的货物用于非增值税应税项目

（二）判断题

该业务属于视同销售行为（　　　　）。

（三）正确账务处理（图2-25）

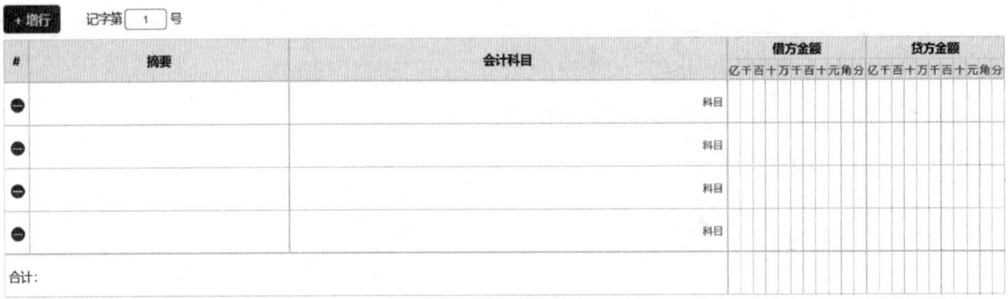

图2-25　财务处理

（四）税务风险自查

请根据业务自行判断是否存在税收风险，若存在请进行税收纳税调整（见表2-18）。

表2-18　　　　　　　　　　　　税收风险及纳税调整　　　　　　　　　　　单位：元

业务	是否存在风险	纳税调整金额（单位：元）			
		增值税	城市维护建设税	教育费附加	地方教育附加
1					

五、案例五

L有限公司在五一劳动节之际，为感恩员工的辛勤劳动4月在戊公司订购服装一

批，戊公司以低于市场价的价格销售服装。L公司在4月收到购买衣服的增值税进项发票并进行抵扣认证。

业务1：5月1日，L公司发放服装，本次外购价款100万元，税款13万元，市场不含税公允价值为105万元，发放给员工的部分价款98万元，税款12.74万元。

业务2：5月15日将剩余的部分无偿赠送给拾荒人员。本次外购价款100万元，税款13万元，市场不含税公允价值为105万元，赠送给拾荒人员价款2万元，税款0.26万元。

（一）多选题

以下哪种情况不用进项税额转出（　　）。

A. 台风天气造成暴雨，导致仓库毁损一批产品

B. 为了员工能够休息得更好，现将外购的空调安装在员工宿舍内

C. 6月公司周年庆，现为庆祝公司成立10周年特在华尔顿酒店宴会厅举办周年庆，共消费20万元

D. 由于管理不善，某果汁企业仓库毁损橙子10箱

（二）正确账务处理

1. 请对业务1，5月1日将外购服装发放给员工进行账务处理（图2－26）。

+增行　记字第 1 号

#	摘要	会计科目	借方金额（亿千百十万千百十元角分）	贷方金额（亿千百十万千百十元角分）
		科目		
		科目		
		科目		
		科目		
合计:				

图2－26　业务1账务处理

2. 请对业务2，5月15日将外购服装无偿赠送给拾荒人员进行账务处理（图2－27）。

+增行　记字第 1 号

#	摘要	会计科目	借方金额（亿千百十万千百十元角分）	贷方金额（亿千百十万千百十元角分）
		科目		
		科目		
		科目		
		科目		
合计:				

图2－27　业务2业务处理

（三）税务风险自查

请根据业务自行判断是否存在税收风险，若存在请进行税收纳税调整（见表2-19）。

表2-19 税收风险及纳税调整 单位：元

业务	是否存在风险	纳税调整金额			
		增值税	城市维护建设税	教育费附加	地方教育附加
1					
2					

第三章　企业所得税税务风险

【课程导读】

　　企业所得税是对中华人民共和国境内的企业和其他取得收入的组织的生产经营所得和其他所得征收的一种税，是国家主要的税收来源之一。在企业所得税的计算和申报过程中，涉税风险主要包括收入的确认时点风险、视同销售未确认收入、费用超标准扣除风险以及不得扣除项目扣除等。这些风险的发生，不仅导致企业税收成本的增加，更重要的是威胁着企业的声誉和生存发展。通过企业税务风险管控，对涉税业务所涉及的各企业所得税税务问题和后果进行谋划、分析、评估、处理等组织及协调，能够有效降低企业涉税风险（本章涉及的所有企业名称、相关材料及数据均为虚构，仅作教学使用）。

【学习目标】

　　★ 掌握业财税一体化思维

　　★ 了解企业所得税法律法规

　　★ 掌握企业所得税税务风险分析指标和税务风险点

【能力目标】

　　★ 培养学生对企业所得税涉税业务的敏感性

　　★ 培养学生具有"财税一体化思维"的能力

【素质目标】

　　★ 培养学生依法纳税意识

　　★ 培养学生具有严谨、诚信的职业品质和良好的职业道德

第一节　聚焦问题

一、场景一：老板办公室

　　北京哒哒体育服饰有限公司是一家处于稳步发展中的文化、体育用品批发公司，每年需按时向母公司上交管理费。2023 年年初会计拿着财务报表向老总汇报。老总

看到公司数据后对会计语重心长地说："你看咱们公司初创，大家都很辛苦，工资都快发不出来了，好多客户也不需要开发票。你想想办法，把这部分收入打给我，咱们也可以多组织几场团建，就别交税了。"会计迫于压力只好这么做了，于是将北京哒哒体育服饰有限公司 6 月和 9 月收入通过二维码收款的方式打到了老总个人账户。

二、场景二：某培训会

2023 年 12 月，北京哒哒体育服饰有限公司老总参加某公司组织的"企业家培训营"，会议过程中间有贫困山区儿童才艺表演。老总感受到了企业家的大爱文化，学习到为了提升企业知名度，可以根据企业情况承担社会责任，所以当场决定通过"靠谱"公司平台，以企业名义向贫困小学捐款 30 万元。

三、场景三：财务部

2023 年度所得税汇算清缴时，会计拿着相关报表向集团总部的税务经理报告，想要申报缴纳。税务经理通过内部税务风控平台测算后发现北京哒哒体育服饰有限公司企业所得税税负存在错误和重大隐患，责令其进行整改并解释说明。

第二节　激活旧知

一、企业所得税的含义

企业所得税法是指国家制定的用以调整企业所得税征收与缴纳之间权利及义务关系的法律规范。企业所得税是对我国境内的企业和其他取得收入的组织的生产经营所得和其他所得征收的一种所得税。

二、企业所得税的特点

（一）以所得额为课税对象，税源大小受企业经济效益的影响

企业所得税的课税对象是总收入扣除成本费用后的净所得额，不是直接意义上的会计利润，更不是收入总额。净所得额的大小决定着税源的多少，总收入相同的纳税人，其所得额及缴纳的所得税不一定相同。

（二）征税以量能负担为原则

企业所得税的负担轻重与纳税人所得的多少有着内在联系。所得多、负担能力大的多征，所得少、能力小的少征，无所得、没有负担能力的不征，以体现税收公平的原则。

（三）计税依据为应纳税所得额，税法对税基的约束力强

企业所得税以经过计算得出的应纳税所得额为计税依据。应纳税所得额的计算应严格按照《企业所得税法》及其他有关规定进行，如果企业的财务会计处理办法与国家税收法规相抵触，应当按照税法的规定计算纳税。

（四）直接税，税负不易转嫁

企业所得税的纳税人和负税人通常是一致的，税负不易转嫁。

（五）实行按年计算、分期预缴的征收办法

企业所得税的征收一般是以全年的应纳税所得额为计税依据，实行按年计算、分月或分季预缴、年终汇算清缴的征收办法。

三、企业所得税的纳税人

（一）居民企业

居民企业是指依法在中国境内成立或者依照外国（地区）法律成立但实际管理机构在中国境内的企业。包括依照中国法律、行政法规在中国境内成立的企业、事业单位、社会团体以及其他取得收入的组织，但不包括依照中国法律、行政法规成立的个人独资企业、合伙企业、个体工商户。居民企业承担"全面"纳税义务，就其境内、境外全部所得纳税。

（二）非居民企业

非居民企业，是指依照外国（地区）法律成立且实际管理机构不在中国境内，但在中国境内设立机构、场所的，或者在中国境内未设立机构、场所，但有来源于中国境内所得的企业。非居民企业承担"有限"纳税义务，仅以中国境内的所得缴纳企业所得税。

四、企业所得税的征税对象

（一）居民企业的征税对象

居民企业应当就其来源于中国境内、境外的所得缴纳企业所得税。所得包括销售货物所得、提供劳务所得、转让财产所得、股息红利等权益性投资所得、利息所得、租金所得、特许权使用费所得、接受捐赠所得和其他所得。

来源于中国境内、境外的所得，按照以下原则确定：

（1）销售货物所得，按照交易活动发生地确定；

（2）提供劳务所得，按照劳务发生地确定；

（3）转让财产所得，不动产转让所得按照不动产所在地确定；动产转让所得按照转让动产的企业或者机构、场所所在地确定；权益性投资资产转让所得按照被投资企业所在地确定；

（4）股息、红利等权益性投资所得，按照分配所得的企业所在地确定；

（5）利息所得、租金所得、特许权使用费所得，按照负担、支付所得的企业或者机构、场所所在地确定，或者按照负担、支付所得的个人的住所地确定；

（6）其他所得，由国务院财政、税务主管部门确定。

（二）非居民企业的征税对象

1. 货物期货，应当征收企业所得税，在期货的实物交割环节纳税。

交割时采取由期货交易所开具发票的，以期货交易所为纳税人；交割时采取由供货的会员单位直接将发票开给购货会员单位的，以供货会员单位为纳税人。

2. 对企业所得税纳税人收取的会员费收入不征收企业所得税。

3. 各燃油电厂从政府财政专户取得的发电补贴不属于价外费用，不征收企业所得税。

4. 供电企业非居民企业在中国境内设立机构、场所的，应当就其所设机构、场所取得的来源于中国境内的所得以及发生在中国境外但与其所设机构、场所有实际联系的所得缴纳企业所得税。实际联系是指非居民企业在中国境内设立的机构、场所拥有据以取得所得的股权、债权以及拥有、管理、控制据以取得所得的财产等。

非居民企业在中国境内未设立机构、场所的或者虽设立机构、场所但取得的所得与其所设机构、场所没有实际联系的，应当就其来源于中国境内的所得缴纳企业所得税。

五、企业所得税的税率

（一）基本税率（25%）

适用于居民企业，以及在中国境内是有机构、场所且所得与机构、场所有实际联系的非居民企业。

（二）优惠税率

1. 减按20%：适用于符合条件的小微利企业。

2. 减按15%：适用于国家重点扶持的高新技术企业，及经认定的技术先进型服务企业。

（三）预提税率（10%）

适用于在中国境内未设立机构、场所或虽设立机构、场所但取得的所得与其所设机构、场所没有实际联系的非居民企业。

六、应纳税额的计算

直接计算法：

$$应纳税所得额 = 收入总额 - 不征税收入 - 免税收入 - 各项扣除金额$$
$$- 允许弥补的以前年度亏损$$

企业应纳税所得额的计算，以权责发生制为原则，属于当期的收入和费用，不论款项是否收付，均作为当期的收入和费用；不属于当期的收入和费用，即使款项已经在当期收付，均不作为当期的收入和费用。应纳税所得额的正确计算直接关系到国家的财政收入和企业税收负担，并且同成本、费用核算关系密切。因此《企业所得税法》对应纳税所得额计算作了明确规定，主要包括收入总额、扣除范围和标准、资产的税务处理、亏损弥补等。

间接计算法：

$$应纳税所得额 = 会计利润 \pm 纳税调整项目金额$$

纳税调整增加额是指超范围、超标准、未计少计的项目金额，而纳税调整减少额是指不纳税、免税、弥补以前年度亏损的项目。

（一）收入总额

企业以货币形式和非货币形式从各种来源取得的收入为收入总额，包括：

（1）销售货物收入；

（2）提供劳务收入；

（3）转让财产收入；

（4）股息、红利等权益性投资收益；

（5）利息收入；

（6）租金收入；

（7）特许权使用费收入；

（8）接受捐赠收入；

（9）其他收入。

企业取得收入的货币形式包括现金、存款、应收账款、应收票据以及债务的豁免等。企业取得收入的非货币形式包括固定资产、生物资产、无形资产、股权投资、存货、不准备持有至到期的债券投资、劳务以及有关权益等。以非货币形式取得的收入，应当按照公允价值确定收入额。

1. 一般收入的确定。

（1）销售货物收入。销售货物收入，是指企业销售商品、产品、原材料、包装物、低值易耗品以及其他存货取得的收入。符合税法收入确认条件，采取下列商品销售方式的，应按以下规定确认收入实现时间：

①销售商品采用托收承付方式的，在办妥托收手续时确认收入；

②销售商品采取预收款方式的，在发出商品时确认收入；

③销售商品需要安装和检验的，在购买方接受商品以及安装和检验完毕时确认收入；如果安装程序比较简单，可在发出商品时确认收入；

④销售商品采用支付手续费方式委托代销的，在收到代销清单时确认收入。

（2）提供劳务收入。提供劳务收入，是指企业从事建筑安装、修理修配、交通运输、仓储租赁、金融保险、邮电通信、咨询经纪、文化体育、科学研究、技术服务、教育培训、餐饮住宿、中介代理、卫生保健、社区服务、旅游、娱乐、加工以及其他劳务服务活动取得的收入。

（3）转让财产收入。转让财产收入，是指企业转让固定资产、生物资产、无形资产、股权、债权等财产取得的收入。转让财产收入应当按照从财产受让方已收或应收的合同或协议价款确认收入。

（4）股息、红利等权益性投资收益。股息、红利等权益性投资收益，是指企业因权益性投资从被投资方取得的收入。股息、红利等权益性投资收益，除国务院财政、税务主管部门另有规定外，按照被投资方作出利润分配决定的日期确认收入的实现。

（5）利息收入。利息收入，是指企业将资金提供他人使用但不构成权益性投资，或者因他人占用本企业资金取得的收入，包括存款利息、贷款利息、债券利息、欠款利息等收入。利息收入，按照合同约定的债务人应付利息的日期确认收入的实现。

（6）租金收入。租金收入，是指企业提供固定资产、包装物或者其他有形资产的使用权取得的收入。租金收入按照合同约定的承租人应付租金的日期确认收入的实现。

（7）特许权使用费收入。特许权使用费收入，是指企业提供专利权、非专利技术、商标权、著作权以及其他特许权的使用权取得的收入。特许权使用费收入按照合同约定的特许权使用人应付特许权使用费的日期确认收入的实现。

（8）接受捐赠收入。接受捐赠收入，是指企业接受的来自其他企业、组织或者个人无偿给予的货币性资产、非货币性资产。接受捐赠收入按照实际收到捐赠资产的日期确认收入的实现。企业接受捐赠的货币性和非货币性资产，均并入当期的应纳税所得额。企业接受捐赠的非货币性资产，按接受捐赠时资产的入账价值确认捐赠收入，并入当期应纳税所得额。受赠非货币资产计入应纳税所得额的内容包括受赠资产价值和由捐赠企业代为支付的增值税，不包括由受赠企业另外支付或者应付的相关税费。

（9）其他收入。其他收入指企业取得的除上述八项收入外的其他收入，包括企业资产溢余收入、逾期未退包装物押金收入、确实无法偿付的应付款项、已作坏账损失处理后又收回的应收款项、债务重组收入、违约金收入、汇兑收益等。

2. 特殊收入的确认。

（1）以分期收款方式销售货物的，按照合同约定的收款日期确认收入的实现；

（2）企业受托加工制造大型机械设备、船舶、飞机以及从事建筑、安装、装配工程业务或者提供其他劳务等持续时间超过12个月的按照纳税年度内完工进度或者完成的工作量确认收入的实现；

（3）采取产品分成方式取得收入的，按照企业分得产品的日期确认收入的实现，其收入额按照产品的公允价值确定；

（4）企业发生非货币性资产交换以及将货物、财产、劳务用于捐赠、偿债、赞助、集资、广告、样品、职工福利或者利润分配等用途的应当视同销售货物、转让财产或者提供劳务。但国务院财政、税务主管部门另有规定的除外；

（5）买一赠一应将总的销售金额按照各项商品公允价值的比例分摊确认各项的销售收入。

（二）不征税收入和免税收入

1. 不征税收入。

（1）财政拨款。财政拨款，是指各级人民政府对纳入预算管理的事业单位、社会团体等组织拨付的财政资金，但国务院和国务院财政、税务主管部门另有规定的除外。

（2）行政事业性收费、政府性基金。依法收取并纳入财政管理的行政事业性收费、政府性基金。行政事业性收费，是指依照法律法规等有关规定，按照国务院规定程序批准，在实施社会公共管理，以及在向公民、法人或者其他组织提供特定公共服务过程中，向特定对象收取并纳入财政管理的费用。政府性基金，是指企业依照法律、行政法规等有关规定，代政府收取的具有专项用途的财政资金。

（3）其他不征税收入。国务院规定的其他不征税收入，是指企业取得的，由国务院财政、税务主管部门规定专项用途并经国务院批准的财政性资金。

2. 免税收入。

（1）国债利息收入。

税法规定，企业因购买国债所得的利息收入，免征企业所得税。如果是转让国债取得的收益，要照常征税。

（2）权益性投资收益。

符合条件的居民企业之间的股息、红利等权益性收益，是指居民企业直接投资于其他居民企业取得的投资收益。股息、红利所得免税，而股权转让收益则照常征税。

在中国境内设立机构、场所的非居民企业从居民企业取得与该机构、场所有实际联系的股息、红利等权益性投资收益。该收益都不包括连续持有居民企业公开发行并上市流通的股票不足12个月取得的投资收益。

（3）符合条件的非营利组织的收入。

符合条件的非营利组织，是指同时符合下列条件的组织：

①依法履行非营利组织登记手续；

②从事公益性或者非营利性活动；

③取得的收入除用于与该组织有关的、合理的支出外，全部用于登记核定或者章程规定的公益性或者非营利性事业；

④财产及其孳息不用于分配；

⑤按照登记核定或者章程规定，该组织注销后的剩余财产用于公益性或者非营利性目的，或者由登记管理机关转赠给与该组织性质、宗旨相同的组织，并向社会公告；

⑥投入人对投入该组织的财产不保留或者享有任何财产权利；

⑦工作人员工资福利开支控制在规定的比例内，不变相分配该组织的财产。

符合条件的非营利组织的收入，不包括非营利组织从事营利性活动取得的收入，但国务院财政、税务主管部门另有规定的除外。对非营利组织从事非营利性活动取得的收入给予免税，但从事营利性活动取得的收入则要征税。

（三）税前扣除项目

企业实际发生的与取得收入有关的、合理的支出，包括成本、费用、税金、损失和其他支出，准予在计算应纳税所得额时扣除。合理的支出，是指符合生产经营活动常规，应当计入当期损益或者有关资产成本的必要和正常的支出。除另有规定外，企业实际发生的成本、费用、税金、损失和其他支出，不得重复扣除。准予扣除的具体项目包括以下几种：

1. 成本。成本，是指企业在生产经营活动中发生的销售成本、销货成本、业务支出以及其他耗费。

2. 费用。费用，是指企业在生产经营活动中发生的三大期间费用，即销售费用、管理费用和财务费用，已经计入成本的有关费用除外。

3. 税金。税金，是指企业发生的除企业所得税和允许抵扣的增值税以外的各项税金及其附加。即纳税人按照规定缴纳的消费税、资源税、土地增值税、关税、城市维护建设税、教育费附加等税金及附加，以及发生的房产税、车船税、城镇土地使用税、印花税等。

4. 损失。损失，是指企业在生产经营活动中发生的固定资产和存货的盘亏、毁损、报废损失，转让财产损失，呆账损失，坏账损失，以及自然灾害等不可抗力因素造成的损失以及其他损失。

企业发生的损失，减除责任人赔偿和保险赔款后的余额，依照国务院财政、税务主管部门的规定扣除。企业已经作为损失处理的资产，在以后纳税年度又全部收回或者部分收回时，应当计入当期收入。

5. 其他支出。其他支出，是指除成本、费用、税金、损失外，企业在生产经营活动中发生的与生产经营活动有关的、合理的支出。

（四）具体扣除标准

1. 合理工资、薪金支出。企业发生的合理的工资、薪金支出准予据实扣除。工资、薪金支出是企业每一纳税年度支付给本企业任职或与其有雇佣关系的员工的所有现金或非现金形式的劳动报酬，包括基本工资、奖金、津贴、补贴、年终加薪、加班工资，以及与任职或者是受雇有关的其他支出。

企业因雇用季节工、临时工、实习生、返聘离退休人员以及接受外部劳务派遣用工所实际发生的费用，应区分为工资薪金支出和职工福利费支出，并按《企业所得税法》规定在企业所得税前扣除。其中属于工资薪金支出的，准予计入企业工资薪金总额的基数，作为计算其他各项相关费用扣除的依据。

2. 职工福利费、工会经费、职工教育经费。企业发生的职工福利费、工会经费、职工教育经费按标准扣除。未超过标准的按实际发生数额扣除，超过扣除标准的只能按标准扣除。

企业发生的职工福利费支出，不超过工资薪金总额 14% 的部分，准予扣除。

企业拨缴的工会经费，不超过工资薪金总额 2% 的部分，准予扣除。

企业发生的职工教育经费支出，不超过工资薪金总额 8% 的部分，准予在计算企业所得税应纳税所得额时扣除；超过部分，准予在以后纳税年度结转扣除。

3. 保险费。企业依照国务院有关主管部门或者省级人民政府规定的范围和标准为职工缴纳的"五险一金"即基本养老保险费、基本医疗保险费、失业保险费、工伤保险费、生育保险费（五险）和住房公积金（一金），准予扣除。

企业为投资者或者职工支付的补充养老保险费、补充医疗保险费，分别在不超过职工工资总额 5% 标准内的部分，准予扣除；超过部分，不得扣除。企业依照国家有关规定为特殊工种职工支付的人身安全保险费和符合国务院财政、税务主管部门规定可以扣除的商业保险费准予扣除。

企业参加财产保险，按照规定缴纳的保险费，准予扣除。企业为投资者或者职工支付的商业保险费，不得扣除。

4. 利息费用。企业在生产、经营活动中发生的利息费用，按下列规定扣除：

（1）非金融企业向金融企业借款的利息支出、金融企业的各项存款利息支出和同业拆借利息支出、企业经批准发行债券的利息支出可据实扣除；

（2）非金融企业向非金融企业借款的利息支出，不超过按照金融企业同期同类贷款利率计算的数额的部分可据实扣除，超过部分不许扣除；

（3）企业向除股东或其他与企业有关联关系的自然人以外的内部职工或其他人员借款的利息支出，其借款情况同时符合以下条件的，其利息支出在不超过按照金融企业同期同类贷款利率计算的数额的部分，准予扣除：

①企业与个人之间的借贷是真实、合法、有效的，并且不具有非法集资目的或其他违反法律法规的行为；

②企业与个人之间签订了借款合同。

5. 借款费用。

企业在生产经营活动中发生的合理的不需要资本化的借款费用，准予扣除。

企业为购置、建造固定资产、无形资产和经过 12 个月以上的建造才能达到预定可销售状态的存货发生借款的，在有关资产购置、建造期间发生的合理的借款费用，应予以资本化，作为资本性支出计入有关资产的成本；有关资产交付使用后发生的借款利息，可在发生当期扣除。

6. 汇兑损失。

企业在货币交易中，以及纳税年度终了时将人民币以外的货币性资产、负债按照期末即期人民币汇率中间价折算为人民币时产生的汇兑损失，除已经计入有关资产成本以及与向所有者进行利润分配相关的部分外，准予扣除。

7. 业务招待费。

企业发生的与生产经营活动有关的业务招待费支出，按照发生额的60%扣除，但最高不得超过当年销售（营业）收入的5‰。

销售（营业）收入包括主营业务收入、其他业务收入以及视同销售收入，不包括营业外收入及投资收益。

8. 广告费和业务宣传费。

企业发生的符合条件的广告费和业务宣传费支出，除国务院财政、税务主管部门另有规定外，不超过当年销售（营业）收入15%的部分，准予扣除；超过部分，准予结转以后纳税年度扣除。

企业申报扣除的广告费支出应与赞助支出严格区分。企业申报扣除的广告费支出，必须符合下列条件：广告是通过工商部门批准的专门机构制作的；已实际支付费用，并已取得相应发票，通过一定的媒体传播。

对化妆品制造或销售、医药制造和饮料制造（不含酒类制造）企业发生的广告费和业务宣传费支出，不超过当年销售（营业）收入30%的部分，准予扣除；超过部分，准予在以后纳税年度结转扣除。烟草企业的烟草广告费和业务宣传费支出，一律不得在计算应纳税所得额时扣除。

9. 环境保护专项资金。

企业依照法律、行政法规有关规定提取的用于环境保护、生态恢复等方面的专项资金，准予扣除。上述专项资金提取后改变用途的，不得扣除。

10. 租赁费。

企业根据生产经营活动的需要租入固定资产支付的租赁费，按照以下方法扣除：

（1）以经营租赁方式租入固定资产发生的租赁费支出，按照租赁期限均匀扣除；

（2）以融资租赁方式租入固定资产发生的租赁费支出，按照规定构成融资租入固定资产价值的部分应当提取折旧费用，分期扣除。

11. 劳动保护费。

企业发生的合理的劳动保护费支出，准予扣除。

12. 公益性捐赠支出。

公益性捐赠，是指企业通过公益性社会团体或者县级（含县级）以上人民政府及其部门，用于《中华人民共和国公益事业捐赠法》规定的公益事业的捐赠。

企业发生的公益性捐赠支出，不超过年度利润总额12%的部分，准予扣除。超过部分，准予结转以后三年内在计算应纳税所得额时扣除。其中，年度利润总额，是指企业依照国家统一会计制度的规定计算的年度会计利润。

13. 有关资产的费用。

企业转让各类固定资产发生的费用，允许扣除。企业按规定计算的固定资产折旧费、无形资产和递延资产的摊销费，准予扣除。

14. 总机构分摊的费用。

非居民企业在中国境内设立的机构、场所，就其中国境外总机构发生的与该机构、场所生产经营有关的费用，能够提供总机构出具的费用汇集范围、定额、分配依据和方法等证明文件，并合理分摊的，准予扣除。

15. 资产损失。

企业发生的资产损失，应按规定的程序和要求向主管税务机关申报后方能在税前扣除。未经申报的损失，不得在税前扣除。

16. 其他项目。

依照有关法律、行政法规和国家有关税法规定准予扣除的其他项目，如会员费、合理的会议费、差旅费、违约金、诉讼费用等。

七、居民企业所得税的计算

居民企业应纳税额的计算公式为：

$$应纳税额 = 应纳税所得额 \times 适用税率 - 减免税额 - 抵免税额$$

减免税额和抵免税额，是指依照企业所得税法和国务院的税收优惠规定减征、免征和抵免的应纳税额。

八、资产的税务处理

（一）固定资产

固定资产，是指企业为生产产品、提供劳务、出租或者经营管理而持有的、使用时间超过 12 个月的非货币性资产，包括房屋、建筑物、机器、机械、运输工具以及其他与生产经营活动有关的设备、器具、工具等。在计算应纳税所得额时，企业按照规定计算的固定资产折旧，准予扣除。

1. 不得计算折旧扣除的固定资产。

下列固定资产不得计算折旧扣除：

（1）房屋、建筑物以外未投入使用的固定资产；

（2）以经营租赁方式租入的固定资产；

（3）以融资租赁方式租出的固定资产；

（4）已足额提取折旧仍继续使用的固定资产；

（5）与经营活动无关的固定资产；

（6）单独估价作为固定资产入账的土地；

（7）其他不得计算折旧扣除的固定资产。

2. 固定资产的计税基础。

固定资产按照以下方法确定计税基础：

（1）外购的固定资产，以购买价款和支付的相关税费以及直接归属于使该资产达到预定用途发生的其他支出为计税基础；

（2）自行建造的固定资产，以竣工结算前发生的支出为计税基础；

（3）融资租入的固定资产，以租赁合同约定的付款总额和承租人在签订租赁合同过程中发生的相关费用为计税基础，租赁合同未约定付款总额的，以该资产的公允价值和承租人在签订租赁合同过程中发生的相关费用为计税基础；

（4）盘盈的固定资产，以同类固定资产的重置完全价值为计税基础；

（5）通过捐赠、投资、非货币性资产交换、债务重组等方式取得的固定资产，以该资产的公允价值和支付的相关税费为计税基础；

（6）改建的固定资产，除法定的支出外，以改建过程中发生的改建支出增加计税基础。

3. 固定资产的折旧扣除。

固定资产按照直线法计算的折旧，准予扣除。企业应当自固定资产投入使用月份的次月起计算折旧；停止使用的固定资产，应当自停止使用月份的次月起停止计算折旧。企业应当根据固定资产的性质和使用情况，合理确定固定资产的预计净残值。固定资产的预计净残值一经确定，不得变更。

4. 固定资产计算折旧的最低年限。

除国务院财政、税务主管部门另有规定外，固定资产计算折旧的最低年限如下：

（1）房屋、建筑物为 20 年；

（2）飞机、火车、轮船、机器、机械和其他生产设备为 10 年；

（3）与生产经营活动有关的器具、工具、家具等为 5 年；

（4）飞机、火车、轮船以外的运输工具为 4 年；

（5）电子设备为 3 年。

（二）无形资产

在计算应纳税所得额时，企业按照规定计算的无形资产摊销费用，准予扣除。无形资产，是指企业为生产产品、提供劳务、出租或者经营管理而持有的、没有实物形态的非货币性长期资产，包括专利权、商标权、著作权、土地使用权、非专利技术、商誉等。

1. 不得计算摊销费用扣除的无形资产。

下列无形资产不得计算摊销费用扣除：

（1）自行开发的支出已在计算应纳税所得额时扣除的无形资产；

（2）自创商誉；

（3）与经营活动无关的无形资产；

（4）其他不得计算摊销费用扣除的无形资产。

2. 无形资产的计税基础。

无形资产按照以下方法确定计税基础：

（1）外购的无形资产，以购买价款和支付的相关税费以及直接归属于使该资产达到规定用途发生的其他支出为计税基础；

（2）自行开发的无形资产，以开发过程中该资产符合资本化条件后至达到预定用途前发生的支出为计税基础；

（3）通过捐赠、投资、非货币性资产交换、债务重组等方式取得的无形资产，以该资产的公允价值和支付的相关税费为计税基础。

3. 无形资产的摊销费用扣除。

无形资产按照直线法计算的摊销费用，准予扣除。无形资产的摊销年限不得低于10年。

九、企业所得税的税收优惠

企业所得税的税收优惠方式包括：免税、减税、加计扣除、加速折旧、减计收入、税额抵免等。可以分为税基式、税率式、税额式。

（一）免征税的企业所得

企业从事农、林、牧、渔业项目的所得，免征企业所得税：
（1）蔬菜、谷物、薯类、油料、豆类、棉花、麻类、糖料、水果、坚果的种植；
（2）农作物新品种的选育；
（3）中药材的种植、田林木的培育和种植；
（4）牲畜、家禽的饲养；
（5）林产品的采集；
（6）灌溉、农产品初加工、兽医、农技推广、农机作业和维修等农、林、牧、渔服务业项目；
（7）远洋捕捞。

（二）减半征税的企业所得

企业从事下列项目的所得，减半征收企业所得税：
（1）花卉、茶以及其他饮料作物和香料作物的种植；
（2）海水养殖、内陆养殖。

（三）从事国家重点扶持的公共基础设施项目投资经营的所得的征税

国家重点扶持的公共基础设施项目，是指《公共基础设施项目企业所得税优惠目录》规定的港口码头、机场、铁路、公路、城市公共交通、电力、水利等项目。
（1）企业从事上述国家重点扶持的公共基础设施项目的投资经营的所得，自项目取得第1笔生产经营收入所属纳税年度起，第1年至第3年免征企业所得税，第4年至第6年减半征收企业所得税，简称"三免三减半"；
（2）企业承包经营、承包建设和内部自建自用上述项目，不得享受上述企业所得税优惠。

（四）从事符合条件的环境保护、节能节水项目的所得的征税

符合条件的环境保护、节能节水项目，包括公共污水处理、公共垃圾处理、沼气综合开发利用、节能减排技术改造、海水淡化等企业从事上述规定的符合条件的环境保护、节能节水项目的所得，自项目取得第 1 笔生产经营收入所属纳税年度起，第 1 年至第 3 年免征企业所得税，第 4 年至第 6 年减半征收企业所得税。

（五）符合条件的技术转让所得的征税

符合条件的技术转让所得免征、减征企业所得税，是指一个纳税年度内，居民企业技术转让所得不超过 500 万元的部分，免征企业所得税；超过 500 万元的部分，减半征收企业所得税。

$$技术转让所得 = 技术转让收入 - 技术转让成本 - 相关税费$$

（六）非居民企业所得的征税

在中国境内未设立机构、场所的，或者虽设立机构、场所但取得的所得与其所设机构、场所没有实际联系的非居民企业，其取得的来源于中国境内的所得，将按 10% 的税率征收企业所得税。

（七）小型微利企业所得的征税

符合条件的小型微利企业，减按 20% 的税率征收企业所得税。自 2021 年 1 月 1 日起至 2024 年 12 月 31 日，按 "从事国家非限制和禁止行业，且同时符合年度应纳税所得额不超过 300 万元、从业人数不超过 300 人、资产总额不超过 5 000 万元等三个条件的企业" 判断企业是否为小型微利企业。

对小型微利企业年应纳税所得额不超过 100 万元的部分，将按 25% 计入应纳税所得额，按 20% 的税率缴纳企业所得税，税负降至 5%；对年应纳税所得额超过 100 万元但不超过 300 万元的部分，将按 25% 计入应纳税所得额，按 20% 的税率缴纳企业所得税，使税负降至 5%。

（八）高新技术企业所得的征税

国家需要重点扶持的高新技术企业，将按 15% 的税率征收企业所得税。

（九）加计扣除

企业的下列支出，可以在计算应纳税所得额时加计扣除。

1. 研究开发费用。

研究开发费用的加计扣除，是指企业为开发新技术、新产品、新工艺发生的研究开发费用。

《财政部 税务总局关于进一步完善研发费用税前加计扣除政策的公告》规定，企业开展研发活动中实际发生的研发费用，未形成无形资产计入当期损益的，在按规定据实扣除的基础上，自 2023 年 1 月 1 日起，再按照实际发生额的 100% 在税前加计扣除；形成无形资产的，自 2023 年 1 月 1 日起，按照无形资产成本的 200% 在税前摊销。

2. 安置残疾人员及国家鼓励安置的其他就业人员所支付的工资。

企业安置残疾人员所支付的工资的加计扣除，是指企业安置残疾人员的，在按照支付给残疾职工工资据实扣除的基础上，按照支付给残疾职工工资的 100% 加计扣除。企业安置国家鼓励安置的其他就业人员所支付的工资的加计扣除办法，由国务院另行规定。

（十）　加速折旧

企业的固定资产由于技术进步等原因，确需加速折旧的，可以缩短折旧年限或者采取加速折旧的方法。可以采取缩短折旧年限或者采取加速折旧的方法的固定资产，包括：

（1）由于技术进步，产品更新换代较快的固定资产；

（2）常年处于强震动、高腐蚀状态的固定资产。

采取缩短折旧年限方法的，最低折旧年限不得低于法定折旧年限的 60%，采取加速折旧方法的，可以采取双倍余额递减法或者年数总和法。

（十一）　减计收入

企业综合利用资源，生产符合国家产业政策规定的产品所取得的收入，可以在计算应纳税所得额时减计收入。

（十二）　应纳税额抵免

企业购置并实际使用《环境保护专用设备企业所得税优惠目录》《节能节水专用设备企业所得税优惠目录》《安全生产专用设备企业所得税优惠目录》规定的环境保护、节能节水、安全生产等专用设备的，该专用设备的投资额的 10% 可以从企业当年的应纳税额中抵免，当年不足抵免的，可以在以后 5 个纳税年度结转抵免。

享受上述规定的企业所得税优惠的企业，应当实际购置并自身实际投入使用上述规定的专用设备；企业购置上述专用设备在 5 年内转出租的，应当停止享受企业所得税优惠，并补缴已经抵免的企业所得税税款。

（十三）　西部地区的减免税

对设在西部地区以《西部地区鼓励类产业目录》中新增鼓励类产业项目为主营业务，且其当年度主营业务收入占企业收入总额 70% 以上的企业，自 2014 年 10 月 1 日起，可减按 15% 税率缴纳企业所得税。

【实训练习1】

1. （单选题）在计算应纳税所得额时，下列支出不得扣除的是（   ）。

A. 缴纳的增值税　　　　　　　　B. 按规定缴纳的基本养老保险

C. 销售固定资产的损失　　　　　　D. 采购的材料成本

2. （单选题）某食品加工企业 2023 年度实际发生的符合条件的广告费和业务宣传费支出分别为 300 万元和 70 万元，当年销售收入为 1 800 万元，则该企业当年允许扣除的广告费和业务宣传费支出合计是（   ）万元。

A. 270　　　　　　B. 309　　　　　　C. 330　　　　　　D. 370

3. （单选题）某化妆品生产企业 2023 年度实际发生的符合条件的广告费和业务宣传费支出分别为 300 万元和 70 万元，当年销售收入为 1 800 万元，则该企业当年允许扣除的广告费和业务宣传费支出合计是（   ）万元。（化妆品制造企业发生的广告费与业务宣传费支出的扣除标准为全年营业收入的 30%）

A. 270　　　　　　B. 309　　　　　　C. 330　　　　　　D. 370

第三节　健康财税体检

将北京哒哒体育服饰有限公司 2023 年 2 月 1 日至 12 月 31 日科目汇总表、期初数据汇总表以及修正前凭证数据等 Excel 表格下载后进入实训平台，按系统提示依次导入健康财税体检软件，并进行健康体检。软件显示北京哒哒体育服饰有限公司企业所得税税负存在两项风险，分别是企业所得税税负变动过大以及企业所得税税负低于行业，如图 3-1~图 3-4 所示。

1070304 实操任务-企业所得税税负-健康财税体检

任务描述

打开企业风险管控实训系统，导入企业数据，进行财税体检。

资源文件

哒哒体育公司风控演示数据（所得税）-凭证数据　　哒哒体育公司风控演示数据（所得税）-科目导入.x　　哒哒体育公司风控演示数据（所得税）-期初数据.x

查看　下载　　　　查看　下载　　　　查看　下载

北京哒哒体育服饰有限公司　　已新增　　进入实训

图 3-1　下载北京哒哒科目汇总表、期初数据汇总表以及修正前凭证数据

图3-2　导入科目汇总表进行科目初始化

图3-3　进行税务风险体检

图3-4　北京哒哒增值税税务风险点

第四节 论证新知

一、场景四

审计师：我们这套系统在导入企业的账套数据后，能够对其进行一系列的分析，并将分析结果汇集到一份《财税健康体检报告》中。我们在报告中会指出，企业存在哪些风险点，这些风险点所指向的问题是什么，并提出一套相应的检查办法和建议，帮助企业消除风险点。这些风险点就是由各项指标构成。与企业所得税税负相关的风险点包含 2 项指标，分别是：企业所得税税负低于行业、企业所得税税负变动过大。

二、业财税一体化思维模型

1. 风险项出现。
2. 指标预警值。
3. 风险指向。
A. 可能存在账外经营；
B. 可能存在少计收入、虚增成本费用等问题。
4. 风险应对
（1）检查所得税税负大幅波动的合理性
判断：A. 企业自身及其所处行业是否发生重大变动；
B. 企业是否处于转型之际；
……

三、企业所得税风险分析指标

（一）企业所得税税负率低于同行业（见表 3-1）

表 3-1   企业所得税税负风险——税负率低于行业

指标类型	指标明细	指标值	偏离方向	风险级别
企业所得税税负风险	企业所得税税负率低于行业	0.012930	偏低	有风险

1. 企业所得税税负概念。
企业所得税税负用于衡量企业在一定时期内实际税收负担的大小，从以下三个维度来分析：

（1）从国家宏观调控角度讲，只有相对合理的税负才能保障国民经济的健康发展；

（2）从纳税监管角度讲，在名义税率和税收政策一定情况下，实际税负过低，则有可能存在偷漏税问题，会引起税务监管部门的注意；

（3）从企业来讲，如果实际税负较高，企业也应该查明原因，加强纳税核算管理，避免不必要的纳税损失。

2. 计算公式。

$$企业所得税税负 =（应纳所得税税额 ÷ 不含税销售收入）×100\%$$

3. 指标预警值（见表3－2）。

表3－2　　　　　　　　　　**企业所得税税负风险指标预警值**

	风险阈值
存在风险	0.3% ≤ 本季度企业所得税税负 < 0.5%
高等风险	0.1% ≤ 本季度企业所得税税负 < 0.3%
极度危险	本季度企业所得税税负 < 0.1%

4. 风险指向。

A. 可能存在账外经营；

B. 可能存在少计收入、虚增成本费用等问题。

5. 风险应对。

（1）检查所得税税负大幅波动的合理性。

判断：A. 企业自身及其所处行业是否发生重大变动；

B. 企业是否处于转型之际；

C. 企业所处行业是否原材料大幅上涨；

D. 企业所处销售市场是否竞争异常激烈。

（2）复核应缴所得税的计算是否正确。

判断：A. 重点关注税会差异时的纳税调整；

B. 弥补亏损时的基数为税法上的亏损且在税法规定的弥补期限内。

（3）对销售收入、销售成本、期间费用进行分析性测试，如出现异常配比需进一步追查原因。

判断：A. 企业自身及其所处行业是否发生重大变动；

B. 企业是否处于转型之际；

C. 企业所处行业是否原材料大幅上涨；

D. 企业所处销售市场是否竞争异常激烈。

（4）结合销售合同，存货盘点及出库记录，货币资金、应收账款、预收账款核查并进行收入截止性测试。

判断：可能存在虚增收入或隐瞒收入情形，确认收入的真实性。

（5）核查工资、水电、房租变动金额。

判断：A. 是否同产能匹配；

B. 是否存在虚增库存、虚增成本的情形。

（6）结合相关合同检查大额费用的确认是否正确。

判断：成本结转是否正确。

（7）检查进销存台账，并与各月成本结算数量、金额进行比对。

判断：成本结转是否正确。

（二）企业所得税税负变动过大（见表3-3）

表3-3　　　　　　　　　　企业所得税税负风险——税负变动过大

指标类型	指标明细	指标值	偏离方向	风险级别
企业所得税税负风险	企业所得税税负变动过大	0.767688	偏高	极度危险

1. 企业所得税税负变动率的概念。

企业所得税税负变动率是指税负增加或者减少的比率，可以与上期或者同期比，也可以与同业比等。通过这些可以分析企业是否多缴税或者少缴税。

2. 计算公式。

$$\text{企业所得税税负变动率} = \left(\text{本期企业所得税税负} - \text{上期企业所得税税负} \right) \div \text{上期企业所得税税负} \times 100\%$$

3. 指标预警值（见表3-4）。

表3-4　　　　　　　　　　企业所得税税负变动率指标预警值

阈值	存在风险	高等风险	极度危险	
上季度企业所得税税负	≠0	≠0	≠0	=0
本季度企业所得税税负	≠0	≠0	≠0	=0
企业所得税税负变动率	20%~30%	30%~40%	>40%	<-40%

4. 风险指向。

A. 可能存在账外经营；

B. 可能存在少计收入，虚增成本费用等问题。

5. 风险应对。

（1）检查所得税税负大幅波动的合理性。

判断：A. 企业自身及其所处行业是否发生重大变动；

B. 企业是否处于转型之际；

C. 企业所处行业是否原材料大幅上涨；

D. 企业所处销售市场是否竞争异常激烈。

（2）复核应缴所得税的计算是否正确。

判断：A. 重点关注税会差异时的纳税调整；

B. 弥补亏损时的基数为税法上的亏损且在税法规定的弥补期限内。

（3）对销售收入、销售成本、期间费用进行分析性测试，如出现异常配比需进一步追查原因。

判断：A. 企业自身及其所处行业是否发生重大变动；

B. 企业是否处于转型之际；

C. 企业所处行业是否原材料大幅上涨；

D. 企业所处销售市场是否竞争异常激烈。

（4）结合销售合同，存货盘点及出库记录，货币资金、应收账款、预收账款核查并进行收入截止性测试。

判断：可能存在虚增收入或隐瞒收入情形，确认收入的真实性。

（5）核查工资、水电、房租变动金额。

判断：A. 是否同产能匹配；

B. 是否存在虚增库存、虚增成本的情形。

（6）结合相关合同检查大额费用的确认是否正确。

判断：成本结转是否正确。

（7）检查进销存台账，并与各月成本结算数量、金额进行比对。

判断：成本结转是否正确。

（三）营业利润率与同行业对比偏离异常

1. 计算公式。

$$本期营业利润率 = 本期营业利润 \div 本期营业收入$$

$$\frac{营业利润率与}{同行业对比} = \left(\frac{本期营业}{利润率} - \frac{该行业营}{业利润率} \right) \div \frac{该行业营}{业利润率} \times 100\%$$

2. 指标预警值。

指标值 $\leqslant -20\%$。

3. 风险指向。

本企业本期营业利润率与同行业营业利润率比较，如果偏离比较大，指标值 $\leqslant -20\%$，则本企业本期营业利润率偏低，视为异常。

4. 风险应对。

通过与同行业的横向比较，发现营业利润率偏低问题，进一步查找是否存在利润核算不准确的风险。

（四）企业所得税贡献率变动异常

1. 计算公式。

$$\frac{企业所得税贡}{献率变动率} = \left(\frac{本期企业所得}{税贡献率} - \frac{企业前三年平均}{所得税贡献率} \right) \div \frac{企业前三年平均}{所得税贡献率} \times 100\%$$

2. 指标预警值。

指标值 ≤ −20%。

3. 风险指向。

将本企业分析期所得税贡献率与本企业前三年平均所得税贡献率相比，低于预警值视为异常，可能存在不计或少计销售（营业）收入、多列成本费用、扩大税前扣除范围等问题。

4. 风险应对。

对收入、成本、费用等进行分别剖析，找到影响指标值的具体因素，进行进一步的核查。

（五）营业收入变动率异常

1. 计算公式。

营业收入变动率 ＝（本期营业收入 − 上期营业收入）÷ 上期营业收入 ×100%

2. 指标预警值。

指标值 ≤ −25%，指标值 < 前三年营业收入变动率的平均值。

3. 风险指向。

A. 如主营业务收入变动率为负值，或虽为正值但远远小于预警值，可能存在少计收入等问题；

B. 本期主营业务收入变动率低于同行业平均水平，则本期主营业务收入率偏低，须运用其他指标进一步分析。

4. 风险应对。

进一步结合其他指标分析其收入变动情况是否正常。

（六）营业成本变动率异常

1. 计算公式。

营业成本变动率 ＝（本期营业成本 − 上期营业成本）÷ 上期营业成本 ×100%

2. 指标预警值。

指标值 >25%，指标值 > 前三年营业成本变动率的平均值。

3. 风险指向。

A. 本期营业成本变动率高于同行业平均水平，则可能本期有营业成本偏高，须运用其他指标进一步分析；

B. 如营业成本变动率为正值，且远远大于预警值，可能存在多计成本等问题。

4. 风险应对。

进一步结合其他指标分析其成本变动情况是否正常。

（七）期间费用变动率异常

1. 计算公式。

$$本期期间费用 = 本期销售费用 + 本期管理费用 + 本期财务费用$$
$$期间费用变动率 = (本期期间费用 - 上期期间费用) \div 上期期间费用 \times 100\%$$

2. 指标预警值。

指标值 >25%，指标值 >前三年期间费用变动率的平均值。

3. 风险指向。

A. 本期期间费用变动率高于前三年平均水平，则可能本期三项费用偏高，须运用其他指标进一步分析；

B. 如期间费用变动率为正值，且远远大于预警值，可能存在多计费用、扩大税前扣除等问题。

4. 风险应对。

进一步结合其他指标分析其费用变动情况是否正常。

（八）营业收入成本率异常

1. 计算公式。

$$营业收入成本率 = 本期营业成本 \div 本期营业收入 \times 100\%$$

2. 指标预警值。

与行业预警值比较，如果偏离较大视为异常。

3. 风险指向。

营业收入成本率明显高于同行业平均水平的，应判断为异常，须查纳税人有无多转成本或虚增成本。

4. 风险应对。

检查企业原材料的价格是否上涨，企业是否有新增设备或设备出现重大变故以致影响产量等，检查企业原材料结转方法是否发生改变，产成品与在产品之间的成本分配是否合理，是否存在将在建工程成本计入生产成本等问题。

（九）营业收入费用率异常

1. 计算公式。

$$营业收入费用率 = 本期期间费用 \div 本期营业收入 \times 100\%$$

2. 指标预警值。

与行业预警值比较，如果偏离较大视为异常。

3. 风险指向。

营业收入费用率明显高于同行业平均水平的，应判断为异常，可能存在多提、多摊相关费用，将资本性支出一次性在当期列支或少计收入等问题。

4. 风险应对。

检查纳税人销售费用、财务费用、管理费用的增长情况并判断其增长是否合理，是否存在取得虚开发票、虚列费用问题；对企业短期借款、长期借款的期初、期末数据进行分析，是否存在基建贷款利息计入当期财务费用等问题，以判断有关财务费用是否资本化。

（十）营业外支出金额增减率异常

1. 计算公式。

$$营业外支出金额增减额 = 本期营业外支出 - 上期营业外支出$$

$$营业外支出金额增减率 = 营业外支出金额增减额 \div 上期营业外支出 \times 100\%$$

2. 指标预警值。

增加额 > 50 万元或营业外支出金额增减率 > 10%。

3. 风险指向。

通过营业外支出金额增减率指标对比分析，看营业外支出科目是否有不予税前列支的项目。若本期营业外支出增减额大于 50 万元或营业外支出金额增减率在 10% 以上，则营业外支出金额增长过大，可能存在相关涉税风险。

4. 风险应对。

进一步核查营业外支出明细项目。

（十一）净资产收益率

1. 计算公式。

$$净资产收益率 = 本期净利润 \div 平均净资产 \times 100\%$$

2. 指标预警值。

与行业预警指标比较，如果偏离较大，视为异常。

3. 风险指向。

通过净资产收益率指标与同行业平均水平对比分析，了解企业净资产收益情况。如果企业净资产收益率低于同行业平均水平，则属于净资产收益率偏低，可能存在多列支成本费用或少计收入等问题。

4. 风险应对。

进一步结合其他指标分析其成本、费用、利润总额是否正常。

（十二）营业收入变动率与营业成本变动率弹性系数

1. 计算公式。

$$弹性系数 = 营业收入变动率 \div 营业成本变动率 \times 100\%$$

2. 指标预警值。

正常情况下，指标值应接近 1。

3. 风险指向。

在正常情况下,两者基本同步增长。对以下三种情况应引起注意:

A. 当比值 > 1 且相差较大、两者都为负时,可能存在企业少计收入、多列成本、扩大税前扣除范围等问题;

B. 当比值 < 1 且相差较大、两者都为正时,可能存在企业少计收入、多列成本、扩大税前扣除范围等问题;

C. 当比值为负数,且前者为负、后者为正时,可能存在企业少计收入、多列成本、扩大税前扣除范围等问题。

4. 风险应对。

进一步结合其他指标分析其收入及成本变动情况是否正常。

(十三) 营业收入变动率与期间费用变动率弹性系数

1. 计算公式。

$$弹性系数 = 营业收入变动率 \div 期间费用变动率 \times 100\%$$

2. 指标预警值。

正常情况下,指标值应接近 1。

3. 风险指向。

在正常情况下,两者基本同步增长。对以下三种情况应引起注意:

A. 当比值 > 1 且相差较大、两者都为负时,可能存在企业少计收入、多列费用、扩大税前扣除范围等问题;

B. 当比值 < 1 且相差较大、两者都为正时,可能存在企业少计收入、多列费用、扩大税前扣除范围等问题;

C. 当比值为负数,且前者为负、后者为正时,可能存在企业少计收入、多列费用、扩大税前扣除范围等问题。

4. 风险应对。

进一步结合其他指标分析其收入及费用变动情况是否正常。

(十四) 企业所得税应税收入变动率与应纳税额变动率弹性系数

1. 计算公式。

$$弹性系数 = 企业所得税应税收入变动率 \div 应纳税额变动率 \times 100\%$$

2. 指标预警值。

正常情况下,指标值应接近 1。

3. 风险指向。

在正常情况下,两者基本同步增长。对以下三种情况应引起注意:

A. 当比值 < 1 且相差较大、两者都为负时,可能存在企业多列成本费用、扩大税前扣除范围等问题;

B. 当比值 >1 且相差较大、两者都为正时，可能存在企业多列成本费用、扩大税前扣除范围等问题；

C. 当比值为负数，且前者为正、后者为负时，可能存在企业多列成本费用、扩大税前扣除范围等问题。

4. 风险应对。

进一步结合其他指标分析其收入、成本及费用变动情况是否正常。

四、企业所得税税务风险点

（一）应税收入相关风险

1. 企业取得的各类收入是否按权责发生制原则确认收入。

【示例】

2023 年 1 月 1 日，甲公司与乙公司签订合同，向其销售一批产品。合同约定，该批产品将于 2 年后交付。合同中包含两种可供选择的付款方式，即乙公司可以在 2 年后交付产品时支付 449.44 万元，或者在合同签订时支付 400 万元。乙公司选择在合同签订时支付货款。该批产品的控制权在交货时转移。甲公司于 2023 年 1 月 1 日收到乙公司支付的货款。上述价格均不含增值税，且不考虑相关税费影响。

按照上述两种付款方式计算的实际利率为 6%。考虑到乙公司付款时间和产品交付时间的间隔以及现行市场利率水平，甲公司认为该合同包含重大融资成分，在确定交易价格时，应当对合同承诺的对价金额进行调整，以反映该重大融资成分的影响。

【解析】

（1）会计角度。

这类业务属于客户为企业提供重大融资利益。假定该融资费用不符合借款费用资本化的条件，甲公司应在 2023 年 1 月 1 日收到货款时，确认"银行存款" 400 万元、"合同负债" 449.44 万元和"未确认融资费用" 49.44 万元（449.44 - 400），并在信用期间内采用实际利率法进行摊销，记入"财务费用"科目。在 2024 年 12 月 31 日交付产品时，确认"主营业务收入" 449.44 万元，同时减少"合同负债" 449.44 万元。

（2）税务角度。

本例中，尽管合同中包含两种付款方式，但丙公司选择在合同签订时付款，就表明了这份合同属于税收政策所规定的采取预收货款方式发出商品的销售模式。因此，乙公司应在 2024 年 12 月 31 日交付产品时确认应税收入 400 万元。

（3）税会差异处理方法。

通过"纳税调整项目明细表（A105000）"中"扣除类调整"进行调整。

2. 是否存在视同销售行为未作纳税调整。

【示例】

2023 年 6 月北京百通手机连锁公司发生如下经济业务，请判断是否存在风险？

北京百通手机连锁公司为了更好地回馈员工、提升积极性，将外购的一批手机发放给员工作为职工福利。该批手机不含税采购价为 20 万元，公允价值为 24 万元，取得增值税专用发票并认证通过。企业会计账务处理如下（单位：元，下同）：

借：应付职工薪酬——职工福利 231 200
    贷：库存商品 200 000
        应交税费——应交增值税（进项税额） 31 200
借：管理费用——福利费 231 200
    贷：应付职工薪酬——职工福利 231 200

【解析】

存在风险。

根据《企业所得税法实施条例》第二十五条的规定，企业将货物用于职工福利的，应当视同销售货物。因此，确认视同销售收入 24 万元，视同销售成本 20 万元，调增应纳税所得额 4 万元。

《A105000 纳税调整项目明细表》第 30 行"（十七）其他"纳税调减 4 万元。

（二）成本项目相关风险

1. 企业发生的工资、薪金支出是否符合税法规定。

【示例】

华宇公司在 2023 年度"应付职工薪酬"科目贷方余额 150 万元，截至 2024 年 5 月 31 日未发放，是否可以在 2023 年度企业所得税税前扣除？如果在 2024 年 5 月 31 日前发放，是否可以在 2023 年度企业所得税税前扣除？

【解析】

（1）如果在 2024 年 5 月 31 日前发放，根据"企业年度汇算清缴结束前支付汇缴年度工资薪金税前扣除问题：企业在年度汇算清缴结束前向员工实际支付的已预提汇缴年度工资薪金，准予在汇缴年度按规定扣除"之规定，可以在 2023 年企业所得税税前扣除，汇算清缴不需要进行纳税调整。

（2）如果截至 2024 年 5 月 31 日仍未发放，根据规定，未发生的部分不能在当年度税前扣除。该企业应在 2023 年度企业所得税汇算清缴时，将未发放的 150 万元工资薪金进行纳税调增处理。

2. 是否存在计提的职工福利费、工会经费和职工教育经费超过计税标准。

【示例】

华宇公司在办理 2023 年度企业所得税汇算清缴时，经核算发现"应付职工薪酬"科目工资薪金总额为 1 000 万元，福利费支出 156 万元，向上级工会拨缴工会经费 25 万元，取得工会组织开具的工会经费收入专用收据。

【解析】

职工福利费扣除限额 = 10 000 × 14% = 140（万元）

工会经费扣除限额 = 10 000 × 2% = 20（万元）

职工福利费实际支出 156 万元，应调增应纳税所得额 16 万元（156 − 140）。

工会经费实际拨缴工会经费支出 25 万元，应调增应纳税所得额 5 万元（25 − 20）。

3. 是否存在税前扣除利息不合规的问题。

【示例】

华宇公司 2023 年 1 月从百通公司借款 200 万元，期限 1 年，双方约定年利率为 8%，金融企业同期同类贷款利率为 6%。华宇公司 2023 年可在税前扣除的利息费用怎么计算，怎么填写企业所得税纳税申报表？

【解析】

可在税前扣除的利息费用为 12 万元（200 × 6%）。向百通公司支付的超过金融企业同期同类贷款利率 6% 的利息部分不能在企业所得税扣除，应纳税调增 4 万元 [200 ×（8% − 6%）]。

纳税申报时，填写 A105000"纳税调整项目明细表"第 18 行"（六）利息支出"项目第 1 列"账载金额"160 000 元，第 2 列"税收金额"120 000 元，第 3 列"调增金额"40 000 元。

【实训练习 2】

某公司欲进行企业经营分析会，会前需财务部统计并提供 2024 年第 1、第 2 季度企业所得税税负变动率，其相关数据如表 3 − 5 所示，假设你是该公司的一名会计，尝试依据已知信息填写表 3 − 6。

表 3 − 5　　　　　　某公司 2024 年第 1、第 2 季度部分财务数据　　　　　　单位：元

月份	应纳所得税额	应税销售收入
1 月	15 000	330 000
2 月	32 000	860 000
3 月	20 000	550 000
4 月	25 000	520 000

续表

月份	应纳所得税额	应税销售收入
5 月	22 000	480 000
6 月	30 000	760 000
合计	144 000	3 500 000

表 3 - 6　　　　　某公司 2024 年第 1、第 2 季度部分财务数据　　　　金额单位：元

月份	应纳所得税额（月）	应纳所得税额（季）	应税销售收入（月）	应税销售收入（季）	企业所得税税负（季）	企业所得税税负变动率
1 月	15 000		330 000			
2 月			860 000			
3 月	20 000		550 000			
4 月	25 000		520 000			
5 月			480 000			
6 月	30 000		760 000			

第五节　业财税一体化检查

北京哒哒业财税一体化检查页面如图 3 - 5 所示。

图 3 - 5　北京哒哒业财税一体化检查页面

一、基本情况

已知北京哒哒体育服饰有限公司在企业所得税税负风险存在的风险上有两个：一是企业所得税税负变动过大；二是企业所得税税负低于行业。

（一）一体化建议检查点

1. 检查主要经营范围，查看营业执照、税务登记、经营方式以及征管范围界定情况，判断是否存在超范围虚开发票、是否存在兼营不同税率的应税货物时未准确核算增值税。

2. 复核应交所得税的计算是否正确，重点关注税会差异时的纳税调整、弥补亏损时的基数为税法上的亏损且在税法规定的弥补期限内。

3. 如可能存在虚增收入或者隐瞒收入情形，结合销售合同，存货盘点及其出库记录，货币资金、应收账款、预收账款核查，收入截止性测试，进一步判断收入的真实性。

（二）任务要求

案例分析，查找风险点。

二、业财税一体化检查结果

（多选题）经检查后，以下哪几项检查结果是正确的（　　　）。

A. 捐赠款不是通过公益性社会团体或者县级以上人民政府及其部门进行的捐赠，属于非公益性捐赠，应调增企业所得税的应纳税所得额 300 000 元和应纳税额 75 000 元

B. 存在利用私立账户隐瞒收入、未及时入账并缴纳税款的情况。该业务涉及金额 99 440 元，需进行确认收入、补提税费、结转损益等合规账务调整

C. 核实营业执照信息看到法人赵琳，发现一张个人银行收款回单金额 99 440 元的一笔收入打入该法人账户

D. 母公司以管理费形式向子公司提取费用，北京哒哒体育公司是哒哒体育集团的子公司，因此支付母公司管理费。根据企业所得税法相关规定，该笔费用不得在税前扣除，应调整应纳税所得额 25 000 元和补缴所得税费用 6 250 元

第六节　尝试应用

一、业务分析

（一）财税体检报告

北京哒哒企业所得税税负风险如表 3 - 7 所示。

表 3 – 7   北京哒哒企业所得税税负风险

指标类型	指标明细	指标值	偏离方向	风险级别
企业所得税税负风险	企业所得税税负变动过大	0.767688	偏高	极度危险
	企业所得税税负低于行业	0.004672	偏低	极度危险

说明：

1. 偏离方向代表企业指标值与行业标准值的偏离方向，"偏离"表示企业指标值高于行业标准值，"偏低"表示企业指标值低于行业标准值；

2. 表 3 – 7 中的风险级别从低到高分别是有风险、高风险和极度危险三种。

（二）业务一

1. 查找风险点出现的原因。

北京哒哒体育公司向贫困小学捐赠，其中：30 万元捐赠款未通过公益性社会团体进行捐赠，属于非公益性捐赠。然而财务人员在计算这项支出时，将 30 万元捐赠额计入企业的成本费用予以扣除。

2. 案例分析。

（1）了解税法相关规定。根据企业所得税法规定，企业发生的公益性捐赠支出，不超过年度利润总额的 12% 的部分，准予扣除。

$$全年利润总额 = 主营业务收入 + 其他业务收入 + 国债的利息收入$$
$$+ 投资收益 + 营业外收入 - 销售成本 - 其他业务成本$$
$$- 税金及附加 - 管理费用 - 财务费用 - 营业外支出$$
$$公益性捐赠扣除标准 = 全年利润总额 \times 12\%$$

将公益性捐赠扣除标准计算结果与实际捐赠额进行比较：

第一种情况：实际捐赠额 < 扣除标准，可按实捐数扣除，不作纳税调整。

第二种情况：实际捐赠额 > 扣除标准，按扣除标准扣除，多扣除部分作纳税调整。

（2）发现问题。

北京哒哒体育公司的这 30 万元捐赠款不是通过公益性社会团体或者县级以上人民政府及其部门进行的捐赠（见图 3 – 6、图 3 – 7），属于非公益性捐赠，不能在所得税前予以扣除，应调增企业所得税的应纳税所得额和应纳税额。

图 3 – 6　北京哒哒体育服饰公司 2023 年 12 月收款收据

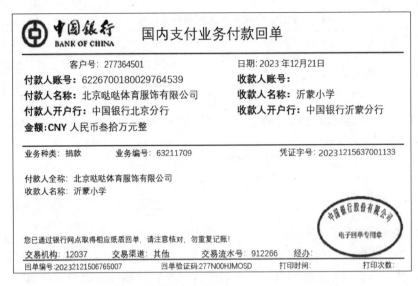

图 3 - 7 北京哒哒体育服饰公司 2023 年 12 月银行付款回单

账务处理：直接向贫困小学捐款 30 万元（见图 3 - 8）。

借：营业外支出——公益性捐赠　　　　　　　　　　　　　　　　300 000

　　贷：银行存款——中国银行　　　　　　　　　　　　　　　　300 000

图 3 - 8 北京哒哒体育服饰公司 2023 年 12 月记账凭证

（3）解决问题。

首先，计算向贫困小学非公益性捐赠调增企业所得税的应纳税额 = 30 × 25% = 7.5（万元）

其次，编写 12 月记账凭证修正分录。

①补提 2023 年捐赠支出的企业所得税税费。

借：所得税费用　　　　　　　　　　　　　　　　　　　　　　75 000

　　贷：应交税费——应交企业所得税　　　　　　　　　　　　　75 000

②结转所得税费用。

借：本年利润　　　　　　　　　　　　　　　　　　　　　　　75 000

　　　贷：所得税费用　　　　　　　　　　　　　　　　　　　　75 000

③结转 2023 年补提的本年利润。

借：利润分配——未分配利润　　　　　　　　　　　　　　75 000

　　贷：本年利润　　　　　　　　　　　　　　　　　　　　　75 000

二、总结

　　在分析企业所得税税务风险时，通过核查对方收款收据和公司银行付款回单，发现北京哒哒体育公司发生一笔向贫困小学捐赠的业务。该项捐赠不是通过公益性社会团体或者县级以上人民政府及其部门进行的捐赠，属于非公益性捐赠。

　　根据企业所得税法的规定，应调增企业所得税的应纳税所得额和应纳税额，计算并补提应缴企业所得税的应纳税额 75 000 元。

第七节　融会贯通

一、业务二

（一）查找风险点出现的原因

　　按历史数据核对发现，北京哒哒体育公司存在利用私立账户隐瞒收入的情况，应将汇入个人账户的款项主动归还企业。经核实第二季度 6 月隐瞒收入不含税金额 99 440 元。

（二）案例分析

1. 了解税法相关规定。

　　纳税人伪造、变造、隐匿、擅自销毁账簿、记账凭证，或者在账簿上多列支出或者不列、少列收入，或者经税务机关通知申报而拒不申报或者进行虚假的纳税申报，不缴或者少缴应纳税款的，是偷税。一旦私设账外账户的行为被查处，会不可避免地被税务机关依照规定认定为偷税。处罚如下：

　　（1）对纳税人偷税的，由税务机关追缴其不缴或者少缴的税款、滞纳金，并处不缴或者少缴的税款 50% 以上 5 倍以下的罚款；构成犯罪的，依法追究刑事责任。

　　（2）企业不仅要补缴其少缴的税款，更要承担滞纳金及罚款的经济损失。

　　（3）情节严重的，将构成逃税罪，承担最高 7 年有期徒刑，并处罚金。

2. 发现问题。

　　在核查北京哒哒体育服饰公司的存货盘点表（见图 3 - 9）时发现商品"跑步机"盘亏 22 台，备注说明"没有开具出库单导致盘亏"。

存货盘点明细表

盘点部门：财务部					仓库：第一仓库				2023年6月30日			
序号	商品名称	规格型号	单位	账面		实点		盘盈		盘亏		备注
				数量	金额	数量	金额	数量	金额	数量	金额	
1	跑步机	尊享型	台	302	906,000.00	280	840,000.00			-22	-66000	由于没有开具出库单

图3-9　北京哒哒体育服饰公司2023年6月存货盘点明细表

通过进一步核查历史业务单据收款收据（见图3-10）、营业执照（见图3-11）、公司银行收款回单（见图3-12），发现此笔收入以法人个人账户收取。北京哒哒体育公司存在利用私立账户隐瞒收入、未及时入账并缴纳税款的情况，应将汇入个人账户的款项主动归还企业。

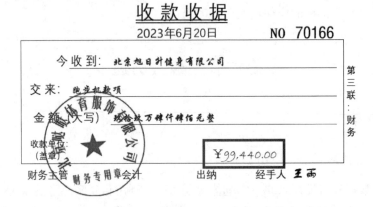

图3-10　北京哒哒体育服饰公司2023年6月收款收据

图3-11　北京哒哒体育服饰公司营业执照

图 3-12　北京哒哒体育服饰公司 2023 年 6 月赵琳个人账户收款回单

为了确定这笔销售业务的真实性，通过询证函（见图 3-13）协查的方式得到了对方公司对该笔业务的确认回函。

询证函

		编号：	006

北京旭日升健身有限公司	公司：

本公司聘请的财智未来会计师事务有限公司正在对本公司客户往来账务进行核查工作，按照中国注册会计师执业准则的要求，应当询证本公司与贵公司的往来账项等事项。下列数据出自本公司账簿记录，如与贵公司记录相符，请在本函下端"数据证明无误"处签章证明；如有不符，请在"数据不符"处列明不符金额，并附加说明事项详为指正。

回函请先邮件至：财智未来会计师事务所有限公司邮箱caizhiweilai@iofedu.com，原件请快递至：北京市东城区朝外大街银河 SOHO A座10层11002室

1、本公司与贵公司的往来账项列示如下：

截止日期	项目	贵公司欠	欠贵公司	说明
2024年1月31日	北京哒哒体育服饰有限公司销售商品给贵公司			交易金额玖拾玖万肆仟肆佰元整

2、其他事项

本函仅为复核账目之用，并非催款结算。若款项在上述日期之后已经付清，仍请及时函复为盼。

结论：

1、数据证明无误

发生此笔采购业务，金额为玖拾玖万肆仟肆佰元整，没有签订合同，付款到赵琳个人账户。

公司签章：北京旭日升健身有限公司

日期：2024年1月25日

图 3-13　北京旭日升健身有限公司询证函

3. 解决问题。

（1）补填相关票据。

对于此笔业务需要与采购方补签销售合同；库房人员根据销售合同数量补填销售出库单；重新盘点，生成调整后的账实相符的存货盘点表。

（2）编写修正分录。

①补确认 2023 年 6 月销售收入，同时结转成本。

借：银行存款 99 440
　　贷：主营业务收入——跑步机 88 000
　　　　应交税费——应交增值税（销项税额） 11 440

借：主营业务成本——跑步机 66 000
　　贷：库存商品——跑步机 66 000

②结转 6 月销售收入的销项税额。

借：应交税费——应交增值税（转出未交增值税） 11 440
　　贷：应交税费——未缴增值税 11 440

③根据计提的增值税销项税额，计提税金及附加。

城市维护建设税 $= 11\ 440 \times 7\% = 800.8$（元）

教育费附加 $= 11\ 440 \times 3\% = 343.2$（元）

地方教育附加 $= 11\ 440 \times 2\% = 228.8$（元）

借：税金及附加 1 372.8
　　贷：应交税费——应交城市维护建设税 800.8
　　　　　　　　——应交教育费附加 343.2
　　　　　　　　——应交地方教育附加 228.8

④结转 10 月销售相关的损益。

借：主营业务收入 88 000
　　贷：主营业务成本 66 000
　　　　税金及附加 1 372.8
　　　　本年利润 20 627.2

提示："主营业务收入""主营业务成本""税金及附加"属于损益类科目，而损益类科目期末无余额，金额需从反方向结转至"本年利润"。

⑤补提 6 月所得税费用并结转。

借：所得税费用 5 156.8
　　贷：应交税费——应交企业所得税 5 156.8

借：本年利润 5 156.8
　　贷：所得税费用 5 156.8

⑥结转 6 月份补记的本年利润。

借：本年利润 15 470.4
　　贷：利润分配——未分配利润 15 470.4

二、总结

经核实，北京哒哒体育公司第二季度 6 月隐瞒收入不含税金额 99 440 元。存在利用私立账户隐瞒收入的情况，应主动归还企业，并进行合规调整。

在分析企业所得税税务风险时，通过核查存货盘点表发现商品"跑步机"盘亏 22 台，备注说明"没有开具出库单导致盘亏"。通过进一步核查历史业务单据收款收据、公司银行收款回单、营业执照，以及询证函，发现此笔收入以法人个人账户收取。

北京哒哒体育公司存在利用私立账户隐瞒收入、未及时入账并缴纳税款的情况，应主动将 99 440 元收入归还企业账户；与采购方补签销售合同；库房人员根据销售合同数量补填销售出库单；重新盘点，生成调整后的账实相符的存货盘点表；财务方面进行合规账务调整。

三、业务三

（一）查找风险点出现的原因

在核查北京哒哒体育公司的业务单据时，通过母公司开具的收款收据（见图 3 – 14）和北京哒哒体育公司的银行付款回单（见图 3 – 15），发现 2023 年 12 月期间费用中有 25 000 元是北京哒哒体育公司作为子公司向母公司支付的管理费，而以母公司开具的收据作为原始凭证，通过"管理费用"会计科目核算入账，在企业所得税税前予以扣除。

图 3 – 14　北京哒哒体育服饰公司 2023 年 12 月收款收据

（二）案例分析

1. 了解税法相关规定。

根据《国家税务总局关于母子公司间提供服务支付费用有关企业所得税处理问题的通知》的规定，母公司以管理费形式向子公司提取费用，子公司因此支付给母公司的管理费，不得在税前扣除。

图 3-15 北京哒哒体育服饰公司 2023 年 12 月银行付款回单

母公司为其子公司提供各种服务而发生的费用，应按照独立企业之间公平交易原则确定服务的价格，作为企业正常的劳务费用进行税务处理。母子公司未按照独立企业之间的业务往来收取价款的，税务机关有权予以调整。

2. 发现问题。

根据《国家税务总局关于母子公司间提供服务支付费用有关企业所得税处理问题的通知》的规定，母公司以管理费形式向子公司提取费用，子公司因此支付给母公司的管理费，不得在税前扣除。这笔业务账务处理如下：

向总部支付 2023 年管理费用（见图 3-16）

借：管理费用——总部管理费   25 000

    贷：银行存款——中国银行北京东城分行   25 000

图 3-16 北京哒哒体育服饰公司 2023 年 12 月记账凭证

3. 解决问题。

根据税法规定，母公司以管理费形式向子公司提取费用，子公司因此支付给母公司的管理费不得在税前扣除，需要作调整。

子公司向母公司支付的管理费调增所得税金额 6 250 元（25 000×25%）。

（1）补提 2023 年 12 月缴纳管理费调增的所得税费用。

借：所得税费用 6 250
    贷：应交税费——应交企业所得税 6 250

（2）结转所得税费用。

借：本年利润 6 250
    贷：所得税费用 6 250

（3）结转 2023 年 12 月补提的本年利润。

借：利润分配——未分配利润 6 250
    贷：本年利润 6 250

母公司应给北京哒哒体育服饰公司开具服务业发票，确认服务收入，补提增值税、附加税以及相关合规账务调整。

四、总结

在分析企业所得税税务风险时，在核查北京哒哒体育公司的业务单据时，发现 2023 年 12 月期间费用中有 25 000 元是北京哒哒体育服饰公司作为子公司向母公司支付的管理费，而以母公司开具的收据和银行付款回单作为原始凭证，通过"管理费用"会计科目核算入账，在企业所得税税前予以抵扣。

根据企业所得税法的规定，母公司以管理费形式向子公司提取费用，子公司因此支付给母公司的管理费，不得在税前扣除。北京哒哒体育服饰公司应计算需补提的应纳税额 6 250 元；财务进行合规账务调整；母公司给北京哒哒体育服饰公司开具服务类发票，确认服务收入，补提增值税、附加税以及相关合规账务调整。

五、场景五

根据北京哒哒体育服饰公司 2023 年 2 月 1 日至 12 月 31 日科目汇总表、期初数据汇总表以及上述修正后凭证数据，利用健康财税体检软件进行分析发现，北京哒哒体育服饰公司企业所得税税负曾经存在两项风险点已全部消失（见图 3-17）。

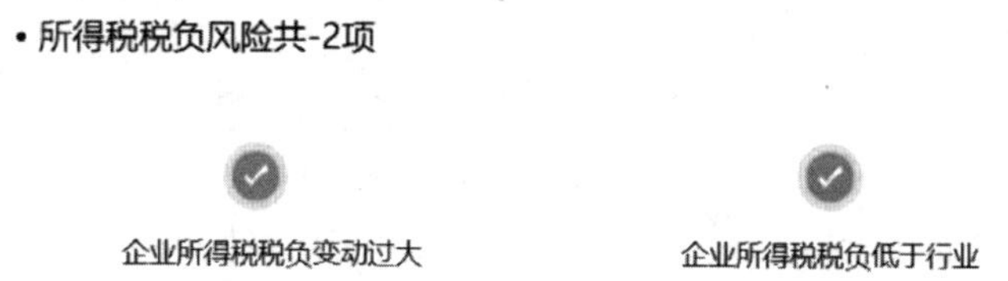

图 3-17 北京哒哒体育服饰公司企业所得税风险检测

第八节　编写风险分析报告

1. （多选题）通过"健康财税体检"，我们看到案例企业"企业所得税税负风险"出现的问题有（　　）。

A. 企业所得税税负变动率过大

B. 企业所得税税负变动过大

C. 销售收入与企业所得税变动不匹配

D. 企业所得税税负低于行业

2. （多选题）在分析企业所得税税务风险时，通过核查对方收款收据和公司银行付款回单，北京哒哒体育服饰公司发生一笔向贫困小学捐赠的业务。根据企业所得税法的规定有（　　）。

A. 30万元捐赠款不是通过公益性社会团体或者县级以上人民政府及其部门进行的捐赠，属于非公益性捐赠

B. 直接记入"营业外支出"科目，全额在企业所得税前扣除

C. 应调增企业所得税的应纳税所得额和应纳税额

D. 企业发生的公益性捐赠支出，不超过年度利润总额的12%的部分，准予扣除

3. （多选题）根据企业所得税法的规定，北京哒哒体育服饰公司向贫困小学的非公益捐赠正确的做法有（　　）。

A. 调增企业所得税的应纳税所得额300 000元

B. 计算企业所得税的应纳税所得额时，30万元捐赠款如实扣除

C. 计算向贫困小学非公益捐赠应缴企业所得税的应纳税额 = 300 000 × 25% = 75 000（元）

D. 补提"所得税费用"科目75 000元，同时计提"应交税费——应交企业所得税"科目75 000元

4. （多选题）在分析企业所得税税务风险时，在核查哒哒体育服饰公司的存货盘点表时发现商品"跑步机"盘亏22台，备注说明"没有开具出库单导致盘亏"。通过进一步核查历史业务单据（　　），发现此笔收入以法人个人账户收取。北京哒哒体育服饰公司存在利用私立账户隐瞒收入、未及时入账并缴纳税款的情况，应主动归还企业。

A. 收款收据　　　　　　　　　　B. 公司银行收款回单

C. 营业执照　　　　　　　　　　D. 询证函

5. （多选题）北京哒哒体育服饰公司存在利用私立账户隐瞒收入的情况，根据企业所得税法的规定有（　　）

A. 纳税人伪造、变造、隐匿、擅自销毁账簿、记账凭证，或者在账簿上多列支出或者不列、少列收入，或者不申报或者进行虚假申报，不缴或者少缴应纳税款的，是偷税

B. 企业不仅要补缴其少缴的税款，更要承担滞纳金及罚款的经济损失。情节严重的，将构成逃税罪，承担最高 7 年有期徒刑，并处罚金

C. 对纳税人偷税的，由税务机关追缴其不缴或者少缴的税款、滞纳金，并处不缴或者少缴的税款 50% 以上 5 倍以下的罚款，构成犯罪的，依法追究刑事责任

D. 一旦私设账外账户的行为被查处，会不可避免地被税务机关依照规定认定为偷税

6. （多选题）对于北京哒哒体育服饰公司存在利用私立账户隐瞒收入的情况，需要做哪些工作降低税务风险？（　　）

A. 与采购方补签销售合同

B. 库房人员根据销售合同数量补填销售出库单

C. 重新盘点，生成调整后的账实相符的存货盘点表

D. 财务方面进行合规账务调整

7. （多选题）分析企业所得税税务风险，在核查北京哒哒体育服饰公司的业务单据时发现 2023 年 12 月期间费用中有 25 000 元是北京哒哒体育服饰公司作为子公司向母公司支付的管理费，而以母公司开具的收据作为原始凭证，通过（　　）会计科目核算入账，在企业所得税前予以抵扣。

A. 管理费用

B. 销售费用

C. 所得税费用

D. 应交税费——应交企业所得税

8. （多选题）根据企业所得税规定，北京哒哒体育服饰公司作为子公司向母公司支付管理费这笔业务（　　）。

A. 母公司以管理费形式向子公司提取费用，子公司因此支付给母公司的管理费，不得在税前扣除

B. 母公司为其子公司提供各种服务而发生的费用，应按照独立企业之间公平交易原则确定服务的价格，作为企业正常的劳务费用进行税务处理

C. 调减应纳税所得额和应纳税额

D. 母子公司未按照独立企业之间的业务往来收取价款的，税务机关有权予以调整

9. （多选题）对于北京哒哒体育服饰公司向母公司支付管理费的这笔业务，北京哒哒体育服饰公司需要做哪些工作降低税务风险？（　　）。

A. 北京哒哒体育服饰公司向母公司支付的管理费调增应纳税所得额

B. 北京哒哒体育服饰公司计算需补提的应纳税额 =25 000×25% =6 250（元）

C. 北京哒哒体育服饰公司财务方面进行合规账务调整

D. 母公司给北京哒哒体育服饰公司开具服务类发票，确认服务收入，补提增值税、附加税以及相关合规账务调整

10. （多选题）在税务管理风险管理的实务中，应熟知税法对于不允许扣除项目的业务的相关规定（　　）。

A. 税法不允许扣除，但企业已作为扣除项目而予以扣除的各项成本、费用和损失，应调增应纳税所得额

B. 在日常管理中需关注资本性支出；无形资产受让开发支出；违法经营罚款和被没收财物的损失；税收滞纳金、罚金、罚款等

C. 需要关注灾害事故损失赔偿、非公益救济性捐赠、各项赞助支出、与收入无关的支出等

D. 需要关注企业之间支付的管理费、企业内营业机构之间支付的租金和特许权使用费，以及非银行企业内营业机构之间支付的利息等

第九节　拓展案例

一、案例一

北京 X 公司作为一家享誉全球的服装公司，秉承着国风设计，宣扬中华文化为己任；公司产品将不俗的设计，优质的产品质量相结合，深受消费者的喜爱。该公司属于一般纳税人。X 公司 2022～2023 年部分财务数据如表 3-8 所示。

表 3-8　　　　　　　　　　**X 公司 2022～2023 年部分财务数据**　　　　　　单位：元

项目	2023 年	2022 年
营业收入	277 559 654.00	250 864 481.00
营业成本	169 075 599.00	145 976 321.00
管理费用	52 275 478.00	33 534 531.00
销售费用	31 515 643.00	28 156 775.00
财务费用	13 987 544.00	12 583 678.00
企业所得税应纳税额	2 496 554.00	3 916 865.00

要求：请根据提供的表 3-8 相关数据完成北京 X 公司企业所得税税务风险分析的相关工作。计算过程中，金额均保留小数点后 2 位，涉及百分号计算结果保留百分号前 2 位小数。

1. 企业所得税贡献率指标计算（见表 3-9）。

表 3-9　　　　　　　　　　　　企业所得税贡献率指标

项目	2023 年指标值	2022 年指标值	行业预警值	2023 年指标与行业偏离率	与 2022 年项目税负变动率
企业所得税贡献率			1.5%		

2. 收入成本指标计算（见表 3 – 10）。

表 3 – 10 收入成本指标

项目	2023 年指标值	行业预警值	2023 年指标与行业偏离率
营业收入变动率		10%	
营业成本变动率		10%	
营业收入变动率与营业成本变动率弹性系数		1	

3. 营业收入费用率与营业收入成本率指标计算（见表 3 – 11）。

表 3 – 11 营业收入费用率与营业收入成本率指标

项目	2023 年指标值	行业预警值	2023 年指标与行业偏离率
营业收入成本率		58%	
营业收入费用率		29%	

4. 期间费用指标计算（见表 3 – 12）

表 3 – 12 期间费用指标

项目	2023 年指标值	行业预警值	2023 年指标与行业偏离率
管理费用变动率		12%	
销售费用变动率		12%	
财务费用变动率		12%	
期间费用变动率		12%	
营业收入变动率与期间费用变动率弹性系数		1	

二、案例二

吉林省 Y 制造有限公司为一家杯具生产销售公司，2023 年吉林省 Y 制造有限公司发生以下业务，请根据以下业务分析相关问题。

业务 1：吉林省 Y 制造有限公司 12 月将自产的卡通马克杯作为冬至礼物发放给员工，共计 10 000 个马克杯，马克杯不含税公允价值为 500 元/个，成本价为 100 元/个。公司会计进行了如下账务处理（单位：元，下同）：

借：应付职工薪酬——非货币性福利　　　　　　　　　　1 650 000
　　贷：库存商品　　　　　　　　　　　　　　　　　　　1 000 000
　　　　应交税费——应交增值税—销项税额　　　　　　　　650 000

业务 2：吉林省 Y 制造有限公司 12 月将自有仓库出租，出租期限为 2023 年 12 月 1 日~2024 年 11 月 30 日，每月不含税租金 50 000 元，租金一次性收齐，并开具增值税专用发票，吉林省 Y 制造有限公司会计进行如下账务处理：

借：银行存款 654 000
    贷：其他业务收入——出租仓库 50 000
        其他应付款——北京 X 公司 550 000
        应交税费——应交增值税（销项税额） 54 000

业务 3：吉林省 Y 制造有限公司于 2023 年 7 月 1 日购买 10 000 张国务院财政部门发行的记账式国债，共计 100 万元，票面利率 5%，每年 12 月 31 日兑付支付利息，2023 年 9 月 11 日吉林省 Y 制造有限公司出售全部国债，收入 110 万元。吉林省 Y 制造有限公司会计进行如下账务处理：

借：银行存款 1 100 000
    贷：交易性金融资产 1 000 000
        投资收益 100 000

业务 4：吉林省 Y 制造有限公司于 2021 年 1 月 1 日，投资北京 Z 贸易有限公司 200 万元，占据企业股权比例 20%。2022 年，北京 Z 贸易有限公司实现税后净利润 200 万元，吉林省 Y 制造有限公司享有 20% 比例即 40 万元。2023 年 01 月，吉林省 Y 制造有限公司出售北京 Z 贸易有限公司全部股份取得 280 万元收入。吉林省 Y 制造有限公司进行如下账务处理：

借：银行存款 2 800 000
    贷：长期股权投资——北京 Z 贸易有限公司 2 000 000
        长期股权投资——损益调整 400 000
        投资收益 400 000

（一）多选题

以下哪些属于企业所得税免税收入？（   ）

A. 国债利息
B. 政府部门取得的单独核算的专项资金
C. 符合条件的非营利组织的收入
D. 符合条件的居民企业之间的股息、红利等权益投资收益

（二）税务风险自查

次年汇算清缴时未进行纳税调整，请根据业务内容自行判断是否有纳税风险，是否需要进行纳税调整及纳税调整的金额，填制表 3-13。

表 3-13 纳税调整表

业务项目	是否含有税收风险	是否需要纳税调整	纳税调整增加额	纳税调整减少额
业务 1				
业务 2				

续表

业务项目	是否含有税收风险	是否需要纳税调整	纳税调整增加额	纳税调整减少额
业务3				
业务4				

三、案例三

北京 X 公司为一家衣帽服饰生产销售有限公司，请根据相关业务分析相关问题。

业务1：北京 X 公司包装服装岗位用工人员为残疾人员，企业与之签订 3 年劳动合同，按时缴纳社保，工资符合当地最低工资标准，使用现金支付残疾人员工资全年合计 480 000 元，汇算清缴时会计人员 100% 扣除。

业务2：北京 X 公司 2022 年"应付职工薪酬——工资"账载贷方金额为 17 898 000 元，截至 2023 年 5 月 31 日北京 X 公司还有 200 000 元暂未发放，职工教育经费为 1 431 910.00 元，福利费共计 1 789 800 元，工会经费 357 960 元。汇算清缴时会计人员按 100% 扣除。

业务3：北京 X 公司 2022 年销售收入为 120 098 721.93 元，业务招待费发生 1 201 721.91 元。汇算清缴时会计人员按 100% 扣除。

业务4：北京 X 公司 2022 年与具有合法经营资格的中介服务企业签订了 1 笔中介服务合同并支付了相应的手续费及佣金，取得合法有效的增值税专用发票，并已将其全部计入了当期损益。合同列明北京 X 公司与 A 公司签订代理销售服务合同，北京 X 公司取得销售收入 200 万元，同时支付 A 公司佣金 10 万元。汇算清缴时手续费会计人员按 100% 扣除。

（一）计算税前扣除金额

请根据业务 1～业务 4 判断可税前扣除金额，填制表 3－14。

表 3－14　　　　　　　　　　业务 1～业务 4 可税前扣除金额

项目名称	可税前扣除金额
业务1	
业务2（职工薪酬）	
业务2（职工教育经费）	
业务2（福利费）	
业务2（工会经费）	
业务3	
业务4	

(二) 税务风险自查

请根据业务内容自行判断是否有纳税风险，是否需要进行纳税调整及纳税调整的金额，填制表 3 – 15。

表 3 – 15   税务风险自查表

业务项目	是否含有税收风险	是否需要纳税调整	纳税调整增加额	纳税调整减少额
业务 1				
业务 2				
业务 3				
业务 4				

第四章　隐瞒收入税务风险

【课程导读】

收入作为企业的主要经济活动，其直接影响着企业的税收负担。对于纳税而言，收入的确认也是至关重要的。依法纳税是企业应尽的法定义务，正确的纳税能够确保企业在经营活动中遵守法律法规，保持企业的可持续发展。

在收入类涉税业务确认和核算过程中，税务风险主要包括已实现销售不作销售处理、利用个人账户隐匿收入、账外设账、私设"小金库"等。这些风险的发生，不仅导致企业税收成本的增加，更重要的是威胁着企业的声誉和生存发展。《中华人民共和国税收征收管理法》规定，从事生产经营的纳税人采取隐瞒收入的手段，少缴应纳税款的属于偷税行为。纳税人偷税的，由税务机关追缴少缴的税款、滞纳金，并处少缴税款50%以上5倍以下的罚款。构成犯罪的，移送司法机关处理。因此，通过财税风险管控，对涉税业务所涉及的各企业隐瞒收入问题和后果进行谋划、分析、评估、处理等组织及协调，能够有效降低企业涉税风险（本章涉及的所有企业名称、相关风险及数据均为虚构，仅作教学使用）。

【学习目标】

★ 掌握业财税一体化思维

★ 了解与收入相关的法律法规

★ 掌握隐瞒收入税务风险分析指标

【能力目标】

★ 培养学生对收入类涉税业务的敏感性

★ 培养学生具有"财税一体化思维"的能力

【素质目标】

★ 培养学生依法纳税意识

★ 培养学生具有严谨、诚信的职业品质和良好的职业道德

第一节　聚焦问题

一、场景一

近年来，国家持续不断地推出多项政策红利，健康中国、全民健康是重要战略，在"健康中国"战略推进的过程中，整个大健康医疗卫生行业及大健康产业进入了蓬勃发展期，与此关联的产业迎来了红利窗口。

拓福达公司原来是小型微利企业，但一直深耕于医疗领域，近年来公司业务发展突飞猛进，人员迅速突破了 200 人，原本仅有 2 名员工的财务部扩张到了 5 人，之前的会计小孟也是"多年的媳妇熬成婆"，升到了会计主管。

2023 年初，考虑到企业目前处在生命周期中的发展阶段，总经理对各部门的考核要求是"保持业务高增长，坚持税务不上扬"，并专门制定了与工资绩效挂钩的考核标准。为此，小孟绞尽脑汁。

二、场景二

小孟发现以"预收账款"方式销售商品，产品（商品）发出时可以不计销售收入，不开具发票时，也不会出现主营业务收入和销项税额，可以人为"控制"企业税负，达到为拓福达公司"节流"的目的。因此，2023 年 10 月、11 月和 12 月，小孟以"预收账款"的名义记录了 3 笔与大成公司有关的收入，金额分别为 20 万元、40 万元和 60 万元。

三、场景三

2023 年 6 月，拓福达公司与大成公司签订了《战略合作协议》。其中协议约定：

1. 大成公司分批向拓福达公司采购价值 1 200 万元专门用于药物研究的大型医疗器械，并约定共同进行新药研发。

2. 首批应支付的采购款为 600 万元，支付时间为 2023 年 8 月 31 日。

3. 任何一方违反本协议导致本协议无法继续履行的，违约方需赔偿守约方违约金人民币 200 万元，该违约金不足以弥补守约方实际损失的，违约方应赔偿守约方所有实际损失。

第二节　激活旧知

一、收入的含义

《企业所得税法实施条例》第十四条第二十二条规定：

1. 销售货物收入，是指企业销售商品、产品、原材料、包装物、低值易耗品以及其他存货取得的收入。

2. 提供劳务收入，是指企业从事建筑安装、修理修配、交通运输、仓储租赁、金融保险、邮电通信、咨询经纪、文化体育、科学研究、技术服务、教育培训、餐饮住宿、中介代理、卫生保健、社区服务、旅游、娱乐、加工以及其他劳务服务活动取得的收入。

3. 转让财产收入，是指企业转让固定资产、生物资产、无形资产、股权、债权等财产取得的收入。

4. 股息、红利等权益性投资收益，是指企业因权益性投资从被投资方取得的收入。

5. 利息收入，是指企业将资金提供他人使用但不构成权益性投资，或者因他人占用本企业资金取得的收入，包括存款利息、贷款利息、债券利息、欠款利息等收入。

6. 租金收入，是指企业提供固定资产、包装物或者其他有形资产的使用权取得的收入。

7. 特许权使用费收入，是指企业提供专利权、非专利技术、商标权、著作权以及其他特许权的使用权取得的收入。

8. 接受捐赠收入，是指企业接受的来自其他企业、组织或者个人无偿给予的货币性资产、非货币性资产。

9. 其他收入，是指企业取得的除企业所得税法第六条第（一）项至第（八）项规定的收入外的其他收入，包括企业资产溢余收入、逾期未退包装物押金收入、确实无法偿付的应付款项、已作坏账损失处理后又收回的应收款项、债务重组收入、补贴收入、违约金收入、汇兑收益等。

二、隐瞒收入将面临的处罚

1. 企业隐瞒收入属于偷税行为。按《中华人民共和国税收征收管理法》第六十三条规定除追补税款外，还要处于所偷税款的50%至5倍处罚；如果达到一定数额的，还要移送公安机关追究刑事责任。

2.《中华人民共和国刑法》第二百零一条规定：

（1）纳税人采取伪造、变造、隐匿、擅自销毁账簿、记账凭证，在账簿上多列支出或者不列、少列收入。经税务机关通知申报而拒不申报或者进行虚假的纳税申报的手段，不缴或者少缴应纳税款，偷税数额占应纳税额的百分之十以上不满百分之三十并且偷税数额在一万元以上不满十万元的；因偷税被税务机关给予二次行政处罚又偷税的，处三年以下有期徒刑或者拘役，并处偷税数额一倍以上五倍以下罚金。

（2）偷税数额占应纳税额的百分之三十以上，并且偷税数额在十万元以上的，处三年以上七年以下有期徒刑，并处偷税数额一倍以上五倍以下罚金。

【实训练习1】

（多选题）以下哪项属于跟"大额现金管理"有关的银行重点关注事项？（　　）

A. 年底，李总预支付 Maserati 轿车首付款，从财务部提取 20 万元存款

B. 7 月 15 日，阿尔美公司通过银行代发员工工资 70 万元

C. 建筑公司购买大型工程设备，预付定金 1 200 万元

D. 互联网金融企业开设"资金存管专用账户"，由银行负责"存管"

第三节　健康财税体检

将拓福达公司 2023 年 1 月 1 日至 12 月 31 日科目汇总表、期初数据汇总表以及修正后凭证数据等 Excel 表格下载后进入实训平台，按系统提示依次导入健康财税体检软件，并进行健康体检。软件显示拓福达公司隐瞒收入存在两项风险，分别是毛利与主营业务收入变动不匹配以及营业外收入金额过大。具体见图 4-1~图 4-4。

图 4-1　下载拓福达公司科目汇总表、期初数据汇总表以及修正前凭证数据

图 4-2　导入科目汇总表进行科目初始化

图 4 – 3　进行税务风险体检

图 4 – 4　拓福达公司隐瞒收入税务风险点

第四节　论证新知

一、场景四

审计师：我们这套系统在导入企业的账套数据后，能够对其进行一系列的分析，并将分析结果汇集到一份《财税健康体检报告》中。我们在报告中会指出企业存在哪些风险点，这些风险点所指向的问题是什么，并提出一套相应的检查办法和建议，帮助企业消除风险点。这些风险点就是由各项指标构成。与隐瞒收入相关的风险点包含 2 项指标，分别是：

1. 毛利与主营业务收入变动不匹配。
2. 营业外收入金额过大。

二、业财税一体化思维模型

1. 问题指向。
2. 指标公式。
3. 检查方向。

（1）检查企业原材料结转方法、产成品与在产品之间的成本分配

判断：A. 企业原材料结转方法是否发生改变；

B. 企业的成本分配是否合理；

……

4. 风险指标阈值。

三、隐瞒收入税务风险分析指标

（一）销售利润率低于行业

1. 问题指向。

销售利润率明显低于行业平均水平的，应判断为异常，需查明纳税人有无少列收入、多列支出。

2. 指标公式。

（1）销售利润率 = 营业利润 ÷ 营业收入

（2）销售利润率低于行业率 =（本期销售利润率 - 行业销售利润率）÷ 行业销售利润率

3. 检查方向。

（1）检查销售合同、商品出库记录，检查货币资金、应收账款、预收账款、其他应付款等科目，并对收入进行截止性测试。

判断：收入的真实性。

（2）检查采购合同、商品入库记录，检查货币资金、预付账款、应付账款等科目，并对存货进行盘点。

判断：存货采购的真实性。

（3）检查进销存台账以及成本结转分录。

判断：销售成本计算结转是否准确无误。

（4）查企业原材料的价格是否上涨。

判断：成本上升的合理性。

（5）检查企业原材料结转方法、产成品与在产品之间的成本分配。

判断：A. 企业原材料结转方法是否发生改变；

B. 企业的成本分配是否合理；

C. 是否将在建工程成本计入生产成本等问题。

（6）获取员工名册。

判断：A. 其人数的合理性；

B. 是否存在虚做工资；

C. 是否存在将应计入工程成本、制造费用的人力成本直接计入管理费用或者销售费用。

（7）获取企业银行贷款合同。

判断：A. 是否将用于长期资产建造发生的银行利息直接计入财务费用；

B. 检查其计算的准确性。

（8）检查大额费用入账是否合理准确，查验合同。

判断：其真实性及是否未作摊销处理。

（9）检查其他应付款、应付账款等科目期后借方。

判断：A. 其计提的费用是否真实发生；

B. 上述科目是否存在大额红字冲回。

（10）对管理费用、销售费用科目进行明细分析，同历史各期数据进行对比。

判断：是否存在部分费用异常增加。

4. 风险指标阈值。

销售利润率低于行业水平风险指标阈值如表 4 – 1 所示。

表 4 – 1　　　　　　　　销售利润率低于行业水平风险指标阈值

风险阈值	
存在风险	$-0.25 \leqslant$ 销售利润率低于行业率 < -0.20
高等风险	$-0.3 \leqslant$ 销售利润率低于行业率 < -0.25
极度危险	销售利润率低于行业率 < -0.3

（二）毛利与主营业务收入变动不匹配

1. 问题指向。

正常情况下毛利变动率与主营业务收入变动率应基本同步增长，弹性系数应接近1。

A. 毛利变动幅度显著小于主营业务收入变动幅度，可能存在隐瞒收入情形；

B. 毛利变动幅度显著大于主营业务收入变动幅度，可能存在虚增收入情形。

2. 指标公式。

$$毛利变动率 = （本期毛利润 - 上期毛利润）\div 上期毛利润$$

$$本期主营业务收入变动率 = （本期主营业务收入 - 上期主营业务收入）\div 上期主营业务收入$$

$$毛利与主营业务收入变动匹配率 = 毛利变动率 \div 本期主营业务收入变动率$$

3. 检查方向。

（1）检查销售合同、商品出库记录，检查货币资金、应收账款、预收账款、其他应付款等科目，并对收入进行截止性测试。

判断：收入的真实性。

（2）检查采购合同、商品入库记录，检查货币资金、预付账款、应付账款等科目，并对存货进行盘点。

判断：存货采购的真实性。

（3）检查进销存台账以及成本结转分录。

判断：销售成本计算结转是否准确无误。

（4）查企业原材料的价格是否上涨。

判断：成本上升的合理性。

（5）检查企业原材料结转方法、产成品与在产品之间的成本分配。

判断：A. 企业原材料结转方法是否发生改变；

B. 企业的成本分配是否合理；

C. 是否将在建工程成本计入生产成本等问题。

（6）获取员工名册。

判断：A. 其人数的合理性；

B. 是否存在虚做工资；

C. 是否存在将应计入工程成本、制造费用的人力成本直接计入管理费用或者销售费用。

（7）获取企业银行贷款合同。

判断：A. 是否将用于长期资产建造发生的银行利息直接计入财务费用；

B. 检查其计算的准确性。

（8）检查大额费用入账是否合理准确，查验合同。

判断：其真实性及是否未作摊销处理。

（9）检查其他应付款、应付账款等科目期后借方。

判断：A. 其计提的费用是否真实发生；

B. 上述科目是否存在大额红字冲回。

（10）对管理费用、销售费用科目进行明细分析，同历史各期数据进行对比。

判断：是否存在部分费用异常增加。

4. 风险指标阈值。

毛利与主营业务收入变动风险指标阈值如表 4 - 2 所示。

表 4 - 2　　　　　　　　　毛利与主营业务收入变动风险指标阈值

	风险阈值
存在风险	A. 0.8≤毛利与主营业务收入变动匹配率＜1；本期毛利变动率＞0；本期主营业务收入变动率＞0 B. 1＜毛利与主营业务收入变动匹配率≤1.2；本期毛利变动率＜0；本期主营业务收入变动率＜0
高等风险	A. 0.5≤毛利与主营业务收入变动匹配率＜0.8；本期毛利变动率＞0；本期主营业务收入变动率＞0 B. 1.2＜毛利与主营业务收入变动匹配率≤1.5；本期毛利变动率＜0；本期主营业务收入变动率＜0

续表

	风险阈值
极度危险	A. 0≤毛利与主营业务收入变动匹配率<0.5；本期毛利变动率>0；本期主营业务收入变动率>0 B. 1.5<毛利与主营业务收入变动匹配率；本期毛利变动率<0；本期主营业务收入变动率<0 C. 本期毛利变动率<0；本期主营业务收入变动率>0

（三）主营业务收入费用率高于行业

1. 问题指向。

主营业务收入费用率明显高于行业平均水平的，企业可能存在多提、多摊相关费用，将资本性支出一次性在当期列支，虚列费用等行为。

2. 指标公式。

（1）本期主营业务收入费用率 =（销售费用 + 管理费用 + 财务费用 + 研发费用）÷本期营业收入

（2）高于行业率 =（本期主营业务收入费用率 - 1）

注意："1"为通用行业预警指标

3. 检查方向。

（1）应重点检查计提费用的依据。

判断：计提的费用是否充分、真实、准确。

（2）查固定资产折旧、无形资产的摊销方法等。

判断：是否符合税法的相关规定。

（3）检查大额费用的摊销期间及金额。

判断：是否应该按照受益期限进行摊销。

（4）检查大额办公用品是否附有明细清单。

判断：发生采购的内容是否充分、真实、合理、准确。

（5）检查房租等大额费用是否分期确认。

判断：是否符合税法的相关规定。

（6）检查财务费用核算的内容。

判断：A. 内容是否正确；

B. 费用是否应资本化。

4. 风险指标阈值。

主营业务收入费用率高于行业风险指标阈值如表4-3所示。

表4-3　　　　　　　**主营业务收入费用率高于行业风险指标阈值**

	风险阈值
存在风险	0.2<主营业务收入费用率≤0.3
高等风险	0.3<主营业务收入费用率≤0.4
极度危险	0.4<主营业务收入费用率

（四）营业外收入金额过大

1. 问题指向。

营业外收入是核算与企业生产经营无直接关系的收入。企业营业外收入数额较大时，可能存在企业故意将应税收入计入营业外收入以逃避纳税。

2. 指标公式。

本期营业外收入占销售收入比率 = 本期营业外收入 ÷ 本期营业收入

3. 检查方向。

（1）核查营业外收入的确认情况。

判断：A. 确认是否符合会计准则规定；

B. 是否存在将下脚料收入和销售废品收入；

C. 是否存在将其他价外收入等计入营业外收入。

（2）核查营业外收入是属于处置固定资产形成的。

判断：A. 是否考虑固定资产购置时间点，正确计算缴纳增值税；

B. 是否购置时抵扣进项等因素，正确计算缴纳增值税。

（3）核查营业外收入中核算的内容是否符合准则及遵从税法。

判断：A. 是否有补贴收入，因为这部分收入中财政补贴是免税的；

B. 是否有返还的税费，这部分内容是要合并缴纳所得税的。如：福利企业退还的增值税、企业上级部门的各种费用性返还等是要合并纳税的。

4. 风险指标阈值。

营业外收入金额过大风险指标阈值如表 4 - 4 所示。

表 4 - 4　　　　　　　　营业外收入金额过大风险指标阈值

	风险阈值
存在风险	A. 0.01 < 本期营业外收入占销售收入比率 ≤ 0.02 B. 500 000 < 本期营业外收入 ≤ 1 000 000
高等风险	A. 0.02 < 本期营业外收入占销售收入比率 ≤ 0.03 B. 1 000 000 < 本期营业外收入 ≤ 1 500 000
极度危险	A. 0.03 < 本期营业外收入占销售收入比率 B. 1 500 000 < 本期营业外收入

（五）补贴收入金额过大

1. 问题指向。

补贴收入主要核算税费返还和财政补贴款，以及上级部门补贴款、结余费用返还等，由于部分补贴收入是要合并缴纳所得税的，在政策具体执行时，很多企业存在所得税风险。

2. 指标公式。

$$本期补贴收入占销售收入比率 = 本期补贴收入 \div 本期营业收入$$

3. 检查方向。

（1）检查补贴收入明细账。

判断：A. 确认补贴收入的具体性质；

B. 分析及会计处理是否正确；

C. 分析及税务处理是否正确。

（2）核查补贴收入是否是财政拨款。

判断：A. 其是属于资产相关还是收益相关，进而判断其会计处理的准确性；

B. 是否购置时抵扣进项税税额等因素，正确计算缴纳增值税。

（3）核查补贴收入中核算的内容是否符合准则及遵从税法。

判断：A. 是否有补贴收入，因为这部分收入中财政补贴是免税的；

B. 是否有返还的税费，这部分内容要合并缴纳所得税。如：福利企业退还的增值税、企业上级部门的各种费用性返还等是要合并纳税的。

（4）财政拨款形成的补贴收入是不征税收入，其支出是否根据税法规定。

判断：A. 不征税收入用于支出所形成的费用，不得在计算应纳税所得额时扣除；

B. 不征税收入用于支出所形成的资产，其计算的折旧、摊销不得在计算应纳税所得额时扣除。

4. 风险指标阈值。

补贴收入金额过大风险指标阈值如表 4 - 5 所示。

表 4 - 5　　　　　　　　　　　　补贴收入金额过大风险指标阈值

	风险阈值
存在风险	A. 0.01 < 本期补贴收入占销售收入比率 ≤ 0.02 B. 500 000 < 本期补贴收入 ≤ 1 000 000
高等风险	A. 0.02 < 本期补贴收入占销售收入比率 ≤ 0.03 B. 1 000 000 < 本期补贴收入 ≤ 1 500 000
极度危险	A. 0.03 < 本期补贴收入占销售收入比率 B. 1 500 000 < 本期补贴收入

（六）对外投资长期不确认投资收益

1. 问题指向。

在企业有长期投资，没有投资收益，则企业可能已将投资进行了重组、转让、出售、抵债等。

A. 重组、转让、出售、抵债等形成的货物销售和溢价收益则可能少缴了增值税和所得税。

B. 企业很可能隐瞒了全部投资的实际情况，形成账外经营。

2. 检查方向。

（1）核查投资合同确认长期投资的真实性。

判断：是否存在将资金倒出进行体外经营的情况。

（2）核查是否存在用非现金资产对外投资。

判断：是否遵从税法，按照视同销售处理，缴纳增值税和企业所得税。

3. 风险指标阈值。

对外投资长期不确认投资风险指标阈值如表 4 – 6 所示。

表 4 – 6　　　　　　　　对外投资长期不确认投资风险指标阈值

	风险阈值
存在风险	6 < 会计期数 ≤ 12
高等风险	12 < 会计期数 ≤ 18
极度危险	18 < 会计期数

【实训练习 2】

阿米拉公司享誉生鲜领域多年，旗下加盟门店超过 600 余家，遍布全国。其公司财务经理会于每月初对加盟店进行税务风险分析，表 4 – 7 是公司 2023 年 6 ~ 7 月相关信息。

表 4 – 7　　　　　　　　　　　2023 年 6 ~ 7 月财务数据　　　　　　　　　单位：元

项目	6 月	7 月
主营业务收入	761 000	812 000
主营业务成本	233 000	256 000
管理费用	175 000	147 000
销售费用	206 000	219 000
财务费用	29 000	34 000

请填制表 4 – 8。

表 4 – 8　　　　　　　　　　　　阿米拉公司相关数据

主营业务收入（6 月）	主营业务收入（7 月）	主营业务收入差异	主营业务收入变动率
销售毛利润（6 月）	销售毛利润（7 月）	毛利润差异率	毛利润变动率
毛利与主营业务收入变动匹配率			

第五节 业财税一体化检查

拓福达公司业财税一体化检查页面如图 4-5 所示。

图 4-5 拓福达公司业财税一体化检查页面

一、基本情况

已知拓福达公司在隐瞒收入方面存在的风险有：一是毛利与主营业务收入变动不匹配；二是营业外收入金额过大。

(一) 一体化建议检查点

1. 检查主要经营范围，查看营业执照、税务登记、经营方式以及征管范围界定情况，判断是否存在超范围虚开发票、是否存在兼营不同税率的应税货物时未准确核算增值税。

2. 检查销售合同、商品出库记录，检查货币资金、应收账款、预收账款、其他应付款等科目，并对收入进行截止性测试，判断收入的真实性。

3. 核查营业外收入确认是否符合会计准则规定，是否存在将下脚料收入和销售废品收入，以及其他价外收入等计入营业外收入。

(二) 任务要求

案例分析，查找风险点。

二、业财税一体化检查结果

经检查后，以下哪几项检查结果是正确的（　　　）。

A. 2023 年从 10 月到 12 月三笔销售给大成医疗科技货物的三张出库单，说明三批货物的风险已经转移到对方。会计记入"预收账款"科目，为了隐瞒收入、延迟缴纳增值税和企业所得税

B. 北京牙美口腔付款至法人个人账户购买 2 台设备，不开发票。为了隐瞒收入，少缴增值税和企业所得税，财务通过"营业外收入"科目入账

第六节　尝试应用

一、业务分析

（一）财税体检报告

财税体检报告如表 4-9 所示。

表 4-9　　　　　　　　　　　财税体检报告

指标类型	指标明细	指标值	偏离方向	风险级别
隐瞒收入税务风险	毛利与主营业务收入变得不匹配	1.919845	偏高	极度危险
	营业外收入金额过大	0.253165	偏低	极度危险

说明：

1. 偏离方向代表企业指标值与行业标准值的偏离方向，"偏离"表示企业指标值高于行业标准值，"偏低"表示企业指标值低于行业标准值；

2. 表 4-9 中的风险级别从低到高分别是有风险、高风险和极度危险三种。

（二）销售业务

1. 分析问题。

核查该公司 2023 年大成医疗科技客户的销售合同（见图 4-6）。从 10 月到 12 月三笔销售，分三批发货。根据销售合同的约定，2023 年 12 月收到最后一批货物后一周付款。

通过进一步核查，看到该公司 2023 年从 10 月到 12 月三笔销售给大成医疗科技货物的三张出库单（见图 4-7~图 4-9），说明三批货物的风险已经转移到对方。根据企业会计准则的规定，不应记入"预收账款"科目，应记入"主营业务收入"科目，并计提增值税。

销售合同

电子合同编号：　EL20230109

甲方：　大成医疗科技有限公司　（以下简称"甲方"）

乙方：　拓福达科贸有限公司　（以下简称"乙方"）

甲、乙双方在平等互利、诚实信用的基础上，依据《中华人民共和国合同法》及其他相关法律法规的规定，经过友好协商，签订本合同。

第一条　产品名称、型号、数量、金额

序号	产品描述（名称、型号）	计量单位	数量	单价（含税）	总价
1	中医超声透药治疗仪 超声药物透入治疗仪立式	台	5	60000.00	300,000.00
2	电动综合手术床 整形升降手术台	台	40	3200.00	128,000.00
3	智能专业肌肤检测设备	台	35	15800.00	553,000.00
4	热成像体温筛查系统	台	6	36500.00	219,000.00
合计：	大写人民币：零　　　元整				￥1,200,000.00

第二条　质量标准

乙方为甲方提供产品应以保证质量为前提。乙方为甲方提供产品必须符合国家关于此类产品的质量约定，否则由乙方承担全部由此引起的责任。

第三条　交货付款方式

1、交货时间：合同生效后，乙方在：10-12月分三批发货，发货形式直接配送，交给甲方。

2、付款方式及时间：

1）付款方式：甲方自收到商品后一周结算货款给乙方

2）付款时间：2023年12月收到最后一批货物后一周

乙方承担送货费用。

4、产品在运输过程中出现（产品损坏、产品丢失、包装破损、延期到达等）问题时，由乙方负责处理、协调、解决。

图4-6　拓福达公司2023年1月销售合同

销售出库单

客户：大成医疗科技有限公司　　　　业务员：王宇　　　开单日期：2023年10月12日

序号	品名	规格	单位	数量	单价	金额	备注
1	中医超声透药治疗仪 超声药物透入治疗仪	立式	台	5	42,477.88	212,389.40	
2	电动综合手术床 整形升降手术台	中型	台	40	2,265.49	90,619.60	
3							
合计总额：	人民币（大写）叁拾万叁仟零玖元整					（小写）￥303,009.00	

库房主管：华雨桐　　　　　　　　　　　　　　　库房管理员：息瑶

图4-7　拓福达公司2023年10月销售出库单

销售出库单

客户：大成医疗科技有限公司　　　　业务员：王宇　　　开单日期：2023年11月15日

序号	品名	规格	单位	数量	单价	金额	备注
1	智能专业肌肤检测设备	立式	台	35	11,185.84	391,504.40	
合计总额：	人民币（大写）叁拾玖万壹仟伍佰零肆元肆角					（小写）￥391,504.40	

库房主管：华雨桐　　　　　　　　　　　　　　　库房管理员：息瑶

图4-8　拓福达公司2023年11月销售出库单

销售出库单

客户:大成医疗科技有限公司			业务员:王宇			开单日期:2023年12月12日	
序号	品名	规格	单位	数量	单价	金额	备注
1	热成像体温筛查系统		台	6	25,840.71	155,044.26	
合计总额:	人民币(大写)		壹拾伍万伍仟零肆拾肆元贰角陆分			(小写)¥ 155,044.26	

库房主管:华雨桐   库房管理员:息瑶

图4-9 拓福达公司2023年12月销售出库单

通过进一步核查,我们看到该公司从2023年10月到12月三笔销售给大成医疗科技货物的三张银行收款回单(见图4-10~图4-12),财务已经通过"银行存款"会计科目入账。

图4-10 拓福达公司2023年10月15日银行收款回单

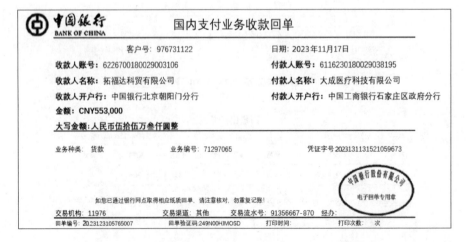

图4-11 拓福达公司2023年11月17日银行收款回单

中国银行 BANK OF CHINA

国内支付业务收款回单

客户号：99123876　日期：2023年12月14日

收款人账号：6226700180029003106　付款人账号：6116230180029038195

收款人名称：拓福达科贸有限公司　付款人名称：大成医疗科技有限公司

收款人开户行：中国银行北京朝阳门分行　付款人开户行：中国工商银行石家庄区政府分行

金额：CNY219,000

大写金额：人民币贰拾壹万玖仟圆整

业务种类：货款　业务编号：7912034578　凭证字号：2023121481770012

中国银行股份有限公司 电子回单专用章

如您已通过银行网点取得相应纸质回单，请注意核对，勿重复记账！

交易机构：120149　交易渠道：其他　交易流水号：91356667-870　经办：

回单编号：2023123105765007　回单验证码：249N00HJMOSD　打印时间：　打印次数：　次

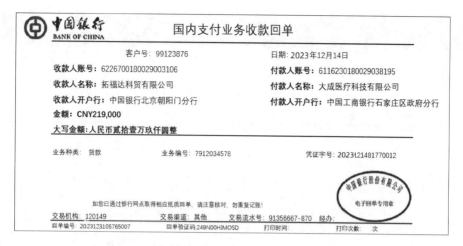

图4－12　拓福达公司2023年12月14日银行收款回单

2. 发现问题。

根据企业会计准则的规定，10月、11月、12月收到大成医疗科技的三笔货款不应记入“预收账款”科目（见图4－13～图4－15），应记入“主营业务收入”科目，并计提增值税。

财务组织：拓福达科贸有限公司

制单日期：2023-10-30　凭证类别：记账凭证　588　会计期间 2023-10

□调整凭证 □数量调整

附单据数　分录

分录号	摘要	科目	辅助核算	币种	本币（借方）	本币（贷方）
1	收到10月销售款-大成医疗	银行存款	开户行：中国银行北京朝阳门分行	CNY	428,000.00	
2	收到10月销售款-大成医疗	预收账款	客户档案：大成医疗科技有限公司	CNY		428,000.00

合计差额　-　借方合计　428,000.00　贷方合计　428,000.00　大写合计　肆拾贰万捌仟元整

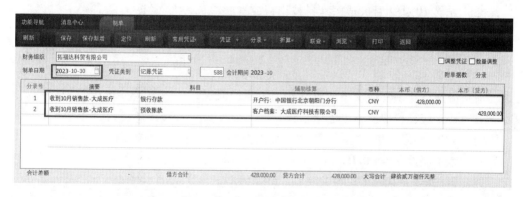

图4－13　拓福达公司2023年10月记账凭证

财务组织：拓福达科贸有限公司

制单日期：2023-11-17　凭证类别：记账凭证　428　会计期间 2023-11

□调整凭证 □数量调整

附单据数　分录

分录号	摘要	科目	辅助核算	币种	本币（借方）	本币（贷方）
1	收到11月销售款-大成医疗	银行存款	开户行：中国银行北京朝阳门分行	CNY	553,000.00	
2	收到11月销售款-大成医疗	预收账款	客户档案：大成医疗科技有限公司	CNY		553,000.00

合计差额　-　借方合计　553,000.00　贷方合计　553000.00　大写合计　伍拾伍万叁仟元整

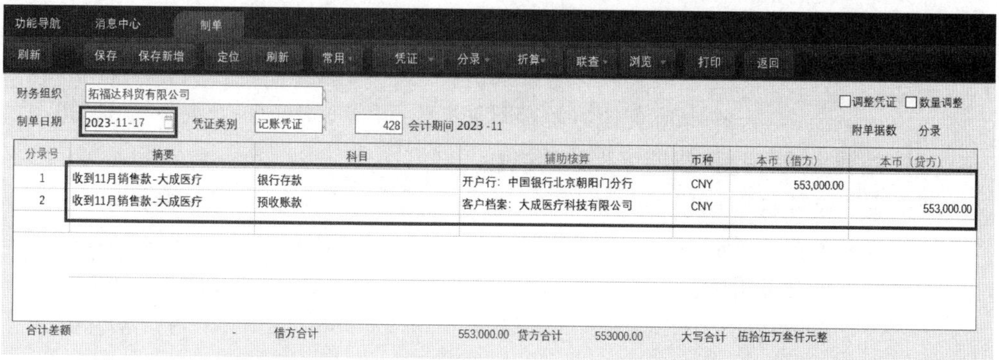

图4－14　拓福达公司2023年11月记账凭证

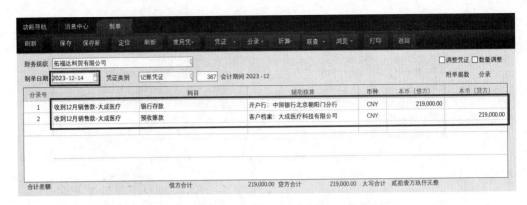

图4-15 拓福达公司2023年12月记账凭证

3. 解决问题。

编写修正分录：

（1）将"预收账款"转"主营业务收入"，并计提增值税。

借：预收账款——大成医疗科技　　　　　　　　　　1 200 000
　　贷：主营业务收入　　　　　　　　　　　　　　　　1 061 946.9
　　　　应交税费——应交增值税（销项税额）　　　　　　138 053.1

（2）结转10～12月大成医疗科技销售成本。

借：主营业务成本　　　　　　　　　　　　　　　　849 557.66
　　贷：库存商品　　　　　　　　　　　　　　　　　　849 557.66

（3）结转10～12月大成医疗科技补提的销项税额。

借：应交税费——应交增值税（转出未交增值税）　　　138 053.1
　　贷：应交税费——未缴增值税　　　　　　　　　　　138 053.1

（4）根据计提的增值税销项税额，计提税金及附加。

城市维护建设税 = 138 053.1 × 7% = 9 663.72（元）

教育附加 = 138 053.1 × 3% = 4 141.59（元）

地方教育附加 = 138 053.1 × 2% = 2 761.06（元）

借：税金及附加　　　　　　　　　　　　　　　　　16 566.37
　　贷：应交税费——应交城市维护建设税　　　　　　　9 663.72
　　　　　　　　　——应交教育费附加　　　　　　　　　4 141.59
　　　　　　　　　——应交地方教育附加　　　　　　　　2 761.06

（5）结转大成医疗科技销售相关的损益。

借：主营业务收入　　　　　　　　　　　　　　　　1 200 000
　　贷：主营业务成本　　　　　　　　　　　　　　　　849 557.66
　　　　税金及附加　　　　　　　　　　　　　　　　　16 566.37
　　　　本年利润　　　　　　　　　　　　　　　　　　333 875.97

提示："主营业务收入""主营业务成本""税金及附加"属于损益类科目，而损益类科目期末无余额，金额需从反方向结转至"本年利润"。

（6）补提 10～12 月所得税费用并结转。

借：所得税费用　　　　　　　　　　　　　48 955.72

　　贷：应交税费——应交企业所得税　　　　　　　48 955.72

借：本年利润　　　　　　　　　　　　　　48 955.72

　　贷：所得税费用　　　　　　　　　　　　　　　48 955.72

（7）结转 10～12 月补记的本年利润。

借：本年利润　　　　　　　　　　　　　 146 867.15

　　贷：利润分配——未分配利润　　　　　　　　 146 867.15

二、总结

分析隐瞒收入税务风险"毛利与主营业务收入变动不匹配"时，核查该公司 2023 年预收账款明细账时发现大成医疗科技这个客户从 10 月到 12 月连续三笔销售预收款，金额达 120 万元。根据销售合同的约定，2023 年 12 月收到最后一批货物后一周付款。

通过进一步核查，看到该公司 2023 年从 10 月到 12 月三笔销售给大成医疗科技货物的三张出库单，说明三批货物的风险已经转移到对方。根据企业会计准则的规定，不应记入"预收账款"科目，应记入"主营业务收入"科目，并计提增值税，需要作一系列合规调整。

第七节　融会贯通

一、业务二

（一）分析问题

分析隐瞒收入税务风险"营业外收入金额过大"时，核查该公司 2023 年的营业外收入明细账时看到该公司每月有处理废品的收入。但是核查中发现 5 月 17 日的这笔处理废品的收入金额过大，有 8.9 万元之多，而从银行收款回单款看到该款项已经通过法人个人账户收取（见图 4-16～图 4-18）。

财务已经通过"营业外收入"科目入账（见图 4-19）。根据企业会计准则的规定，需核实是否符合"营业外收入"应记录的业务事项。

通过函证手续向收废品的李三华进一步证实，该公司在 2023 年 5 月没有卖价值 89 000 元的废品给李三华（见图 4-20）。

2023年营业外收入明细账

科目代码	科目名称	辅助核算	日期	凭证字号	摘要	结算方式	借方金额	贷方金额	方向	余额
630101	营业外收入_卖废品			记-407	卖废品	现金		¥2,300.00	贷	¥2,300.00
630101	营业外收入_卖废品			记-350	卖废品	现金		¥2,800.00	贷	¥5,100.00
630101	营业外收入_卖废品			记-312	卖废品	现金		¥5,200.00	贷	¥10,300.00
630101	营业外收入_卖废品			记-198	卖废品	现金		¥3,400.00	贷	¥13,700.00
630101	营业外收入_卖废品		2023/5/17	记-352	卖废品	银行		¥89,000.00	贷	¥102,700.00
630101	营业外收入_卖废品			记-579	卖废品	现金		¥3,200.00	贷	¥105,900.00
630101	营业外收入_卖废品			记-370	卖废品	现金		¥4,500.00	贷	¥110,400.00
630101	营业外收入_卖废品			记-451	卖废品	现金		¥3,900.00	贷	¥114,300.00
630101	营业外收入_卖废品			记-298	卖废品	现金		¥4,500.00	贷	¥118,800.00
630101	营业外收入_卖废品			记-189	卖废品	现金		¥6,200.00	贷	¥125,000.00
630101	营业外收入_卖废品			记-412	卖废品	现金		¥3,800.00	贷	¥128,800.00
630101	营业外收入_卖废品			记-198	卖废品	现金		¥5,900.00	贷	¥134,700.00

图4-16　拓福达公司2023年营业外收入明细账

图4-17　拓福达公司银行收款回单款

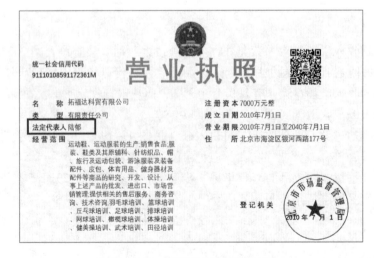

图4-18　拓福达公司营业执照

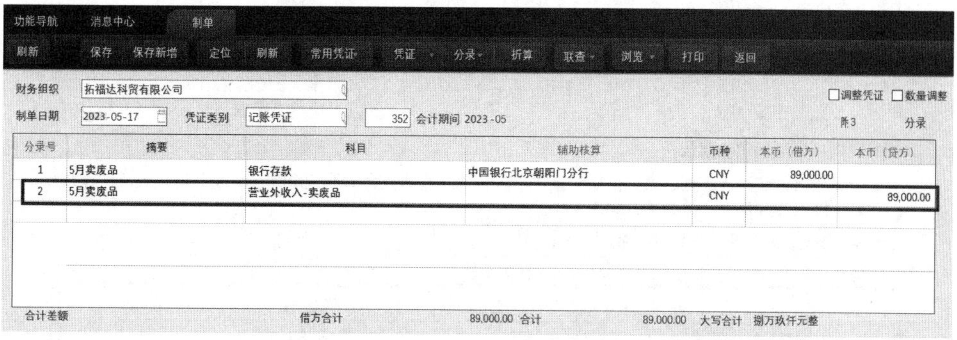

功能导航　消息中心　制单

刷新　保存　保存新增　定位　刷新　常用凭证　凭证　分录　折算　联查　浏览　打印　返回

财务组织　拓福达科贸有限公司　　□调整凭证　□数量调整

制单日期　2023-05-17　凭证类别　记账凭证　352　会计期间 2023-05　附3　分录

分录号	摘要	科目	辅助核算	币种	本币（借方）	本币（贷方）
1	5月卖废品	银行存款	中国银行北京朝阳门分行	CNY	89,000.00	
2	5月卖废品	营业外收入-卖废品		CNY		89,000.00

合计差额　借方合计　89,000.00　合计　89,000.00　大写合计　捌万玖仟元整

图 4-19　拓福达公司 2023 年 5 月卖废品记账

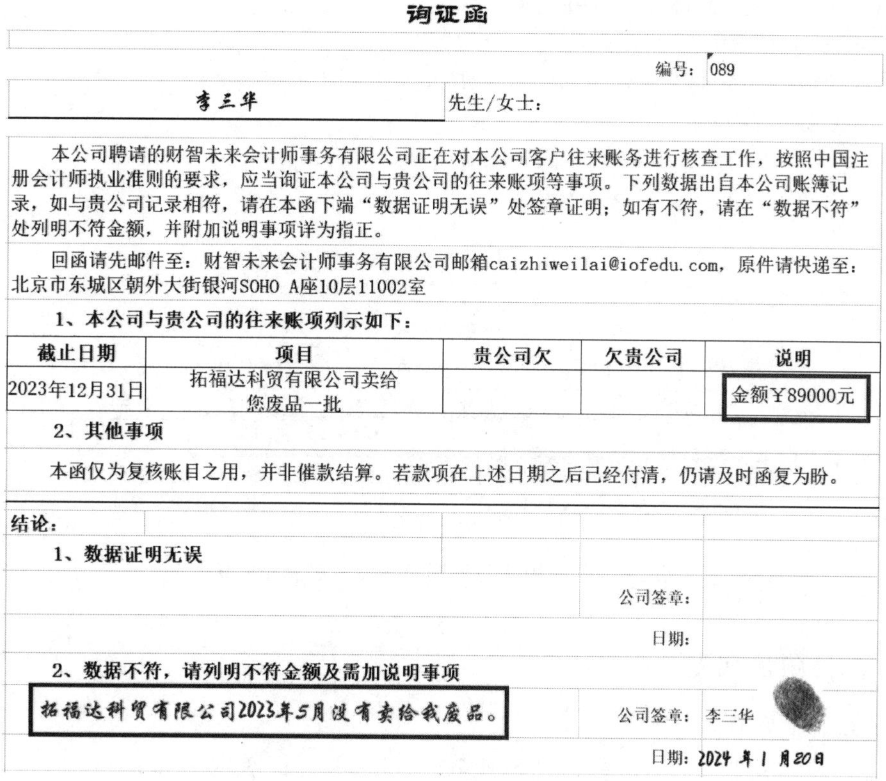

询证函

编号：089

李三华　先生/女士：

本公司聘请的财智未来会计师事务有限公司正在对本公司客户往来账务进行核查工作，按照中国注册会计师执业准则的要求，应当询证本公司与贵公司的往来账项等事项。下列数据出自本公司账簿记录，如与贵公司记录相符，请在本函下端"数据证明无误"处签章证明；如有不符，请在"数据不符"处列明不符金额，并附加说明事项详为指正。

回函请先邮件至：财智未来会计师事务有限公司邮箱caizhiweilai@iofedu.com，原件请快递至：北京市东城区朝外大街银河SOHO A座10层11002室

1、本公司与贵公司的往来账项列示如下：

截止日期	项目	贵公司欠	欠贵公司	说明
2023年12月31日	拓福达科贸有限公司卖给您废品一批			金额￥89000元

2、其他事项

本函仅为复核账目之用，并非催款结算。若款项在上述日期之后已经付清，仍请及时函复为盼。

结论：

1、数据证明无误

公司签章：

日期：

2、数据不符，请列明不符金额及需加说明事项

拓福达科贸有限公司2023年5月没有卖给我废品。

公司签章：李三华

日期：2024 年 1 月 20 日

图 4-20　拓福达公司 2024 年 1 月询证函

（二）发现问题

通过进一步实地盘点库存商品，发现口腔工作台设备盘亏两台。存货盘点表备注说明是"牙美口腔付款至个人账户购买 2 台，不开发票"。核查业务单据看到销售合同（见图 4-21），但没有看到这笔业务出库单。

将这笔款项付款到个人账户的销售业务核查清楚。根据销售合同，需要补填出库单（见图 4-22）。

销售合同

合同编号： 20230512

| 甲方： | 北京牙美口腔 | （以下简称"甲方"） |
| 乙方： | 拓福达科贸有限公司 | （以下简称"乙方"） |

甲、乙双方在平等互利、诚实信用的基础上，依据《中华人民共和国合同法》及其他相关法律法规的规定，经过友好协商，签订本合同。

第一条 产品名称、型号、数量、金额

序号	产品描述（名称、型号）	计量单位	数量	单价（含税）	总价
1	口腔工作台设备	台	2	44500.00	89,000.00
合计：	大写人民币：	捌万玖仟 元整		￥ 89,000.00	

第二条 质量标准

乙方为甲方提供产品应以保证质量为前提。乙方为甲方提供产品必须符合国家关于此类产品的质量约定，否则由乙方承担全部由此引起的责任。

第三条 交货付款方式

1、交货时间：合同生效后，乙方在：<u>5月16日库房直接发货，直接配送</u>，交给甲方。

2、付款方式及时间：

1）付款方式：甲方自收到商品后一周结算货款给乙方

2）付款时间：2023年5月收到货物次日

图 4 - 21 拓福达公司 2023 年 5 月销售合同

销售出库单

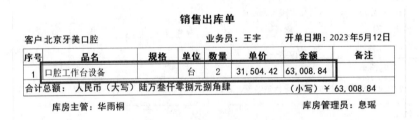

客户北京牙美口腔 　　业务员：王宇 　　开单日期：2023 年 5 月 12 日

序号	品名	规格	单位	数量	单价	金额	备注
1	口腔工作台设备		台	2	31,504.42	63,008.84	
合计总额：	人民币（大写）陆万叁仟零捌元捌角肆				（小写）￥ 63,008.84		

库房主管：华雨桐 　　　　　　　　　　　　库房管理员：息瑶

图 4 - 22 拓福达公司 2023 年 5 月销售出库单

（三）解决问题

编写修正分录：

（1）将"营业外收入"转"主营业务收入"，并计提增值税。

借：营业外收入——卖废品　　　　　　　　　　　　89 000

　　贷：主营业务收入　　　　　　　　　　　　　　78 761.06

　　　　应交税费——应交增值税（销项税额）　　　10 238.94

（2）结转销售成本。

借：主营业务成本　　　　　　　　　　　　　　　　63 008.84

　　贷：库存商品——口腔工作台设备　　　　　　　63 008.84

（3）结转 5 月补提的销项税额。

借：应交税费——应交增值税（转出未交增值税）　　10 238.94

　　贷：应交税费——未缴增值税　　　　　　　　　10 238.94

（4）根据计提的增值税销项税额，计提税金及附加。

城市维护建设税 = 138 053.1 × 7% = 716.73（元）

教育费附加 = 138 053.1 × 3% = 307.17（元）

地方教育附加 = 138 053.1 × 2% = 204.78（元）

借：税金及附加　　　　　　　　　　　　　　　　1 228.67

　　贷：应交税费——应交城市维护建设税　　　　　　716.73

　　　　　　　　——应交教育费附加　　　　　　　　307.17

　　　　　　　　——应交地方教育附加　　　　　　　204.78

（5）结转 5 月的损益。

借：主营业务收入　　　　　　　　　　　　　　　78 761.06

　　贷：主营业务成本　　　　　　　　　　　　　　63 008.84

　　　　税金及附加　　　　　　　　　　　　　　　1 228.67

　　　　本年利润　　　　　　　　　　　　　　　　14 523.55

提示："主营业务收入""主营业务成本""税金及附加"属于损益类科目，而损益类科目期末无余额，金额需从反方向结转至"本年利润"。

（6）补提 5 月所得税费用并结转。

借：所得税费用　　　　　　　　　　　　　　　　3 630.89

　　贷：应交税费——应交企业所得税　　　　　　　3 630.89

借：本年利润　　　　　　　　　　　　　　　　　3 630.89

　　贷：所得税费用　　　　　　　　　　　　　　　3 630.89

（7）结转 5 月补记的本年利润。

借：本年利润　　　　　　　　　　　　　　　　　10 892.66

　　贷：利润分配——未分配利润　　　　　　　　　10 892.66

二、总结

经分析隐瞒收入税务风险"营业外收入金额过大"时，核查该公司 2023 年因营业外收入明细账发现 5 月 17 日的这笔处理废品的收入金额过大，有 8.9 万元之多。从银行收款回单款看到款项已经通过法人个人账户收取。

财务已经通过"营业外收入"科目入账。根据企业会计准则的规定，需核实是否符合"营业外收入"应记录的业务事项。

通过进一步实地盘点库存商品，发现口腔工作台设备盘亏两台。存货盘点表备注说明是"牙美口腔付款至个人账户购买 2 台，不开发票"。这笔将款项付款到个人账户的销售业务核查清楚，需要补签补填出库单，财务进行合规账务调整。

三、场景五

根据拓福达公司 2023 年 1 月 1 日至 12 月 31 日科目汇总表、期初数据汇总表以及上述修正后凭证数据，利用健康财税体检软件进行分析发现，北京拓福达科技发展有限公司隐瞒收入曾经存在两项风险点已全部消失（见图 4 – 23）。

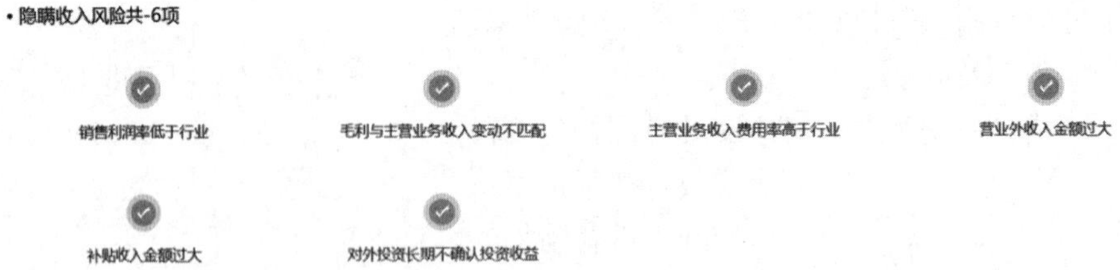

图 4 – 23　北京拓福达科技发展有限公司隐瞒收入风险检测

第八节　编写风险分析报告

1. （多选题）通过"健康财税体检"，我们看到案例企业"隐瞒收入税务风险"出现的问题有（　　）。

A. 主营业务收入费用率高于行业　　　B. 毛利与主营业务收入变动不匹配

C. 对外投资长期不确认投资收益　　　D. 营业外收入金额过大

2. （多选题）分析隐瞒收入税务风险"毛利与主营业务收入变动不匹配"时，核查该公司 2023 年（　　）时发现"大成医疗科技"这个客户从 10 月到 12 月连续三笔销售预收款，金额达 120 万元。根据企业会计准则的规定，需核实是否符合"预收账款"应记录的业务事项。

A. 主营业务收入明细账　　　　　　　B. 预收账款明细账

C. 实收资本明细账　　　　　　　　　D. 银行存款明细账

3. （单选题）核查该公司 2023 年大成医疗科技客户的（　　）内容得知，从 10 月到 12 月的三笔销售，分三批发货。根据（　　）的约定，2023 年 12 月收到最后一批货物后一周内付款。

A. 销售合同，记账凭证　　　　　　　B. 银行回单，销售合同

C. 销售合同，出库单　　　　　　　　D. 销售合同，销售合同

4. （单选题）通过进一步核查，看到该公司 2023 年从 10 月到 12 月三笔销售给大成医疗科技货物的三张（　　），说明三批货物的风险已经转移到对方。根据企业会计准则的规定，不应记入"预收账款"会计科目，应记"（　　）"科目，并计提增值税。

A. 销售合同，记账凭证　　　　　　　B. 出库单，主营业务收入

C. 银行回单，主营业务收入　　　　　D. 出库单，库存商品

5. （单选题）通过进一步核查，我们看到该公司 2023 年从 10 月到 12 月三笔销售给大成医疗科技货物的三张（　　），财务已经通过"（　　）"科目入账。

A. 银行收款回单，应收账款　　　　B. 出库单，主营业务收入

C. 银行收款回单，银行存款　　　　D. 出库单，库存商品

6.（多选题）分析隐瞒收入税务风险"营业外收入金额过大"时，核查该公司2023 年（　　）时看到该公司每月有处理废品的收入。但是核查中发现 5 月的这笔处理废品的收入金额多达 8.9 万元之多。从（　　）看到款项已经通过法人账户收取。

A. 营业外收入明细账　　　　　　　B. 银行存款明细账

C. 印花税缴税银行回单　　　　　　D. 银行收款回单

7.（单选题）通过（　　）向收废品的李三华进一步证实，该公司在 2023 年 5月没有卖价值 89 000 元的废品给李三华。

A. 实地盘点　　B. 询问方式　　C. 函证方式　　D. 核查存货盘点表

8.（单选题）通过进一步实地盘点库存商品，发现口腔工作台设备盘亏两台。存货盘点表备注说明是"牙美口腔付款至个人账户购买 2 台，不开发票"。核查业务单据看到销售合同，但没有看到这笔业务出库单。这笔将款项付款到个人账户的销售业务核查清楚，需要补填（　　），财务进行合规账务调整。

A. 补开发票　　B. 入库单　　C. 出库单　　D. 销售合同

第九节　拓展案例

一、"私设小金库"隐瞒收入

（一）案例背景

甲公司成立于 1992 年，是中国节能投资实业发展公司为在华东某地开发节能产业、安排节能项目而成立的独立核算、自主经营、自负盈亏的经营管理公司。工商注册登记的经营范围为：节能技术开发、咨询、培训和节能设备租赁、节能产品生产及销售等。2001 年末，甲公司资产总额 52 004 万元，负债总额 3 540 万元，所有者权益 48 464 万元，其中实收资本 43 290 万元。公司下辖有全资子公司 7 个，控股子公司 5 个，参股子公司 4 个。

2022 年，财政部门派出检查组，对甲公司预算内资金使用情况和会计信息质量进行了专项检查。检查发现，甲公司成立以来，在原总经理赵某的策划下，将中央财政安排的节能项目资金非法用于融资拆借、房地产开发和证券投资业务，并通过隐匿其收入等方式形成 1 617 万元的"小金库"资金，供领导挥霍使用。

甲公司成立以来，通过截留拆借资金利差和虚列成本费用等方式设立 29 个"小金库"，金额高达 1 617 万元，已开支使用 1 338 万元。

一是自立名目，在政策不允许的情况下向职工发放奖金和福利 562 万元，弥补职工食堂开支 147 万元，报销职工旅游费用和资助团支部费用等 142 万元。

二是支付原总经理赵某的家庭装修费等个人款项 51.5 万元。1992 年 9 月直接提取现金 45 万元、1997 年又支取现金 6.5 万元。由于检查前，赵某已指使人员对"小金库"的部分会计凭证、会计账簿等资料进行销毁、涂改，加上他本人也在检查前非法移居新西兰，因此对赵某是否还涉及其他的个人经济问题，难以查清落实。

三是列支请客送礼、业务回扣等支出 384 万元，其中支付客户业务回扣 298 万元，以业务招待费名义报销请客送礼 86 万元。

四是其他支出 51.5 万元。

（二）案例分析

1. 隐瞒收入手段。

甲公司采取以下方式募集账外资金：

（1）截留违规拆借资金的利差收入。

这部分金额占"小金库"收入的 29%。1993～1997 年因国家通货紧缩，社会货币资金非常紧缺，甲公司乘机利用国家预算内安排的节能资金，对外高息拆借，将按银行同期利率收取的利息纳入法定会计账簿核算，高于银行同期利率收取的利差部分进入私设的"小金库"。在将利差资金转入"小金库"的过程中，则根据与借款单位的亲疏程度，采用不同的操作手法：对关系较好的借款单位，一般要求他们将利差以"餐费"的名义支付给乙公司（为甲公司的下属单位），然后通过乙公司转到甲公司的"小金库"中；对关系一般的借款单位，则要求他们与公司所属技术开发中心签订技术咨询协议，由技术开发中心收取技术咨询费后再将资金转付到甲公司的"小金库"中。

（2）截留下属单位的现金收入。

利用其子公司——物业公司现金收入不需使用发票的空子，将食堂餐费收入、客房租金收入、街面营业用房出租收入、小卖部的销售收入、水电费收入、电话费收入、洗衣收入、废品处理收入、工号卡和出入证制作费等现金收入直接收到"小金库"中。这部分金额占"小金库"资金收入的 22%。

（3）隐瞒炒股收益和证券公司返回的佣金。

甲公司在证券营业部开设账户，在一、二级证券市场申购和买卖股票，将取得的部分炒股收入和证券公司所返回的佣金转入"小金库"中。

（4）虚报人数、假列工资，套取现金。

甲公司的下属公司名为实行独立核算、自负盈亏的财务核算体系，但实际上人、财、物和业务经营并非独立。在赵某的授意下，甲公司通过各下属单位虚报职工人数的方法，在成本中虚列工资，并将这部分资金从银行套取现金后转至账外。这种方式形成的资金来源占"小金库"收入的 26%。

（5）编造假单据、虚列费用。

甲公司制造假单据，虚构清洗空调、疏通管道、旅游服务等各种虚假的经济业务事项，虚列成本，套取劳务服务费、花木购置费，并转到账外"小金库"中。

另外，甲公司还向工程施工单位索要工程回扣。由此可见，凡是能进"小金库"

的资金，甲公司都一分不漏，其聚敛"小金库"钱财的贪婪程度可见一斑。

2. 企业特点。

（1）知情和支配权高度集中。

甲公司"小金库"的知情权圈定在很小的范围内，除原总经理赵某及其确定的少数几个心腹人员外，其他人员均不得过问。而支配的权力则由赵某说了算，实行赵某"一支笔"，公司其他领导人员不得安排账外资金的使用。

（2）现金收付。

甲公司为逃避开户银行的监控和用款限制、在实际操作"小金库"资金的收付过程中，大量采用现金收付。多时 1 天几笔现金收支，最大的 1 笔现金收入近百万元。

（3）资金分散管理。

经检查统计，甲公司设置的"小金库"多达 29 个，表现形式有账户、存折、存单，有的 1 笔收入或者 1 项用途就是 1 本账外账。其中本部的 11 个账外账，经管人员调换了 15 人之多，每次调换交接只交接余额，不交接账簿资料及会计资料，不核对资金余额是否正确。资金的保管方式有的是现金，有的是以个人名义开立储蓄存折、存单。在清查该公司"小金库"时，6 人缴回的个人存折竟有 21 个，有美元户，也有人民币户。

（4）管理混乱、造假严重。

检查"小金库"账目时，有的只有零散的原始凭证；有的只有保管人员记录的流水账。在所提供的会计凭证中，有移花接木改变用途的，如将购物、考察等费用调换成奖励费、业务招待费的；有报大支小的，如原总经理赵某 1995 年以某职工母亲生病为名列支补助 0.8 万元，但实际只给了 0.3 万元，另有 0.5 万元下落不明。

（5）擅自销毁、拆分"小金库"的账册凭证。

1995 年国家加大了"小金库"清查力度，甲公司自感前 2 年"小金库"数额太大，来源太广，一旦被查，后果非常严重。为防万一，公司原领导决定销毁这 2 年的"小金库"会计账簿和会计凭证。拆借资金利差是甲公司"小金库"的主要来源之一。1999 年，他们意识到这个"小金库"中 1994 年结转下来的余额存在缺少凭证的缺陷，下属房产子公司工会缴纳的工资、证券收益和咨询费，牵涉的项目太多，容易暴露，于是又将"小金库"分拆成"1994 年余额""证券收入""房产工资""咨询费" 4 个各自独立"小金库"。2000 年年初，觉得分拆后的咨询费金额太大，时间跨度太长，再次将咨询费进一步细分。同年底，又觉得拆分咨询费做法仍有不妥之处，又将有关已分拆的咨询费合并回来。这样反复地拆分、合并，至检查时账簿已是面目全非，凭证残缺不全，真假难辨。

3. 检查思路与方法。

甲公司设立"小金库"不仅知情者少，而且在公司成立之初、从设立"小金库"之日，就从源头上对经济事项进行分离。这期间，甲公司还不断针对国家有关政策进行隐匿，检查人员不经过细致深入分析，寻找线索，是很难发现的。

（1）正确分析判断，确定检查重点。

检查人员在检查中了解到原总经理赵某在中央企业监事会对该公司检查期间非法

移居国外的异常情况，从中判断赵某个人可能存在经济问题。而且随着检查的深入，检查组发现公司内部控制和监督较为薄弱，特别是公司成立初期，资金拆借业务的管理和核算非常混乱，有账账不符、账证不符、资金拆借利率高低悬殊等情况和问题。通过综合分析，判断该公司可能存在较大的违纪问题，违纪最大的可能就是私设"小金库"，并以此确定为检查的重点。

（2）内查外调，查找线索。

如果公司有"小金库"，其收入最大可能来自拆借资金的利息。检查组顺着这一思路，在对公司拆借业务逐笔检查时，发现有的拆借资金业务收取咨询费，而有的未收，有的拆借资金利息按 25% 收取，有的只按银行同期利率收取。收取的拆借资金利息如此悬殊，其原因不会只是其自称的"由与借款单位关系亲疏来决定"那么简单，一定还隐藏着更深的秘密。于是检查组一方面与已对甲公司进行过检查过的中央企业监事会联系，借阅他们的检查资料，了解相关情况；另一方面又选择资金拆借往来频繁的丙公司进行延伸检查，终于从该厂查到了甲公司原总经理赵某白条提走现金 45 万元的证据，找到了"小金库"问题的线索。

（3）加大攻势，全面突破。

找到线索后，检查组在继续查清事实、寻找新的证据的同时，对有关人员进行询问，并加大政策上的攻势，讲明处理政策，划分责任主次。在证据和政策攻势下，该公司不得不拿出"小金库"账证，并配合检查组检查。

4. 处理结果。

财政部门对甲公司私设"小金库"问题进行了严肃处理。

一是对私设的"小金库"偷逃国家税收的违纪情况，依据《税收征管法》和其他税法的有关条款，作出了补缴税收和偷逃税款 50% 的罚款共计 311 万元。

二是对"小金库"资金收支情况责成该公司按《会计法》和现行财务会计制度的规定，并入法定会计账簿，保证会计信息真实完整。

三是对涉及"小金库"违纪的有关责任领导和直接责任人移送有关部门追究行政责任，并给予经济处罚。

5. 动机与原因。

（1）捞取个人政治资本。

以谋取小团体利益之名，捞取个人政治资本是甲公司领导设立"小金库"的初始动机。该公司"小金库"支出中用于奖金、津补贴和职工福利占 64%。表面看，谋取单位小团体利益是主要动机。但其根本目的却是赵某为笼络人心，提高自己在单位里的威望，捞取个人政治资本，以此巩固自己在单位里的地位，从而获取更大的政治、经济利益。当许多职工得知赵某非法移居国外后，都感到很意外，长期以来在他们的心目中，赵某是一位有水平、有魄力、有办法的能人。

（2）借企业经营发展之名，挥霍浪费和个人贪污。

甲公司成立后，并没有在节能领域积极开拓市场，寻思发展，而是将经营活动锁定在非法拆借资金业务上，谋求超额利润，利用回扣等不正常手段索取较高拆借资金利率和快速资金周转。在"小金库"中非法支付客户回扣资金达 298 万元，逃避政府监督。同时甲公司的"小金库"管理和支配权只掌握在少数人的手里，脱离群众监督，自然也成了少数掌权者任意挥霍和贪污的暗箱。检查证实赵某在私设"小金库"的初期，于1992年9月从丙公司一次提取现金45万元，据为己有。有关部门对甲公司进行例行检查中，还没有证据查明赵某个人经济问题时，他就借机出逃国外。

（三）教训与启示

"小金库"现象严重扰乱了我国社会经济秩序。本案例中，甲公司单位领导不顾政策、不管纪律、不惜牺牲国家和集体利益，采取种种隐蔽手段，截留、隐匿、转移国家和单位收入，或通过虚列费用骗取资金私设"小金库"，以便违章乱支，滥发奖金、实物甚至个人贪污。为杜绝"小金库"现象的进一步泛滥，应从以下几方面做出努力。

1. 进一步整顿会计工作秩序，强化内部会计监督的制衡作用。

建立和健全内部控制和监督机制是防治"小金库"的根本。虽然国家三令五申不准私设"小金库"，财政、审计等部门不断加大监督查处力度，但仍有一些部门、一些单位想方设法私设"小金库"。究其原因是利益的驱动，是内部监督和控制的失效。失去监督和控制的权力必然产生腐败。在巨大的利益诱惑面前，每一个掌握公共权利的人面临考验。如果掌权者的私欲膨胀，他最可能想到的是以手中的权力作为满足自己私欲的工具。要遏制腐败、杜绝"小金库"问题，不仅需要有坚定不移的信心和决心，有依法治理的手段和惩治的力度，更需要有完善的内部管理制度。因此，建立一套内部自我监督、自我约束的机制和外部监督机制是控制私设"小金库"的当务之急。

另外，在继续整顿会计工作秩序，巩固整顿成效、完善管理、堵塞漏洞的同时，要相应提高会计人员的独立地位，增大其安全系数，保障会计人员的正当权益，激发其认真履行职责，自觉同各种违反财经纪律的行为作坚决斗争。

2. 建立监督网络，加大执法力度，强化监督和法治职能。

凡对查出的"小金库"问题，一定要按政策法规严肃处理，不搞"下不为例"。该收缴的要坚决收缴，该罚款的绝不轻饶，该追究单位领导人和其他有关人员责任的，也决不心慈手软；对胆大妄为，以身试法，顶风违纪者要从严查处并公开曝光。

另外，选择有效监督检查方法，加大检查力度是查处"小金库"的手段。"小金库"问题隐匿很深，一般地，如果没有内部人员的举报，外部的审计监督是很难及时发现的。其中一个重要的原因在于政府监督检查部门在查处类似"小金库"这样隐藏很深的问题时，受到了检查手段的制约。因此要提高执法人员的业务素质，要广泛开展各种形式的业务培训，不断总结经验，探讨发现"小金库"的方法，努力提高执法人员查处"小金库"的能力。在检查中要将会计的检查与业务资料检查相结合，对企业内部的监督检查与相关单位延伸检查相结合，把查账与询问和核实有机地结合起来，不放过任何细小线索，一旦发现可疑之处，必须一查到底。

3. 加快现代支付手段建设，强化单位资金的管理和监督。

"小金库"问题长期得不到根治，在很大程度与银行对单位的银行账户管理松懈、资金结算手段的落后和利用大量现金交易有关。单位银行账户的开设，如果按制度规定操作，只设一个基本结算账户，且真正做到只能在基本结算账户上提现，其他资金账户只能转账；提现只能在限额内，并按规定范围使用现金。这样就从资金源头上进行控制，使"小金库"没有设立条件。然而，当前的情况是金融机构为了自身的利益，开展单位存款的不正当竞争，纷纷降低条件给单位违规开设账户，并允许随意提现，结果给私设"小金库"的单位提供了方便之门。可见加强对单位资金的监管和单位银行开户的管理，尽快提高银行现代化结算手段是"小金库"问题得以治理的关键。

4. 大力整顿金融秩序，强化现金监管。

现金收付结算目前仍是一些单位进行"小金库"收付结算的主要方式。对现金的管理，必须采取强有力的措施，严格管理，严明纪律，严格监督，建立健全竞争机制，维护国家金融法规和财经纪律。整顿金融秩序，必须将单位或个人的现金管理纳入重要整治内容，不仅要规定现金的支取，更要规范现金的存入。对金融机构来讲，现金的流出和回笼都是现金管理的重要环节，必须研究制定相应的管理措施，以强化现金管理。

（资料来源：湖南省益阳市赫山财政局）

二、利用个人账户隐匿收入

（一）案例背景

2021年9月，临沂市税务局稽查局收到举报信，举报L快递公司偷逃巨额税款。举报人随信提供了该企业部分年度的快递业务月结清单5 000多份。

L快递公司主要在临沂市开展快递和物品递送等服务业务，属于增值税一般纳税人。近年来，随着临沂线上购物和电商活动的快速发展，该公司经营收入和业绩呈现稳步上升状态。检查人员调取2017年1月至2020年12月的申报数据和开票信息资料进行了初步分析，发现该企业经营期间，均正常进行纳税申报，涉税指标也无明显异常。

检查人员对举报人提供的资料进行了筛分和整理，从中选取数据较为齐整的2018年5月的业务清单，对企业的月结数据进行了统计，发现该公司当月结算金额为2 100多万元，但当月该企业申报的收入却仅为1 232.5万元，"缺口"达800多万元。

检查人员认为，快递企业的服务对象除企事业单位外，还有大量零散的个人消费者。绝大多数个人消费者都不索要发票——这一经营特点使企业具有隐匿销售收入的操作空间。

1. 检查思路与方法。

检查人员综合考虑快递企业经营特点、网点位置等因素后，制订了核查行动方案，成立两个核查小组分别实施突击核查工作：一组人员赴企业办公地检查，依法调取L快递公司检查期内运营信息、快递电子信息系统数据、账簿资料等经营核算信息和企业银行对公账户单据等资金流水数据，从中寻找线索和违法证据；二组负责对企业在市内的部分营业网点进行核查，调取运营平台管理数据、网点运营数据和月结客户结算信息等资料。

一组检查人员在企业电脑中发现了快递业务管理系统。该系统可接收处理和存储一线快递人员的收件、派件业务明细信息。如果信息完整，即可获得企业日常真实运营情况。但登录该系统后，检查人员发现该系统仅能查询企业近 3 个月的经营数据，企业近几年的经营信息却无法获取。对此，企业财务人员解释称，由于快递行业的业务数据量太大，而业务系统内存容量有限，企业只留存近几个月的营运业务信息。

同时检查人员还发现，该企业财务部门电脑中没有安装财务核算软件，也没有财务部门的相关电子核算数据等核算资料。企业财务人员对此的解释是，快递行业经营信息多但核算并不复杂，日常经营中小单日清，大单月结，财务人员整理业务数据定期填制各类凭证、报表即可，不需要使用电子账套和财务软件来核算，因此该公司没有电子核算资料。检查人员依法迅速调取了该企业 2017～2020 年度会计账簿、凭证、银行回执单等总计共 14 箱纸质经营资料。

二组检查人员发现，L 快递公司确认收入的凭证附件中，银行收款回单中频繁出现几个个人账户，而且汇款时间都集中在月底确认收入的几天。经过大量信息比对和核查，这几个账户的持有人竟是 L 快递公司的股东张某和财务人员刘某。

检查人员依法调取了张某、刘某的两个涉案个人账户资金流水数据，经过检查发现，这两个账户曾从多个账户取得几十万笔额度较小的零散收入。每月月底，这两个账户都会将 10 万～20 万元的资金，转账到该公司的对公账户。账户中剩余的资金，则均转入企业法定代表人王某账户。另外，股东张某和财务人员刘某手中还有 6 个个人银行账户与涉案企业有较为密切的往来。经核查，张某、刘某这另外 6 个私人账户的资金流水情况，与之前二人的两个账户如出一辙：每月从多个账户，收取了大笔小额费用，集纳到一定数额后，均在一个固定时间，以转账方式对资金进行分流，其中一部分转入企业对公账户，而另一部分则转入企业法定代表人王某账户。

经估算，张某、刘某汇入王某账户的资金，总额高达 1 亿多元。个人账户显示出的分流资金图，表明 L 快递公司具有隐匿收入重大嫌疑。面对个人账户中海量的银行流水数据，如何确定 8 个个人账户中的大量的小额汇入费用就是企业收取的快递业务收入呢？

2. 隐瞒收入的手段。

涉案企业快递人员收取快递费用时，均采取向用户出示收款码的方式，由用户扫码支付。快递人员使用的收款码，其背后关联的收款账户即是张某和刘某的 8 个个人银行账户。同时近几年收款码均未发生过变化。

在银行的大力协助下，检查人员对刘某、张某 8 个个人银行账户的资金流水信息进行了仔细筛分、分析和汇总，发现有不少汇款备注信息中均有"快递费用"字样。为确保查证无误，检查人员以出现频率较高、金额较大为标准，从汇款账户中重点抽选了 60 个账户进行了定向调查。最终的核查结果显示，这些向张某和刘某账户汇款的账户的持有人，均是曾接受过 L 快递公司服务的客户，他们支付的款项均为快递业务费。

完成调查取证后，检查组约谈了该公司法定代表人王某。面对检查人员出示的证据，王某承认了企业通过企业人员个人账户收取快递费用，随后定期进行分流，只将其中一部分收入进行申报，以此少报收入少缴税款的违法事实。

3. 处罚结果。

经查，2017 年 1 月至 2020 年 12 月，L 快递公司通过个人账户收款、体外循环隐匿销售收入方式，累计少申报销售收入 1.84 亿元。针对企业违法行为，临沂市税务局稽查局依法将 L 快递公司行为定性为偷税，并作出追缴税费 1 125.31 万元，加收滞纳金，并处罚款 534.99 万元的处理决定。

（二）案例分析

1. 查处难点。

（1）企业的主营业务是提供劳务。

劳务的特点是没有实物，天然缺少货物流，就算发现了"快递业务管理系统"，而"业务系统内存容量有限，只留存近几个月的营运业务信息"这个理由显得非常合理。税务稽查组经常遇到服务器有 4 个硬盘接口但只插了一个硬盘的情况。最后核实，该纳税人服务器分主、副硬盘，主硬盘定期清空数据，数据备份在副硬盘中，副硬盘保留在法人家中。

（2）企业存在不需要发票的下游客户。

即企业存在个人客户。个人客户不需要发票，付款不必须走对公账户，经营特点使企业具有隐匿销售收入的操作空间。

（3）个人账户收款难以查证。

资金流的查证难度非常大。首先，资金流如果涉及多个账户属于层层递进关系，那么分析效率是很低的。第一步，需要税务局领导签批；第二步，需要协调银行系统领导；第三步，需要分析账户明细交易情况，找出"交易笔数多""交易金额大"的"进出"账户；第四步，需要分析目标账户持有人的社会关系网络；第五步，在下一层资金流中重复上述四个步骤。该过程相当耗时间，而检查人员存在办案时限压力，如果没有发现明显涉税违法线索，就只能"抓大放小"。其次，资金流如果断裂，即交易中间人取现，要去追踪现金流向则难度极大。

2. 查处亮点。

首先，通过分析举报信内容和比对申报信息，分析出纳税人存在隐匿收入风险，给税务机关留出了查办案件的充足时间；其次，两个核查小组同时对办公地点和营业网点进行现场调查，最大程度避免销毁证据的可能性；再次，取证思路明确，以系统数据、会计核算数据、电子单据为首要目标，以账务资料为次要目标；最后，资金流分析抓重点，通过剖析股东和财务人员银行账号，再用快递人员流水印证资金流的实质。

（资料来源：中国税务报）

第五章　往来核算税务风险

【课程导读】

　　往来款是指企业之间或者企业与个人之间，在经济业务往来中互相借贷或者互相支付款项的情况。一般来说，往来款包括应收款和应付款两个方面。应收款指企业向其他企业或个人销售商品或提供服务而应收到的款项；应付款则指企业向其他企业或个人购买商品或接受服务而应支付的款项。往来款通常会形成较为复杂的账户关系，需要及时核对账目、记录交易、清算款项。往来款在企业间的交易和资金流转中具有重要作用，是企业财务管理中的重要一环，同时也是税务机关稽查工作的重点对象之一。

　　往来款项存在着各种各样涉税的风险，稍出差池就会给企业带来不必要的损失。企业应当建立完善的税务风险管理自查系统，定期核对清查企业的往来款项，清理长期挂账或者不规范的入账发票和凭证，及时进行纳税调整，确保往来核算不非正常累积，风险不堆积（本章涉及的所有企业名称、相关材料及数据均为虚构，仅作教学使用）。

【学习目标】

　　★掌握业财税一体化思维
　　★了解与往来款相关的法律法规
　　★掌握往来核算税务风险分析指标

【能力目标】

　　★培养学生对往来类科目涉税业务的敏感性
　　★培养学生具有"财税一体化思维"的能力

【素质目标】

　　★培养学生依法纳税意识
　　★培养学生具有严谨、诚信的职业品质和良好的职业道德

第一节　聚焦问题

一、案例背景

国煤（哈尔滨）集团下辖 6 个煤矿开采企业税负明显低于当地同行业平均税负。于是当地税务局计划从中抽取生产规模较大的煤矿企业轩辕煤电公司进行评估分析。

轩辕煤电公司是一家从事原煤开采销售的国有老矿，年生产能力为 60 万吨原煤，系增值税一般纳税人。

资料显示其增值税税负不但偏低且呈下降趋势，与煤矿行业不断上涨的销售行情不符，因此被列入预警选案的范畴，作为重点稽查对象部署开展专项检查。

二、场景一

轩辕煤电公司接到税务局专项稽查通知后，管理层第一时间开会分析讨论税务局稽查方向。

营销总监张总：咱们轩辕煤电公司是一家从事原煤开采销售的国有老矿，年生产能力为 60 万吨原煤，而且是增值税一般纳税人。我们每年按期如实上缴税款，税务局从哪个方向为切入点稽查呢？

财务总监李总：目前公司的增值税税负不但偏低且呈下降趋势，与煤矿行业不断上涨的销售行情不符，可能从这方面为切入点进行稽查。而且我们有几笔金额较大的业务执行管理要求，在账务处理方面有所包装，我们是不是需要提前做好准备呀？黄总。

CEO 黄总：李总，当时安排处理这几笔业务的财务人员已经离职，没人说应该没有大问题。

财务总监李总：希望如此……

三、场景二

公司会议室内，超市总经理贾总、财务总监赵总和内审总监刘总。

刘总：贾总、赵总，下面我给两位演示的是一套智能财税风险管控系统。这套系统主要由一系列的财税风险指标构成，指标的设计非常贴近税务机关使用的"金三"系统。简单来说，我们能发现的问题，税务机关也能发现。

第二节　激活旧知

一、往来核算的含义

往来核算业务是企业日常经营活动中业务量最大、最频繁的一项工作。

往来核算岗位主要任务是：

（1）建立往来款项的清算手续制度；

（2）办理往来款项业务的结算业务；

（3）负责往来款项结算的明细核算。

二、往来核算的内容

（1）应收款项和暂付款项的核算和催缴的及时与否，直接影响着企业资金周转速度，损失是否减少到最低；

（2）应付款项和暂收款项核算及清偿的及时与否，决定着外界对企业信誉高低的评价，从而影响着企业在社会同行中所占的地位，最终影响着企业的盈利。

所以，作为往来核算岗位在整个企业会计核算中起着不可替代的作用。

三、涉及往来核算的任务

（1）从事施工生产活动而形成的债权、债务往来业务；

（2）购销活动以外的其他原因形成的债权、债务往来业务；

（3）应上缴的利润、税金、费用而形成的债务；

（4）因筹集短期资金而形成的债务。

四、往来核算的会计科目

（一）应收账款

应收账款是指企业在正常的经营过程中，因销售商品、产品、提供劳务等业务，应向购买单位收取的款项。包括应由购买方或接受劳务方负担的税金、代购买方垫付的包装费各种运杂费等。此外，在有销售折扣的情况下还应考虑商业折扣和现金折扣等因素。

应收账款是伴随企业销售行为的发生而形成的一项债权。因此，应收账款的确认与收入的确认密切相关。通常在确认收入的同时，确认应收账款。该账户按不同的购货或接受劳务的单位设置明细账户进行明细核算。

（二）应收票据

应收票据是指企业持有的还没有到期、尚未兑现的票据。应收票据是企业未来收取货款的权利，这种权利和将来应收取的货款金额以书面文件形式约定下来，因此它受到法律的保护，具有法律上的约束力，是一种债权凭证。应收票据、应付票据通常是指"商业汇票"，包括"银行承兑汇票"和"商业承兑汇票"两种，是远期票据，付款期一般在1个月以上、6个月以内。

（三）其他应收款

其他应收款是指企业除买入返售金融资产、应收票据、应收账款、预付账款、应收股利、应收利息、应收代位追偿款、应收分保账款、应收分保合同准备金、长期应收款等以外的其他各种应收及暂付款项。

其主要内容包括：

（1）应收的各种赔款、罚款，如因企业财产等遭受意外损失而向有关保险公司收取的赔款等；

（2）收取的出租包装物租金；

（3）应向职工收取的各种垫付款项，如为职工垫付的水电费、应由职工负担的医药费；

（4）备用金（向企业各职能科室、车间、个人周转使用等拨出的备用金）；

（5）存出保证金（如租入包装物所支付的押金）；

（6）预付账款转入；

（7）其他各种应收、暂付款项。

（四）预付账款

预付账款是指企业按照购货合同的规定，预先以货币资金或货币等价物支付供应单位的款项。

在日常核算中，预付账款按实际付出的金额入账，如预付的材料、商品采购货款、必须预先发放的在以后收回的农副产品预购定金等。对购货企业来说，预付账款是一项流动资产。

预付账款一般包括预付的货款、预付的购货定金。施工企业的预付账款主要包括预付工程款、预付备料款等。

【实训练习 1】

（多选题）往来核算的会计科目有（　　　）。

A. 预收账款　　　B. 应付账款　　　C. 预付账款　　　D. 其他应收款

第三节　健康财税体检

将轩辕煤电公司 2023 年 2 月 1 日至 12 月 31 日科目汇总表、期初数据汇总表以及修正前凭证数据等 Excel 表格下载后进入实训平台，按系统提示依次导入健康财税体检软件，并进行健康体检。软件显示轩辕煤电公司往来核算存在四项税务风险，分别是期末预收账款与销售收入变动不匹配、期末应付账款与销售成本变动不匹配、应付账款为负数以及收到货款不及时确认收入。如图 5 - 1 ~ 图 5 - 4 所示。

1070804 实操任务-往来核算-健康财税体检

任务描述

打开企业风险管控实训系统，导入企业数据，进行财税体检

资源文件

轩辕煤电公司（往来）-凭证数据(修正前).xlsx	轩辕煤电公司（往来）-科目导入.xls	轩辕煤电公司（往来）-期初数据.xlsx
查看 下载	查看 下载	查看 下载

轩辕煤电公司 　　已新增　　进入实训

图 5-1　下载轩辕煤电公司科目汇总表、期初数据汇总表以及修正前凭证数据

图 5-2　导入科目汇总表进行科目初始化

✓ 创建企业 ──── ✓ 科目初始化 ──── ✓ 导入数据 ──── ❹ 开始体检

企业尚未体检，建议立即体检！

风险守护，仅差一步

立即体检　　上一步

图 5-3　进行税务风险体检

图 5 - 4　轩辕煤电公司往来核算税务风险点

第四节　论证新知

一、业财税一体化思维模型

1. 问题指向。
2. 指标公式。
3. 检查方向。
（1）检查资产负债表日后的应收账款贷方发生额，检查相关凭证。
判断：A. 核实期后是否真实收回；
B. 检查是否存在资产负债表日后大额红字冲回，并判断其合理性；
……
4. 风险指标阈值。

二、往来核算税务风险分析指标

（一）期末预收账款与销售收入变动不匹配

1. 问题指向。
正常情况下预收账款与销售收入应基本同步增长，二者的弹性系数应接近 1。
（1）可能存在预售、现销、赊销比例不符合行业惯例。
（2）可能存在收到货款且商品已发出应确认而未确认收入的情形。
（3）可能存在预收账款入账，未按增值税的相关规定计提销项税额。

（4）可能存在将预收账款和其他往来款对冲的情况。

2. 指标公式。

$$当期新增预收账款占销售收入比重 = \left(\text{本期预收账款余额} - \text{上期预收账款余额} \right) \div 本期销售收入$$

3. 检查方向。

（1）调查企业所处行业的商业习惯及企业在行业中所处的地位。

判断：企业的预售、现销、赊销业务比例是否符合行业惯例。

（2）查验销售合同相关条款、库存商品出库记录。

判断：是否存在收到货款且商品已发出应确认而未确认收入的情形。

（3）查验挂账预收账款的性质。

判断：是否应按增值税的相关规定计提销项税金。

（4）检查资产负债表日后的预收账款借方发生额，核实期后是否已销售货物并转销预收款项。

判断：是否存在将预收账款和其他往来款对冲的情况。

4. 风险指标阈值。

期末预收账款与销售收入变动风险指标阈值如表 5－1 所示。

表 5－1　　　　　　　　　期末预收账款与销售收入变动风险指标阈值

风险阈值	
存在风险	20% < 当期新增预收账款占销售收入比重 ≤ 30%
高等风险	30% < 当期新增预收账款占销售收入比重 ≤ 40%
极度危险	当期新增预收账款占销售收入比重 > 40%

（二）期末应收账款与销售收入变动不匹配

1. 问题指向。

该指标主要检测企业是否存在虚增收入或者隐瞒收入，正常情况应收账款与销售收入应基本同步变动，二者的弹性系数应接近 1。若应收账款增幅显著大于销售收入增幅，可能存在虚增收入的情形；反之则可能隐瞒收入。

2. 指标公式。

（1）本期应收账款变动率 =（本期应收账款期末余额 - 上期应收账款期末余额）÷ 上期应收账款期末余额

（2）本期销售收入变动率 =（本期营业收入额 - 上期营业收入额）÷ 上期营业收入额

（3）期末应收账款与销售收入变动匹配率 = 本期应收账款变动率 ÷ 本期销售收入变动率

3. 检查方向。

（1）调查企业是否有获取贷款、融资和上市的需求。

判断：其是否存在虚增收入的动机。

（2）调查企业是否存在为占领市场而调整信用政策，查验销售明细账。

判断：企业是否存在确认了无票收入，而未计提销售税的情况。

（3）检查资产负债表日后的应收账款贷方发生额，检查相关凭证。

判断：A. 核实期后是否真实收回；

B. 检查是否存在资产负债表日后大额红字冲回，并判断其合理性。

（4）必要时对应收账款进行函证程序。

4. 风险指标阈值。

期末应收账款与销售收入变动风险指标阈值如表 5 - 2 所示。

表 5 - 2　　　　　　　　　　期末应收账款与销售收入变动风险指标阈值

	风险阈值
存在风险	A. 本期应收账款变动率 < 0；本期销售收入变动率 < 0； 0.7 ≤ 期末应收账款与销售收入变动匹配率 < 1 B. 本期应收账款变动率 > 0；本期销售收入变动率 > 0； 1 < 期末应收账款与销售收入变动匹配率 ≤ 1.4
高等风险	A. 本期应收账款变动率 < 0；本期销售收入变动率 < 0； 0.4 ≤ 期末应收账款与销售收入变动匹配率 B. 本期应收账款变动率 > 0；本期销售收入变动率 > 0； 1.4 < 期末应收账款与销售收入变动匹配率 ≤ 1.8
极度危险	A. 本期应收账款变动率 < 0；本期销售收入变动率 < 0； 期末应收账款与销售收入变动匹配率 B. 本期应收账款变动率 > 0；本期销售收入变动率 > 0； 期末应收账款与销售收入变动匹配率 > 1.8

（三）期末应付账款与销售成本变动不匹配

1. 问题指向。

正常情况下两者应基本同步增长，弹性系数应接近 1。如纳税人本科目异常变动，且存在长期未支付款项，可能存在虚开增值税发票、虚增库存、虚转成本、偷逃增值税、所得税等行为。

2. 指标公式。

（1）本期应付账款变动率 = （本期应付账款期末余额 - 上期应付账款期末余额）÷ 上期应付账款期末余额

（2）本期销售成本变动率 = （本期营业成本额 - 上期营业成本额）÷ 上期营业成本额

（3）期末应付账款与销售成本变动匹配率 = 本期应付账款变动率 ÷ 本期销售成本变动率

注意："1"为通用行业预警指标。

3. 检查方向。

（1）调查企业所处行业的商业习惯及其在行业中所处的地位。

判断：其预付、现购、赊购比例是否符合行业惯例。

（2）查验采购合同相关条款、库存商品入库记录。

判断：A. 是否存在只收到采购发票而无入库情形，进一步追查其采购业务的真实性；

B. 是否存在虚开增值税发票的情形。

（3）检查资产负债表日后的应付账款借方发生额，检查相关凭证。

判断：A. 核实会计处理是否正确；

B. 是否存在记账凭证和原始凭证不一致。

（4）检查是否存在长期挂账的应付账款并查明原因。

判断：应付账款的真实性。

（5）检查期后应付账款科目。

判断：是否有大额红字冲回。

4. 风险指标阈值。

期末应付账款与销售成本变动风险指标阈值如表 5 - 3 所示。

表 5 - 3　　　　　　　　期末应付账款与销售成本变动风险指标阈值

	风险阈值
存在风险	A. 本期应付账款变动率 <0；本期销售成本变动率 <0； 0.7≤期末应付账款与销售成本变动匹配率 <1.4 B. 本期应付账款变动率 >0；本期销售成本变动率 >0； 1 <期末应付账款与销售成本变动匹配率≤1.4
高等风险	A. 本期应付账款变动率 <0；本期销售成本变动率 <0； 0.4≤期末应付账款与销售成本变动匹配率小于 1 <0.7 B. 本期应付账款变动率 >0；本期销售成本变动率 >0； 1.4 <期末应付账款与销售成本变动匹配率≤1.8
极度危险	A. 本期应付账款变动率 <0；本期销售成本变动率 <0； 期末应付账款与销售成本变动匹配率小于 1 <0.4 B. 本期应付账款变动率 >0；本期销售成本变动率 >0； 期末应付账款与销售成本变动匹配率 >1.8

（四）当期新增其他应付款占销售收入比重过大

1. 问题指向。

纳税人当期新增其他应付款占销售收入比过高，可能存在隐藏收入、虚增成本费用、账外收入等问题。

2. 指标公式。

$$当期新增其他应付款占销售收入比重 = \left(\begin{array}{c} 本期其他 \\ 应付款余额 \end{array} - \begin{array}{c} 上期其他 \\ 应付款余额 \end{array} \right) \div 本期销售收入$$

3. 检查方向。

（1）检查该科目明细账、抽查大额余额，追查记账凭证、原始凭证。

判断：A. 检查其他应付款科目核算是否准确；

B. 是否将应计入预收账款的销售款项隐藏在此科目而不结转收入。

（2）检查是否在预提大额费用时本应将贷方计入应付账款而隐藏在此科目的情况。

判断：其计提依据是否充分，并作科目调整处理。

（3）检查期后该科目借方核算的流向。

判断：是否存在转入预收账款、主营业务收入，或者红字冲回。

（4）必要时对其他应付款进行函证程序。

（5）对于连续亏损企业，而股东持续向企业借款的行为，应重点关注账外收入。

4. 风险指标阈值。

当期新增其他应付款占销售收入比重过大风险指标阈值如表 5 - 4 所示。

表 5 - 4　　　　　　　当期新增其他应付款占销售收入比重过大风险指标阈值

风险阈值	
存在风险	60% < 当期新增其他应付款占销售收入比重 ≤70%
高等风险	70% < 当期新增其他应付款占销售收入比重 ≤80%
极度危险	当期新增其他应付款占销售收入比重 >80%

（五）当期新增应收账款占销售收入比重过大

1. 问题指向。

当期新增应收账款占销售收入比过高，说明本期销售的大部分货款没收回，这种只销售货物基本不收回货款的交易在现实中是不符合经营常规的，其交易的真实性存疑，具有虚开增值税专用发票的风险。

2. 指标公式。

$$当期新增应收账款占销售收入比重 = \left(\begin{array}{c} 本期应收 \\ 账款余额 \end{array} - \begin{array}{c} 上期应收 \\ 账款余额 \end{array} \right) \div 本期销售收入$$

3. 检查方向。

（1）检查当期销售商品的出库记录、送货记录。

（2）结合企业的人力资源分析销售客户群体的真实性。

（3）检查公司的赊销信用政策，判断其应收账款猛增的合理性。

（4）关注公司应收账款的回款情况。

4. 风险指标阈值。

当期新增应收账款占销售收入比重过大风险指标阈值如表 5 - 5 所示。

表 5 - 5 　　　　　当期新增应收账款占销售收入比重过大风险指标阈值

风险阈值	
存在风险	60% < 当期新增应收账款占销售收入比重 ≤70%
高等风险	70% < 当期新增应收账款占销售收入比重 ≤80%
极度危险	当期新增应收账款占销售收入比重 >80%

（六）当期新增应付账款占销售收入比重过大

1. 问题指向。

应付账款是核算企业购进货物应付未付的货款。当期新增应付账款占销售收入比过大，说明企业当期购进的货物绝大部分没有付款，购货大部分不付款是不符合经营常规的，通常是为了获取进项税额进行倒票的虚假业务。

2. 指标公式。

$$当期新增应付账款占销售收入比重 = \left(本期应付账款余额 - 上期应付账款余额 \right) \div 本期销售收入$$

3. 检查方向。

（1）检查商品的入库记录及相关第三方物流企业的运输记录以核实采购业务的真实性。

（2）追查供货方是否同企业存在关联关系，核实其定价的公允性。

（3）追查应付账款的期后付款情况，是否存在期后大量红字冲回。

4. 风险指标阈值。

当期新增应付账款占销售收入比重过大风险指标阈值如表 5 - 6 所示。

表 5 - 6 　　　　　当期新增应付账款占销售收入比重过大风险指标阈值

风险阈值	
存在风险	60% < 当期新增应付账款占销售收入比重 ≤70%
高等风险	70% < 当期新增应付账款占销售收入比重 ≤80%
极度危险	当期新增应付账款占销售收入比重 >80%

（七）当期新增其他应收款占销售收入比重过大

1. 问题指向。

其他应收款是核算企业间的往来借款。当期新增其他应收款占销售收入比过大，属于其他应收款异常波动，可能存在将公司款项转移至股东账户或者其他关联公司账户进行账外经营。

2. 指标公式。

$$\begin{array}{c}\text{当期新增其他应收}\\\text{款占销售收入比重}\end{array}=\left(\begin{array}{c}\text{本期其他}\\\text{应收款余额}\end{array}-\begin{array}{c}\text{上期其他应}\\\text{收款余额}\end{array}\right)\div\text{本期销售收入}$$

3. 检查方向。

（1）检查其他应收款明细账，分析大额款项的经济实质。

判断：属于企业间正常往来借款还是支付给股东及其关联方借款。

（2）检查企业是否存在银行借款，是否存在转贷行为。

判断：分析其发生的财务费用在所得税前扣除是否合规。

（3）检查股东借款。

判断：A. 是否向公司支付利息；

B. 在年末前是否归还；

C. 是否是股利分配未缴个税而长期挂账。

4. 风险指标阈值。

当期新增其他应收款占销售收入比重过大风险指标阈值如表 5-7 所示。

表 5-7   **当期新增其他应收款占销售收入比重过大风险指标阈值**

风险阈值	
存在风险	60% < 当期新增其他应收款占销售收入比重 ≤70%
高等风险	70% < 当期新增其他应收款占销售收入比重 ≤80%
极度危险	当期新增其他应收款占销售收入比重 >80%

（八）应收账款为负数

1. 问题指向。

应收账款为负数，实际是多收货款或者是预收货款计入此科目，正常情况应为预收账款，出现此类情况通常存在企业故意采用反方向记账来隐瞒收入的情形。

2. 指标公式。

核查本期"应收账款"科目期末余额。

3. 检查方向。

（1）对应收账款进行重分类，对重分类后应收账款的借方余额进行细致检查，是否存在股东关联方长期借款。

判断：是否存在跨年借行为，如存在应及时归还，以免被税务局认定为分红补税。

（2）检查应收账款的贷方金额客户是否同样在预收账款、其他应收账款挂账。

判断：是否是预收货款虚挂在此科目。

（九）其他应收款为负数

1. 问题指向。

其他应收款为负数，可能存在企业将应在其他应付款核算的项目在本科目贷方核算，以隐瞒其他应收款的真实金额，掩盖股东借款或者红利发放的情形。或者将收到预收款记入本科目贷方，以隐藏预收款来隐瞒收入。

2. 指标公式。

核查本期"其他应收款"科目期末余额。

3. 检查方向。

（1）对其他应收款进行重分类，对重分类后其他应收款的借方余额进行细致检查，是否存在股东、关联方长期借款。

判断：是否存在跨年借款行为，如存在应及时归还，以免被税务局认定为分红补税。

（2）结合实际业务检查其他应收款的贷方金额客户是否同样在预收账款、应收账款挂账。

判断：是否是预收货款虚挂在此科目。

（十）其他应付款为负数

1. 问题指向。

其他应付款为负数实际是其他应收款，企业故意将股东借款或者红利发放在其他应付款借方反映，以隐瞒其他应收款的真实金额。

2. 指标公式。

核查本期"其他应付款"科目期末余额。

3. 检查方向。

（1）对其他应付款进行重分类，对重分类后其他应付款的借方余额进行细致检查。

判断：A. 是否是股东、关联方长期借款虚挂在本科目借方以对冲此科目；

B. 如存在跨年借款行为，应及时归还，以免被税务局认定为分红补税。

（2）检查其他应付款的贷方金额客户是否同样在预收账款、应收账款挂账，结合实际业务。

判断：是否是预收货款虚挂在此科目贷方。

（3）检查是否有股东个人产生的与生产经营无关的大额费用放在本科目。

（十一）预付账款为负数

1. 问题指向。

预付账款为负数，实际是将应付账款贷方发生额记到了本科目贷方，既隐藏了应付账款，又冲抵了预付账款。通常是企业存货账实不符，将虚挂的账面的存货放在预付账款科目，再用应付账款冲抵，达到隐瞒真实情况的目的。

2. 指标公式。

核查本期"预付账款"科目期末余额。

3. 检查方向。

（1）对预付账款进行负值重分类，分析预付账款实际金额的合理性。

判断：A. 是否存在长期挂账的预付账款；

B. 检查是否属于关联方借款。

（2）结合出入库单检查是否存在已销售商品未结转成本，而将存货一直挂账在预付账款。

（十二）应付账款为负数

1. 问题指向。

应付账款为负数，实际是将预付账款借方发生额记到了本科目借方，既隐藏了预付账款，又冲抵了应付账款。通常是企业用此方法掩盖应付账款金额过大情况，而应付账款金额过大或者显著高于同期值，很可能企业存在外购发票，虚抵进项情形。

2. 指标公式。

核查本期"应付账款"科目期末余额。

3. 检查方向。

（1）对应付账款进行负值重分类，分析应付账款实际金额的合理性。

判断：是否存在长期挂账的应付账款，检查是否属于虚假交易。

（2）结合出入库单检查是否存在已销售商品未结转成本，而将存货一直挂账在预付账款。

（十三）期末预收账款占销售收入比重过大

1. 问题指向。

预收账款比例偏大，可能存在滞后确认销售收入行为，逃避缴纳增值税、所得税。

2. 指标公式。

$$\begin{array}{c}\text{当期新增预收账款} \\ \text{占销售收入比重}\end{array} = \left(\begin{array}{c}\text{本期预收} \\ \text{账款余额}\end{array} - \begin{array}{c}\text{上期预收} \\ \text{账款余额}\end{array}\right) \div \text{本期销售收入}$$

3. 检查方向。

（1）根据合同条款检查预收账款对应的销售合同。

判断：其挂账预收账款是否应该结转收入。

（2）查验商品出入库记录，判断企业挂账预收账款是否应该结转收入。

4. 风险指标阈值。

期末预收账款占销售收入比重过大风险指标阈值如表5-8所示。

表5-8　　　　　期末预收账款占销售收入比重过大风险指标阈值

风险阈值	
存在风险	20% < 当期新增预收账款占销售收入比重 ≤30%
高等风险	30% < 当期新增预收账款占销售收入比重 ≤40%
极度危险	当期新增预收账款占销售收入比重 >40%

（十四）收到货款不及时确认收入

1. 问题指向。

企业账面有大于预收账款余额的存货余额，同时当期无留抵税金，企业通常可能是高毛利无留抵，或者长期调节纳税无留抵，再销售就得全额纳税，企业很可能为了少缴税金隐瞒收入、滞后确认收入。

2. 检查方向。

（1）检查企业是否属于高毛利行业，增值税税负是否一直处于行业较低水平。

判断：企业是否存在隐瞒收入的动机。

（2）根据合同条款检查企业的销售合同。

判断：企业是否属于应转收入而未转收入的情形。

（3）查验出入库记录。

判断：企业挂账预收账款是否应该结转收入。

（十五）预收账款减少但未计收入

1. 问题指向。

若存在预收账款减少但不确认收入的情形，可能存在虚假的货款退回或者虚假的往来对冲达到隐瞒收入的目的。

2. 检查方向。

（1）结合对应贷方科目及其会计分录后附的合同、银行回单、收据等原始票证的核实。

判断：会计分录的真实性和准确性。

（2）检查其他应付款的贷方金额客户。

判断：是否同样在预收账款、应收账款挂账，结合实际业务。

（3）若贷方分录为应付账款、其他应付款等往来科目，应了解业务实质分析其会计分录处理。

判断：是否符合会计准则及相关税法的要求。

【实训练习2】

北京哈多有限公司系增值税一般纳税人，纳税评估人员通过监管软件提取了该企业年度财务报表中的相关情况。该企业有关财务数据如表5-9所示。

表 5 - 9　　　　　　　　　　北京哈多有限公司财务数据　　　　　　　　　　单位：万元

项目	2022 年	2023 年
销售收入	2 523. 30	2 605. 25
应收账款	1 385. 35	1 603. 69
其他应收款	198. 36	185. 68

续表

项目	2022 年	2023 年
应付账款	430.83	623.04
预收账款	350.44	603.23
其他应付款	231.87	266.77

请填制表 5 – 10。

表 5 – 10

销售收入变动率	应收账款变动率	其他应收款变动率
应付账款变动率	预收账款变动率	其他应付款变动率

第五节 业财税一体化检查

轩辕煤电公司业财税一体化检查页面如图 5 – 5 所示。

图 5 – 5 轩辕煤电公司业财税一体化检查页面

一、基本情况

已知轩辕煤电公司在往来核算税负风险存在的风险上有：一是期末预收账款与销

售收入变动不匹配；二是期末应付账款与销售成本变动不匹配；三是应付账款为负数；四是收到货款不及时确认收入。

（一）一体化建议检查点

1. 检查资产负债表日后的应付账款借方发生额，检查相关凭证，核实会计处理是否正确，是否存在记账凭证和原始凭证不一致。

2. 检查是否存在长期挂账的应付账款，查明原因，判断其真实性。

3. 分析应付账款实际金额的合理性，是否存在长期挂账的应付账款，检查是否属于虚假交易。

4. 检查应付账款的借方余额客户是否是关联方，核实其业务的真实性。

5. 检查企业的销售合同，根据合同条款判断企业是否属于应转收入而未转收入的情形。

6. 检查企业的销售合同，查验挂账预收账款的性质，是否应按增值税的相关规定计提销项税金。

（二）任务要求

案例分析，查找风险点。

二、业财税一体化检查结果

（多选题）经检查后，检查结果正确的有（　　　）。

A. 由于记账会计误将应收账款记入应付账款的借方，核查过程中记账凭证和原始凭证不一致

B. 长期挂账的应付账款实际是集团租赁该公司机器设备，应计入收入并计提增值税。但是该公司为了隐瞒这项收入，编造了该业务

C. 由于一位股东曾向公司借款金额达 470 万元，股东明确借款不予归还，视为分红。财务人员通过应付账款借方进行处理

D. 企业为了少缴纳增值税，恶意将收入计入预收账款，未按增值税的相关规定计提增值税销项税额，延迟缴纳增值税的情形

第六节　尝试应用

一、场景二

稽查人员梳理了轩辕煤电公司的经济业务关联线索，发现轩辕煤电公司与集团公司经济往来复杂、时间长、经济业务流量大。为查关联企业往来账。通过分析认为，通过

轩辕煤电公司与集团公司顺查法肯定行不通，而抓住疑点顺藤摸瓜可能会事半功倍。

二、业务分析

（一）财税体检报告

财税体检报告如表 5-11 所示。

表 5-11   财税体检报告

指标类型	指标明细	指标值	偏离方向	风险级别
往来核算税务风险	期末预收账款与销售收入变动不匹配	-2 486.46	偏低	极度危险
	期末应付账款与销售收入变动不匹配	-32.15	偏低	极度危险
	收到货款不及时确认收入	81 553.94	偏高	有风险
	应付账款为负数	-14.59	偏低	有风险

说明：

1. 偏离方向代表企业指标值与行业标准值的偏离方向，"偏离"表示企业指标值高于行业标准值，"偏低"表示企业指标值低于行业标准值；

2. 表 5-11 中的风险级别从低到高分别是有风险、高风险和极度危险三种。

（二）销售业务一

1. 销售业务发生所需原始单据。

销售发票（见图 5-6）、销售合同（见图 5-7）、银行回单、出库单（见图 5-8）。

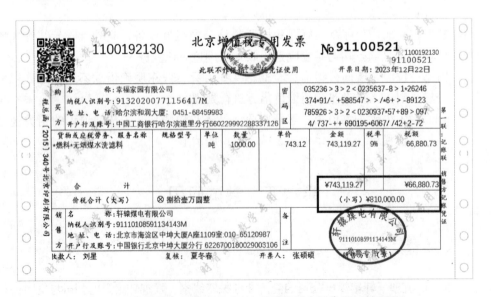

图 5-6 轩辕煤电公司 2023 年 12 月增值税专用发票（销项税）

销售合同

合同编号： 20231222

| 甲方： | 幸福家园有限公司 | （以下简称"甲方"） |
| 乙方： | 轩辕煤电有限公司 | （以下简称"乙方"） |

甲、乙双方在平等互利、诚实信用的基础上，依据《中华人民共和国合同法》及其他相关法律法规的规定，经过友好协商，签订本合同。

第一条 产品名称、型号、数量、金额

序号	产品描述（名称、型号）	计量单位	数量	单价（含税）	总价
1	*燃料*无烟煤水洗滤料	吨	1000	810.00	810,000.00
合计：	大写人民币： 捌拾壹万 元整			￥ 810,000.00	

第二条 质量标准

乙方为甲方提供产品应以保证质量为前提。乙方为甲方提供产品必须符合国家关于此类产品的质量约定，否则由乙方承担全部由此引起的责任。

第三条 交货付款方式

图 5 – 7　轩辕煤电公司 2023 年 12 月销售合同

销售出库单

客户: 幸福家园有限公司		业务员: 刘江		开单日期: 2023年12月22日		

序号	品名	规格	单位	数量	单价	金额	备注
1	*燃料*无烟煤水洗滤料		吨	1000	513.76	513,761.47	
2							
3							
4							
5							
6							
7							
计总额：	人民币（大写）伍拾壹万叁仟柒佰陆拾壹元整肆角柒分					（小写）	513,761.47

注：客户收货时请及时查验，核对无误请签章后回传，如有问题请在3个工作日内书面反馈，逾期未回或未反馈视为接受。

| 审核：王凤 | 业务：王雨 | 库管：张林 |

图 5 – 8　轩辕煤电公司 2023 年 12 月出库单

2. 如何记账？

（1）确认销售收入。

借：银行存款　　　　　　　　　　　　　　　　　　　810 000
　　贷：主营业务收入　　　　　　　　　　　　　　　743 119.27
　　　　应交税费——应交增值税（销项税额）　　　　 66 880.73

（2）结转销售成本。

借：主营业务成本　　　　　　　　　　　　　　　513 761.47
　　贷：库存商品　　　　　　　　　　　　　　　 513 761.47

3. 发现问题。

经核查，财务通过"预收账款"科目入账，如图 5 - 9 所示。而我们查看了销售发票、销售合同和银行回单后，发现收到的是全款，应该确认收入，计提增值税，并结转成本。

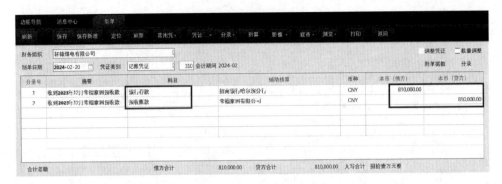

图 5 –9 轩辕煤电公司 2024 年 2 月记账凭证

4. 编写修正分录。

（1）将"预收账款"转"主营业务收入"，并计提增值税。

借：预收账款——幸福家园有限公司   810 000

    贷：主营业务收入   743 119. 27

        应交税费——应交增值税（销项税额）   66 880. 73

（2）结转 12 月幸福家园销售成本。

借：主营业务成本   513 761. 47

    贷：库存商品——无烟煤水洗滤料   513 761. 47

（3）结转 12 月幸福家园补提的销项税额。

借：应交税费——应交增值税（转出未交增值税）   66 880. 73

    贷：应交税费——未缴增值税   66 880. 73

（4）根据计提的增值税销项税额，计提税金及附加。

城市维护建设税 $= 66\ 880. 73 \times 7\% = 4\ 681. 65$（元）

教育费附加 $= 66\ 880. 73 \times 3\% = 2\ 006. 42$（元）

地方教育附加 $= 66\ 880. 73 \times 2\% = 1\ 337. 61$（元）

借：税金及附加   8 025. 69

    贷：应交税费——应交城市维护建设税   4 681. 65

        ——应交教育费附加   2 006. 42

        ——应交地方教育附加   1 337. 61

（5）结转 12 月幸福家园销售相关的损益。

借：主营业务收入   743 119. 27

    贷：主营业务成本   513 761. 47

        税金及附加   8 025. 69

        本年利润   221 332. 11

    提示："主营业务收入""主营业务成本""税金及附加"属于损益类科目，而损益类科目期末无余额，金额需从反方向结转至"本年利润"。

（6）补提幸福家园 12 月所得税费用并结转。

借：所得税费用   55 333. 03

　　贷：应交税费——应交企业所得税　　　　　　　　　　　　55 333. 03
借：本年利润　　　　　　　　　　　　　　　　　　　　55 333. 03
　　贷：所得税费用　　　　　　　　　　　　　　　　　　　55 333. 03
（7）结转 12 月补记的本年利润。
借：本年利润　　　　　　　　　　　　　　　　　　　165 999. 08
　　贷：利润分配——未分配利润　　　　　　　　　　　　165 999. 08

（三）销售业务二

1. 发现问题。

在核查“可能存在记账凭证和原始凭证不一致”方面时，根据 2 月的第 10 号凭证（见图 5－10）的销售合同、销售发票、出库单进行如下账务处理。

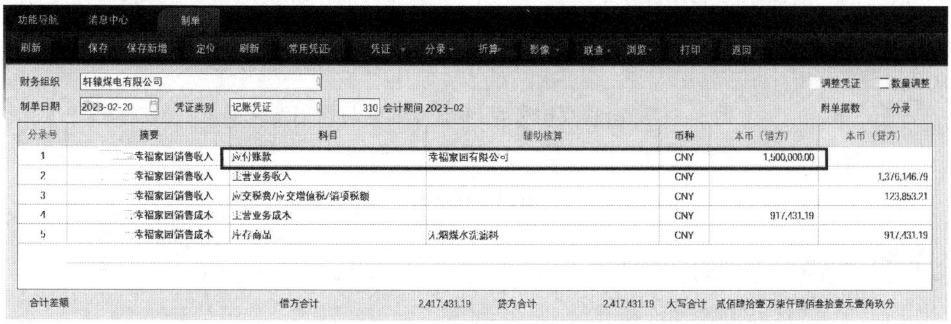
功能导航　消息中心　制单
刷新　保存　保存新增　定位　刷新　常用凭证　凭证　分录　折算　影像　联查　浏览　打印　返回
财务组织　轩辕煤电有限公司　　调整凭证　数量调整
制单日期　2023-02-20　凭证类别　记账凭证　310　会计期间 2023-02　附单据数　分录

分录号	摘要	科目	辅助核算	币种	本币（借方）	本币（贷方）
1	幸福家园销售收入	应付账款	幸福家园有限公司	CNY	1,500,000.00	
2	幸福家园销售收入	主营业务收入		CNY		1,376,146.79
3	幸福家园销售收入	应交税费/应交增值税/销项税额		CNY		123,853.21
4	幸福家园销售成本	主营业务成本		CNY	917,431.19	
5	幸福家园销售成本	库存商品	无烟煤水洗副料	CNY		917,431.19

合计差额　借方合计　2,417,431.19　贷方合计　2,417,431.19　大写合计　贰佰肆拾壹万柒仟肆佰叁拾壹元壹角玖分

图 5－10　轩辕煤电公司 2023 年 2 月记账凭证

2. 案例分析。

经分析判断，确定“应付账款”科目应该是选择会计科目时，误选了。根据合同按账期结算，应该调整“应付账款”科目为“应收账款”。

3. 编写修正分录。

将“应付账款”转“应收账款”。
借：应收账款——幸福家园有限公司　　　　　　　　　1 500 000
　　贷：应付账款——幸福家园有限公司　　　　　　　　　1 500 000

第七节　融会贯通

一、业务三

（一）分析问题

在分析“收到货款不及时确认收入”时，需要检查企业是否属于高毛利行业，其增值税税负是否一直处于行业较低水平，判断企业是否存在隐瞒收入的动机。

核查该公司业务中发现，5 月的设备租赁合同（见图 5 – 11）和一个销售合同（见图 5 – 12）金额一致，而且金额较大。这两个业务引起稽查人员的怀疑。对比两个合同，我们发现"北京梅地亚传媒有限公司"是集团以外的第三方公司，通过函证对真实业务进行甄别。

设备租赁合同

				合同编号：	20230529

甲方：国煤(哈尔滨)集团　　　　　　　　　（以下简称"甲方"）
乙方：轩辕煤电有限公司　　　　　　　　　（以下简称"乙方"）

甲、乙双方在平等互利、诚实信用的基础上，依据《中华人民共和国合同法》及其他相关法律法规的规定，经过友好协商，签订本合同。

第一条 产品名称、型号、数量、金额

序号	产品描述（名称、型号）	计量单位	数量	单价（含税）	总价
1	*租赁服务*机械设备租赁	台	1	2,656,934.00	2,656,934.00
合计：	大写人民币：贰佰陆拾伍万陆仟玖佰叁拾肆	元整		¥ 2,656,934.00	

图 5 – 11　轩辕煤电公司 2023 年 5 月设备租赁合同

销售合同

				合同编号：	20230510

甲方：国煤(哈尔滨)集团　　　　　　　　　（以下简称"甲方"）
乙方：北京梅地亚传媒有限公司　　　　　　（以下简称"乙方"）

甲、乙双方在平等互利、诚实信用的基础上，依据《中华人民共和国合同法》及其他相关法律法规的规定，经过友好协商，签订本合同。

第一条 产品名称、型号、数量、金额

序号	产品描述（名称、型号）	计量单位	数量	单价（含税）	总价
1	*传媒服务*宣传费用	次	1	2,656,934.00	2,656,934.00
合计：	大写人民币：贰佰陆拾伍万陆仟玖佰叁拾肆	元整		¥ 2,656,934.00	

图 5 – 12　轩辕煤电公司 2023 年 5 月销售合同

（二）发现问题

"北京梅地亚传媒有限公司"函证（见图 5 – 13）回来证实，开新闻发布会是虚假业务。真实的业务是设备租赁。

表面上看是轩辕煤电公司替国煤（哈尔滨）集团垫付新闻发布会产生费用的业务（见图 5 – 14 ~ 图 5 – 16）。

以下两个单据和业务也没有问题（见图 5 – 17、图 5 – 18）。但是通过函证已经证实新闻发布会是虚假业务。这时，我们发现真实的业务是这笔长期挂账的应付账款实际是集团租赁该公司机器设备，应计入收入并计提增值税。但是该公司为了隐瞒这项收入，编造了给总部代垫新闻发布会费用的业务。至此，应付账款虚假挂账案例真相大白。

询证函

	编号：	072

北京梅地亚传媒有限公司	公司：	

本公司聘请的财智未来会计师事务有限公司正在对本公司客户往来账务进行核查工作，按照中国注册会计师执业准则的要求，应当询证本公司与贵公司的往来账项等事项。下列数据出自本公司账簿记录，如与贵公司记录相符，请在本函下端"数据证明无误"处签章证明；如有不符，请在"数据不符"处列明不符金额，并附加说明事项详为指正。

回函请先邮件至：财智未来会计师事务有限公司邮箱caizhiweilai@iofedu.com，原件请快递至：北京市东城区朝外大街银河SOHO A座10层11002室

1. 本公司与贵公司的往来账项列示如下：

截止日期	项目	贵公司欠	欠贵公司	说明
2023年12月31日	国煤（哈尔滨）集团新闻发布会		2,656,934.00	合同约定按账期付款

2. 其他事项

本函仅为复核账目之用，并非催款结算。若款项在上述日期之后已经付清，仍请及时函复为盼。

结论：

1. 数据证明无误

公司签章：

日期：

2. 数据不符，请列明不符金额及需加说明事项

与国煤（哈尔滨）集团从未发生过此项经济业务往来。

公司签章：（北京梅地亚传媒有限公司公章）

日期：2024年1月30日

图5－13　北京梅地亚传媒有限公司询证函

销售合同

	合同编号：	20230510

甲方：	国煤（哈尔滨）集团	（以下简称"甲方"）
乙方：	北京梅地亚传媒有限公司	（以下简称"乙方"）

甲、乙双方在平等互利、诚实信用的基础上，依据《中华人民共和国合同法》及其他相关法律法规的规定，经过友好协商，签订本合同。

第一条 产品名称、型号、数量、金额

序号	产品描述（名称、型号）	计量单位	数量	单价（含税）	总价
1	*传媒服务*宣传费用	次	1	2,656,934.00	2,656,934.00
合计：	大写人民币：贰佰陆拾伍万陆仟玖佰叁拾肆	元整		￥2,656,934.00	

图5－14　轩辕煤电公司2023年5月销售合同

北京增值税专用发票

1100192130 № 64910853

1100192130
64910853

发票联

开票日期：2023年9月10日

购买方	名称：国煤(哈尔滨)集团 纳税人识别号：91229937857319685 地址、电话：哈尔滨远红大厦：0451-68090451 开户行及账号：招商银行哈尔滨分行 660244330912985743			密码区	035236＞3＞2＜0235637-8＞1*26246 374*91/-+588547＞＞/*6+＞-89123 785926＞3＞2＜0230937*57+89＞097 4/737-++690195*6067//42+2-72		
货物或应税劳务、服务名称	规格型号	单位	数量	单价	金额	税率	税额
*传媒服务*宣传费用		次	1.00	2506541.5094	2506541.51	6%	150392.49
合计					¥2,506,541.51		¥150,392.49
价税合计（大写）	⊗贰佰陆拾伍万陆仟玖佰叁拾肆圆整				（小写）¥2,656,934.00		
销售方	名称：北京梅地亚传媒有限公司 纳税人识别号：91110108591134143M 地址、电话：北京市国展中心：010-68459834 开户行及账号：招商银行北京霄云路支行622270018731580760			备注			

收款人：刘星　复核：夏冬春　开票人：张硕硕　销售方：（章）

第三联：发票联 购买方记账凭证

税总函〔2015〕340号北京印刷有限公司

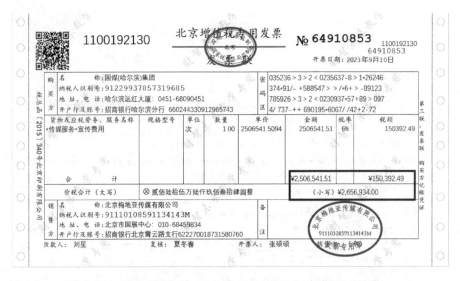

图5－15　轩辕煤电公司2023年5月增值税专用发票（进项税）

功能导航　消息中心　制单

刷新　保存　保存新增　定位　刷新　常用凭证　凭证　分录　折算　影像　联查　浏览　打印　返回

财务组织　轩辕煤电有限公司　□调整凭证　□数量调整

制单日期　2023-06-20　凭证类别　记账凭证　307　会计期间 2023-06　附单据数　分录

分录号	摘要	科目	辅助核算	币种	本币（借方）	本币（贷方）
1	确认2023年6月代集团联系发布会业务	应收账款	国煤(哈尔滨)集团	CNY	2,656,934.00	
2	确认2023年6月代集团联系发布会业务	应付账款	北京梅地亚传媒有限公司	CNY		2,656,934.00

合计差额　借方合计 2,656,934.00　贷方合计 2,656,934.00　大写合计 贰佰陆拾伍万陆仟玖佰叁拾肆元整

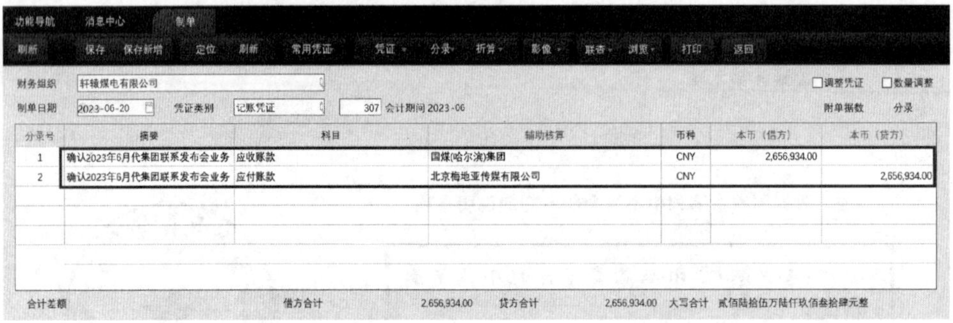

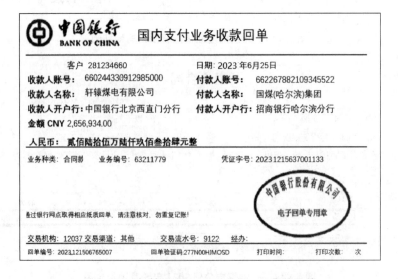

图5－16　轩辕煤电公司2023年6月记账凭证

中国银行 BANK OF CHINA　国内支付业务收款回单

客户 281234660　日期：2023年6月25日

收款人账号：660244330912985000　付款人账号：662267882109345522

收款人名称：轩辕煤电有限公司　付款人名称：国煤(哈尔滨)集团

收款人开户行：中国银行北京西直门分行　付款人开户行：招商银行哈尔滨分行

金额 CNY 2,656,934.00

人民币：贰佰陆拾伍万陆仟玖佰叁拾肆元整

业务种类：合同款　业务编号：63211779　凭证字号：20231215637001133

中国银行股份有限公司 电子回单专用章

通过银行网点取得相应纸质回单，请注意核对，勿重复记账！

交易机构：12037 交易渠道：其他　交易流水号：9122　经办：

回单编号：2023121506765007　回单验证码:277N00HJMOSD　打印时间：　打印次数：　次

图5－17　轩辕煤电公司2023年6月收款回单

图 5-18 轩辕煤电公司 2023 年 6 月记账凭证

(三) 解决问题

以上分析就是轩辕煤电的"企业如果属于高毛利行业，其增值税税负是否一直处于行业较低水平，可能存在隐瞒收入的动机"的原因。

编写修正分录：

1. 调整往来科目，确认 6 月租赁收入。

借：应付账款——北京梅地亚传媒有限公司　　　　　　2 656 934.00
　　贷：预收账款——国煤（哈尔滨）集团　　　　　　　2 612 651.77
　　　　其他业务收入　　　　　　　　　　　　　　　　　41 775.69
　　　　应交税费——应交增值税（销项税额）　　　　　　2 506.54

2. 计提租赁设备折旧，确认当月租赁成本。

借：其他业务成本　　　　　　　　　　　　　　　　　17 833.33
　　贷：累计折旧　　　　　　　　　　　　　　　　　　17 833.33

3. 结转 6 月租赁收入增值额。

借：应交税费——应交增值税（转出未交增值税）　　　2 506.54
　　贷：应交税费——未缴增值税　　　　　　　　　　　2 506.54

4. 根据计提的增值税，计提 6 月税金及附加。

城市维护建设税 = 2 506.54 × 7% = 175.46（元）

教育费附加 = 2 506.54 × 3% = 75.20（元）

地方教育附加 = 2 506.54 × 2% = 50.13（元）

借：税金及附加　　　　　　　　　　　　　　　　　　300.79
　　贷：应交税费——应交城市维护建设税　　　　　　　175.46
　　　　　　　　　　——应交教育费附加　　　　　　　　75.20
　　　　　　　　　　——应交地方教育附加　　　　　　　50.13

5. 结转 6 月租赁收入损益。

借：其他业务收入　　　　　　　　　　　　　　　　　41 775.70
　　贷：其他业务成本　　　　　　　　　　　　　　　　17 833.33
　　　　税金及附加　　　　　　　　　　　　　　　　　　300.79
　　　　本年利润　　　　　　　　　　　　　　　　　　23 641.58

提示："主营业务收入""主营业务成本""税金及附加"属于损益类科目，而损益类科目期末无余额，金额需从反方向结转至"本年利润"。

6. 计提 2023 年 6 月补计收入的所得税费用，结转所得税费用。

借：所得税费用　　　　　　　　　　　　　　　　5 910.39

　　贷：应交税费——应交企业所得税　　　　　　5 910.39

借：本年利润　　　　　　　　　　　　　　　　　5 910.39

　　贷：所得税费用　　　　　　　　　　　　　　5 910.39

7. 结转 6 月补记的本年利润。

借：本年利润　　　　　　　　　　　　　　　　17 731.18

　　贷：利润分配——未分配利润　　　　　　　17 731.18

二、业务四

(一) 分析问题

在分析"应付账款为负数"时，可能存在长期挂账的应付账款，应检查是否属于虚假交易或存在长期挂账的应付账款，判断其真实性。

经核查发现，应付账款的归还超出其贷方发生额（见图 5 - 19 ~ 图 5 - 22），导致出现借方余额，即应付账款为负数，需通过函证证明业务的真实性。

2023 年9月应付账款明细表

科目代码	科目名称	币别	期初借方余额	期初贷方余额	本期借方发生额	本期贷方发生额	期末借方余额	期末贷方余额
2211	应付账款	人民币		3,450,000.00	4,700,000.00			-1,250,000.00
222102	石嘴山矿业有限公司	人民币		1,850,000.00	2,300,000.00			-450,000.00
222103	山西大山矿业有限公司	人民币		1,100,000.00	1,600,000.00			-500,000.00
222104	大庆煤业有限公司	人民币		500,000.00	800,000.00			-300,000.00

图 5 - 19　轩辕煤电公司 2023 年 9 月应收账款明细表

国内支付业务付款回单

北京银行 BANK OF BEIJING

客户号：991847361	日期：2023 年9月15日
付款人账号：622245632581268011	收款人账号：62269182746266180026
付款人名称：轩辕煤电有限公司	收款人名称：石嘴山矿业有限公司
付款人开户行：北京银行国贸支行	收款人开户行：中国银行宁夏石嘴山分行

金额 CNY 2,300,000.00

人民币：贰佰叁拾万元整

业务种类：货款　　业务编号：63211779　　凭证字号：20230912637002891

（北京银行股份有限公司 电子回单专用章）

如您已通过银行网点取得相应纸质回单，请注意核对，勿重复记账！

交易机构：12037	交易渠道：其他	交易流水号：9122	经办：
回单编号：2311111506765007	回单验证码：277N00HJMOSD	打印时间：	打印次数：　次

图 5 - 20　轩辕煤电公司付石嘴山矿业有限公司款项付款回单

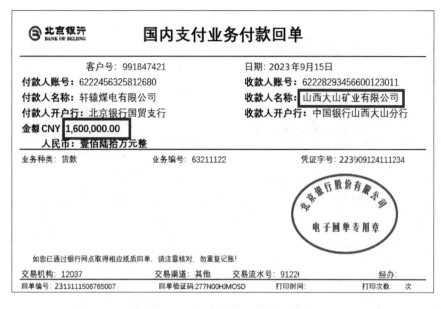

图 5-21　轩辕煤电公司付山西大山矿业有限公司款项付款回单

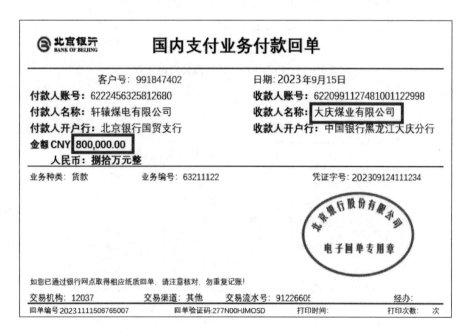

图 5-22　轩辕煤电公司付大庆煤业有限公司款项付款回单

（二）发现问题

经函证（见图 5-23～图 5-25）发现，应付账款的归还不是真实的业务。

询证函

编号：093

山西大山矿业有限公司　公司：

本公司聘请的财智未来会计师事务有限公司正在对本公司客户往来账务进行核查工作，按照中国注册会计师执业准则的要求，应当询证本公司与贵公司的往来账项等事项。下列数据出自本公司账簿记录，如与贵公司记录相符，请在本函下端“数据证明无误”处签章证明；如有不符，请在“数据不符”处列明不符金额，并附加说明事项详为指正。

回函请先邮件至：财智未来会计师事务有限公司邮箱caizhiweilai@iofedu.com，原件请快递至：北京市东城区朝外大街银河SOHO A座10层11002室

1. 本公司与贵公司的往来账项列示如下：

截止日期	项目	贵公司欠	欠贵公司	说明
2023年12月31日	轩辕煤电有限公司货款		1,600,000.00	合同约定按账期付款

2. 其他事项

本函仅为复核账目之用，并非催款结算。若款项在上述日期之后已经付清，仍请及时函复为盼。

结论：

1. 数据证明无误

公司签章：

日期：

2. 数据不符，请列明不符金额及需加说明事项

与轩辕煤电有限公司发生过壹佰壹拾万元的经济业务往来，而不是壹佰陆拾万元，尚未付款。

公司签章：山西大山矿业有限公司 公章

日期：2024年元月30日

图5－23　山西大山矿业有限公司询证函

询证函

编号：092

石嘴山矿业有限公司　公司：

本公司聘请的财智未来会计师事务有限公司正在对本公司客户往来账务进行核查工作，按照中国注册会计师执业准则的要求，应当询证本公司与贵公司的往来账项等事项。下列数据出自本公司账簿记录，如与贵公司记录相符，请在本函下端“数据证明无误”处签章证明；如有不符，请在“数据不符”处列明不符金额，并附加说明事项详为指正。

回函请先邮件至：财智未来会计师事务有限公司邮箱caizhiweilai@iofedu.com，原件请快递至：北京市东城区朝外大街银河SOHO A座10层11002室

1. 本公司与贵公司的往来账项列示如下：

截止日期	项目	贵公司欠	欠贵公司	说明
2023年12月31日	轩辕煤电有限公司货款		2,300,000.00	合同约定按账期付款

2. 其他事项

本函仅为复核账目之用，并非催款结算。若款项在上述日期之后已经付清，仍请及时函复为盼。

结论：

1. 数据证明无误

公司签章：

日期：

2. 数据不符，请列明不符金额及需加说明事项

与轩辕煤电有限公司发生过壹佰捌拾伍万元的经济业务往来，而不是贰佰叁拾万元，尚未支付。

公司签章：石嘴山矿业有限公司 公章

日期：2024年元月30日

图5－24　石嘴山矿业有限公司询证函

图 5 – 25　大庆矿业有限公司询证函

　　经核查发现，9 月第 15 号记账凭证应付账款的归还超出其贷方发生额，导致出现借方余额，即应付账款为负数。后通过询问，公司财务人员如实说出该业务的真相：

　　1 号股东曾向公司借款金额达 470 万元（见图 5 – 26），股东明确借款不予归还，视为分红，总经理让财务想办法处理，因此财务做账如下：

借：应付账款——AA 客户　　　　　　　　　　　　　　　　　　　2 300 000

　　　　　——BB 客户　　　　　　　　　　　　　　　　　　　1 600 000

　　　　　——DD 客户　　　　　　　　　　　　　　　　　　　　800 000

　贷：银行存款——北京商业银行　　　　　　　　　　　　　　　4 700 000

（三）解决问题

编写修正分录：

调整应付账款往来科目。

借：其他应收款——1 号股东　　　　　　　　　　　　　　　　　4 700 000

　贷：应付账款——石嘴山矿业有限公司　　　　　　　　　　　　2 300 000

　　　　　　——山西大山矿业有限公司　　　　　　　　　　　1 600 000

　　　　　　——大庆矿业有限公司　　　　　　　　　　　　　　800 000

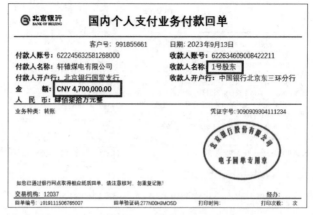

图 5-26　轩辕煤电公司付 1 号股东付款回单

三、总结

经分析往来核算税务风险"收到货款不及时确认收入"时，发现真实的业务是，国煤（哈尔滨）集团公司租赁轩辕煤电公司机器设备未付款，长期挂账应付账款，而为了隐瞒这项收入，轩辕煤电公司编造了给总部代垫新闻发布会费用的业务。

经核查发现，9 月第 15 号记账凭证应付账款的归还超出其贷方发生额，导致出现借方余额，即应付账款为负数。后通过询问，公司财务人员如实说出该业务的真相：1 号股东曾向公司借款金额达 470 万元，股东明确借款不予归还，视为分红。总经理让财务伪造了应付账款的归还业务用于冲减股东借款。

四、场景三

根据轩辕煤电公司 2023 年 2 月 1 日至 12 月 31 日科目汇总表、期初数据汇总表以及上述修正后凭证数据，利用健康财税体检软件进行分析发现，轩辕煤电公司往来核算曾经存在的四项风险点，期末预收账款与销售收入变动不匹配、期末应付账款与销售成本变动不匹配、应付账款为负数以及收到货款不及时确认收入风险点已全部消失（见图 5-27）。

图 5-27　轩辕煤电公司往来核算风险检测

第八节　编写风险分析报告

1.（多选题）通过"健康财税体检"，我们看到案例企业"往来核算税务风险"出现的问题有（　　）。

A. 期末预售账款与销售收入变动不匹配

B. 期末应付账款与销售成本变动不匹配

C. 应付账款为负数

D. 收到货款不及时确认收入

2.（多选题）在分析"期末预收账款与销售收入变动不匹配"风险指标时，一般情况下，这个风险指标的出现可能是在（　　）方面出现了问题。

A. 可能存在预售、现销、赊销比例不符合行业惯例

B. 可能存在预收账款入账，未按增值税的相关规定计提销项税额

C. 可能存在收到货款且商品已经发出应确认而未确认收入的情形

D. 可能存在将预收账款和其他往来款对冲的情况

3.（多选题）在核查"可能存在预收账款入账，未按增值税的相关规定计提销项税额"方面时发现，企业 12 月第 17 号记账凭证反映出（　　）。

A. 为了少缴纳增值税，恶意将收入先记入"预收账款"科目，未按增值税的相关规定计提增值税销项税额，延迟缴纳增值税的情形

B. "错记"含税收入 20 万元为预收账款

C. 为了延迟缴纳增值税，没有及时确认收入

D. 应在收到预收款项时，及时确认收入，同时按增值税的相关规定计提销项税额

4.（单选题）在核查"可能存在记账凭证和原始凭证不一致"方面时发现，2月的第 10 号凭证反映出（　　）。

A. 记账会计误将应收账款记入应付账款的贷方，导致核查过程中记账凭证和原始凭证不一致

B. 记账会计误将应收账款记入应付账款的借方，导致核查过程中记账凭证和原始凭证不一致

C. 记账会计误将应付账款记入应收账款的贷方，导致核查过程中记账凭证和原始凭证不一致

D. 记账会计误将应付账款记入应收账款的借方，导致核查过程中记账凭证和原始凭证不一致

5.（多选题）在分析"收到货款不及时确认收入"风险指标时，一般情况下，这个风险指标的出现可能是在（　　）方面出现了问题。

A. 企业如果属于高毛利行业，其增值税税负是否一直处于行业较低水平，可能存在隐瞒收入的动机

B. 企业是否存在应转收入而未转收入的情形

C. 企业挂账预收账款的情形是否应该结转收入

D. 企业账面有大于预收账款余额的存货余额，同时当期无留抵税金，企业通常可能是高毛利无留抵，或者长期调节纳税无留抵，再销售就得全额纳税

第九节　拓展案例

一、延期确认收入

(一) 案例背景

A公司是一家商贸企业，为一般纳税人，对B公司持股30%，为关联企业。该公司在2023年与甲公司签订购销合同，合同约定100万元的货款（不含税，成本80万元）于2023年12月1日发货，甲公司于当年12月31日前支付货款。由于甲公司逾期未支付货款，A公司也就未向其开具发票，同时未将该笔收入在相应会计期间进行申报。

2024年2月1日，A公司收到甲公司发出的113万元货款，同时向其开具增值税专用发票，并于当期申报该笔收入。请判断A公司是否存在税务风险？

(二) 案例分析

1. 存在税务风险。

根据《中华人民共和国增值税暂行条例》第十九条第一款"销售货物或者应税劳务，为收讫销售款项或者取得索取销售款项凭据的当天；先开具发票的，为开具发票的当天。其中，采取赊销和分期收款方式销售货物，为书面合同约定的收款日期的当天。"所以A公司应在2024年1月按规定申报该笔收入。

2. 正确的会计分录。

2023年12月1日。

借：发出商品	800 000
贷：库存商品	800 000

2023年12月31日。

借：应收账款	1 130 000
贷：主营业务收入	1 000 000
应交税费——应交增值税（销项税额）	130 000

二、无法偿还的应付款项未结转收入

(一) 案例背景

A公司存在一笔挂账3年以上的应付账款500万元，该笔账款为2020年1月欠

乙公司的货款，乙公司已于2023年1月1日对该笔账款进行了债务豁免，但A公司至今未作任何处理。请判断A公司是否存在税务风险？

（二）案例分析

1. 存在税务风险。

根据《中华人民共和国企业所得税法》第六条、《中华人民共和国企业所得税法实施条例》第二十五条规定，企业取得财产（包括各类资产、股权、债权等）转让收入、债务重组收入、接受捐赠收入、无法偿付的应付款收入等，无论是以货币形式，还是非货币形式体现，除另有规定外，均应一次性计入确认收入的年度计算缴纳企业所得税。

因此，A公司对该笔应付账款应于2023年转为收入，并计入2023年的应纳税所得额。

2. 正确的会计分录。

2023年1月31日：

借：应付账款	5 000 000
贷：营业外收入	5 000 000
借：营业外收入	5 000 000
贷：本年利润	5 000 000

三、应收账款计提坏账准备的风险

（一）案例背景

A公司于2022年向丁公司销售一笔货物产生应收账款500万元，2023年预计无法收回该笔货款，在2023年9月30日计提了坏账准备2.5万元（采用备抵法核算坏账，且计提坏账比例为5‰，不考虑其他业务），在2023年计算企业应纳税所得额时，扣除了该笔金额。请判断A公司是否存在税务风险？

（二）案例分析

1. 存在税务风险。

根据《中华人民共和国企业所得税法》第八条、第十条，《中华人民共和国企业所得税法实施条例》第三十二条、第五十五条规定，未经核定的准备金支出不得扣除，符合规定并经税务机关核定的坏账损失可在税前扣除。

A公司的该笔坏账准备未经税务机关审核且并非实际发生的损失，只是对资产计提的减值准备，因此不得在税前扣除。

2. 若企业实际发生了坏账损失的处理方式。

若企业实际发生了坏账损失，可按《企业资产损失所得税税前扣除管理办法》的规定确认，并向主管税务机关进行资产损失专项申报方能进行税前扣除。坏账损失的确认证据材料包括：

（1）收、预付账款发生的原始凭据（包括相关事项合同、协议或说明，以及会计凭证）；

（2）人民法院的判决书或裁决书或仲裁机构的仲裁书，或者被法院裁定终（中）止执行的法律文书；

（3）资产损失的会计处理凭证。

并在当期编制会计分录：

借：信用减值损失	250 000	
贷：坏账准备		250 000
借：营业外收入	5 000 000	
贷：本年利润		5 000 000

四、股东借款的风险

（一）案例背景

A 公司的股东杨小强于 2023 年 1 月向企业借款 300 万元，计入其他应收账款，该笔款项至今未归还，并且该笔款项也未用于企业经营。请判断 A 公司是否存在税务风险？

（二）案例分析

存在税务风险。

依据《财政部 国家税务总局关于规范个人投资者个人所得税征收管理的通知》规定：纳税年度内个人投资者从其投资企业（个人独资企业、合伙企业除外）借款，在该纳税年度终了后既不归还，又未用于企业生产经营的，其未归还的借款可视为企业对个人投资者的红利分配，依照"利息、股息、红利所得"项目计征个人所得税。

对于股东杨小强向 A 公司借走的 300 万元可视同分红，需补缴个人所得税 = 300 × 20% = 60（万元）。

五、关联公司间无偿借款的风险

（一）案例背景

A 公司存在一笔其他应收账款共计 500 万元，该笔款项是其于 2023 年 1 月 1 日借于其关联公司 B 公司，未作任何借款合同或者书面协议，且从未向 B 公司收取利息（银行同类同期借款年利率为 5%，按年计提利息）。请判断 A 公司是否存在税务风险？

（二）案例分析

存在税务风险。

（1）根据《关于全面推开营业税改征增值税试点的通知》第十四条规定，单位或者个体工商户向其他单位或者个人无偿提供服务，但用于公益事业或者以社会公众为对象的除外，视同销售服务。

A 公司对于 B 公司的 500 万元借款不收取利息，视同销售服务，需计征增值税。

（2）正确的会计分录。

2023 年 1 月 1 日：

借：其他应收账款——B 公司	5 000 000	
贷：银行存款		5 000 000

年底计提利息时：

企业无偿提供服务，不确认收入，只产生纳税义务

借：营业外支出	15 000	
贷：应交税费——应交增值税（销项税额）		15 000

（3）根据《中华人民共和国税收征收管理法》第三十六条、《中华人民共和国企业所得税法》第四十一条规定，企业与其关联方之间的业务往来，不符合独立交易原则而减少企业或者其关联方应纳税收入或者所得额的，税务机关有权按照合理方法调整。

无偿借款不符合独立交易原则，但也不属于所得税中的视同销售服务，因此 A 公司在申报所得税时，对应的营业外支出（无偿借款不属于公益性捐赠）不得在税前进行扣除，需对应纳税所得额调增 15 000 元。

另外，根据《关于全面推开营业税改征增值税试点的通知》的附件 3《营业税改征增值税试点过渡政策的规定》规定：统借统还业务中，企业集团或企业集团中的核心企业以及集团所属财务公司按不高于支付给金融机构的借款利率水平或者支付的债券票面利率水平，向企业集团或者集团内下属单位收取的利息免征增值税。统借方向资金使用单位收取的利息，高于支付给金融机构借款利率水平或者支付的债券票面利率水平的，应全额缴纳增值税。

第六章　虚增成本税务风险

【课程导读】

　　随着经济的不断发展，国家对于相关企业税务监管也越来越重视，企业想要降低企业所得税，最直接的办法就是降低利润。如何在合法的基础上让利润降低则是企业重点关注的问题。企业利润高本该是件好事，但在缴税时却发现是件坏事。因此，许多企业通过虚增成本、费用的方式来处理。

　　虚增成本、费用是指企业故意将本不属于实际成本和费用的支出，以虚假的方式计入财务报表中，以达到减少应纳税额或获得税收优惠的目的。比如，通过不真实的交易虚构成本、费用等手段进行操作。常见的做法包括购买非增值税发票增加成本费用；或者人为进行调整企业成本，提前多结转成本。但这些做法都会为企业带来一定的税务风险，严重者还会受到监管部门相应的处罚。因此企业应当加强内部控制体系，建立健全审计和内部控制机制，规范财务报表的编制和审核程序。同时，企业应定期进行自查与风险评估，通过对上一年数据以及成本、费用的波动率进行对比，及时发现问题（本章涉及的所有企业名称、相关材料及数据均为虚构，仅作教学使用）。

【学习目标】

　　★掌握业财税一体化思维
　　★了解与成本相关的法律法规
　　★掌握虚增成本税务风险分析指标

【能力目标】

　　★培养学生对成本类项目涉税业务的敏感性
　　★培养学生具有"财税一体化思维"的能力

【素质目标】

　　★培养学生依法纳税意识
　　★培养学生具有严谨、诚信的职业品质和良好的职业道德

第一节　聚焦问题

一、案例背景

高科控股集团股份有限公司

成立日期：2011 年 10 月 5 日

注册地址：北京市海淀区高粱斜街 59 号院 1 号楼 11 层

法定代表人：李学彬

经营范围：一般项目：房地产经纪，非居住房地产租赁，住房租赁，物业管理；房地产评估；房地产咨询；信息咨询服务（不含许可类信息咨询服务），市场营销策划（除依法须经批准的项目外，凭营业执照依法自主开展经营活动）。许可项目：房地产开发经营，各类工程建设活动；建设工程设计，住宅室内装饰装修（依法须经批准的项目，经相关部门批准后方可开展经营活动，具体经营项目以审批结果为准）。

二、场景一

2024 年 9 月 20 日高科控股集团股份有限公司接到国家税务总局北京市税务局第三稽查局税务检查通知书，限定高科控股集团股份有限公司在一周内全面自查 2023 年全年账务，撰写自查报告并进行整改。

第二节　激活旧知

一、成本费用的概念

成本是指企业在生产经营活动中发生的销售成本、业务支出以及其他耗费。

费用是指企业在生产经营活动中发生的销售费用、管理费用和财务费用，在确认费用时，首先应当划分生产费用与非生产费用的界限。生产费用是指与企业日常生产经营活动有关的费用。生产费用应当计入产品生产成本；而非生产费用叫作期间费用，直接计入当期损益。

广义的费用泛指企业各种日常活动发生的所有耗费。

狭义的费用指本期营业收入相匹配的那部分耗费费用，应按照权责发生制和配比原则确认。

二、成本和费用的区别

（一）性质不同

成本是企业的生产支出，它是企业在生产过程中必须支出的费用，是企业经营活动中不可避免的支出。而费用则是企业在日常经营活动中发生的支出，它包括管理费用、销售费用、财务费用等，是企业经营活动中不可避免的支出。

（二）目的不同

成本是企业为了生产产品或提供服务而发生的支出，它的目的是生产产品或提供服务。而费用则是企业为了维持日常经营活动而发生的支出，它的目的是维持企业日常经营活动。

（三）内容不同

成本主要包括直接材料、直接人工、制造费用等，这些支出都是为了生产产品或提供服务。而费用则主要包括管理费用、销售费用、财务费用等，这些支出都是为了维持企业日常经营活动。

（四）账户设置不同

企业在记录成本和费用时，会设置不同的账户。对于成本，企业会设置生产成本账户和制造费用账户，以记录生产产品和提供服务所发生的支出。对于费用，企业会设置管理费用账户、销售费用账户和财务费用账户，以记录维持企业日常经营活动所发生的支出。所以，作为往来核算岗位在整个企业会计核算中起着不可替代的作用。

三、虚增成本费用的目的

1. 从企业综合利益考虑虚增成本费用可以减少账面利润，少缴企业所得税；

2. 从职业经理人角度考虑虚增成本费用会造成利润减少，职业经理人年终绩效会受到影响；

3. 从投资者角度考虑虚增成本费用会减少利润，对于投资者可供分配的税后利润也会减少，造成投资者回报受损害。

四、企业虚增成本费用的方式

1. 报销虚假费用票据。
2. 虚假增加产品销售成本。

3. 账外经营。

4. 阴阳合同。

5. 虚发工资。

6. 利润转移。

7. "监守自盗"确认损失。

8. 高新技术企业实验报损。

五、企业虚增成本费用的后果

(一) 财务困境

虚增成本费用可能会使企业财务状况恶化，影响企业的利润率、现金流，甚至可能导致企业陷入财务困境，甚至无法维持业务运营。

(二) 违约风险

虚增的成本费用可能会导致企业无法履行与合作伙伴、供应商或金融机构的协议。如果虚增成本被发现，企业可能会违反契约义务，导致对方采取法律行动或解除合同关系。

(三) 财务报告不准确

虚增成本费用会导致财务报告不准确，违背企业会计准则和审计要求。这可能会引起审计问题和用户质疑，影响企业的透明度和可靠性。

(四) 法律责任

根据我国《刑法》的规定，企业通过虚假方式增加成本支出，并且相应少报或者不申报税务的行为，情节严重时构成逃税罪。逃税罪的处罚可以是三年以下有期徒刑或者拘役，并处罚金；情节更严重者，可处三年以上七年以下有期徒刑，并处罚金。此外，还可能面临对单位和个人的罚款、行政处分，甚至吊销会计人员的从业资格证书。

(五) 税务稽查风险

虚增成本费用会被视为偷税行为，可能导致税务稽查，进而产生一系列后遗症，如大额应付账款无法支付、存货账实不符等问题。

【实训练习1】

（多选题）虚列成本的表现形式有（　　　）。

A. 虚列直接材料费用 　　　　B. 虚转完工产品成本、销售成本

C. 虚计期间费用 　　　　　　D. 虚增制造费用

第三节 健康财税体检

将高科控股集团股份有限公司 2023 年 1 月 1 日至 12 月 31 日科目汇总表、期初数据汇总表以及修正前凭证数据等 Excel 表格下载后进入实训平台，按系统提示依次导入健康财税体检软件，并进行健康体检。软件显示高科控股集团股份有限公司虚增成本存在三项税务风险，分别是主营业务成本与收入变动不匹配、企业增值税税负过大以及增值税与毛利不匹配（见图 6–1~图 6–5）。

图 6–1 下载高科控股科目汇总表、期初数据汇总表以及修正前凭证数据

企业会计准则2017版				导入科目					
科目编码	科目名称	类别	余额方向	科目编码	科目名称	类别	余额方向	匹配科目	操作
1001	库存现金	资产	借	1001	库存现金	资产	借	1001库存现金	编辑
1002	银行存款	资产	借	1002	银行存款	资产	借	1002银行存款	编辑
1012	其他货币资金	资产	借	100201	北京银行朝阳支行	资产	借	1002银行存款	编辑
101201	外埠存款	资产	借	100202	中国银行朝阳支行	资产	借	1002银行存款	编辑
101202	银行本票存款	资产	借	100203	农业银行朝阳支行	资产	借	1002银行存款	编辑
101203	银行汇票存款	资产	借	1012	其他货币资金	资产	借	1012其他货币资金	编辑
101204	信用卡存款	资产	借	1121	应收票据	资产	借	1121应收票据	编辑
101205	信用证保证金存款	资产	借	1122	应收账款	资产	借	1122应收账款	编辑
101206	存出投资款	资产	借	112201	A客户	资产	借	1122应收账款	编辑

图 6–2 导入科目汇总表进行科目初始化

图 6 - 3　导入期初数据和修正前凭证数据

图 6 - 4　进行税务风险体检

图 6 - 5　高科控股虚增成本税务风险点

第四节　论证新知

一、业财税一体化思维模型

1. 问题指向。

2. 指标公式。

3. 检查方向。

（1）查验与关联方的交易价格，检查关联方采购或者向关联方销售来进行利润转移的行为。

判断：A. 关联方的交易价格是否公允；

B. 是否存在从关联方高价采购；

……

4. 风险指标阈值。

二、虚增成本税务风险分析指标

（一）主营业务收入成本率高于行业

1. 问题指向。

核查企业主营业务成本率是否显著高于行业值，可能存在已销售未计收入、多列成本费用或扩大税前扣除范围等问题。

2. 指标公式。

$$本期主营业务收入成本率 = 本期累计主营业务成本 \div 本期累计营业收入$$
$$行业率 = （本期主营业务收入成本率 - 1） \div 1$$

注："1"为通用行业预警指标。

3. 检查方向。

（1）检查销售合同、商品出库记录，检查货币资金、应收账款、预收账款、其他应付款等科目，并对收入进行截止性测试。

判断：收入的真实性。

（2）检查采购合同、商品入库记录，检查货币资金、预付账款、应付账款等科目，并对存货进行盘点。

判断：存货采购的真实性。

（3）检查进销存台账以及成本结转分录。

判断：销售成本计算结转是否准确无误。

（4）检查成本明细账。

判断：是否存在科目核算错误，将费用计入本科目。

（5）检查企业原材料的价格是否上涨。

判断：成本上升的合理性。

（6）检查企业原材料结转方法、产成品与在产品之间的成本分配。

判断：A. 企业原材料结转方法是否发生改变；

B. 企业的成本分配是否合理；

C. 是否将在建工程成本计入生产成本等问题。

（7）查验与关联方的交易价格，检查关联方采购或者向关联方销售来进行利润转移的行为。

判断：A. 关联方的交易价格是否公允；

B. 是否存在从关联方高价采购；

C. 是否向关联方低价销售来进行利润转移的行为。

4. 风险指标阈值。

主营业务收入成本率高于行业风险指标阈值如表6 – 1所示。

表6 – 1　　　　　　　　　主营业务收入成本率高于行业风险指标阈值

风险阈值	
存在风险	0.03 < 高于行业率 = 0.05
高等风险	0.05 < 高于行业率 ≤ 0.1
极度危险	高于行业率 > 0.1

（二）主营业务成本与收入变动不匹配

1. 问题指向。

主营业务成本变动幅度显著大于主营业务收入变动幅度，可能存在虚增成本的情形，反之可能是虚增收入的情形。正常情况下，主营业务成本变动率与主营业务收入变动率应基本同步增长，弹性系数应接近1。

2. 指标公式。

$$本期主营业务成本变动率 = （本期主营业务成本 - 上期主营业务成本）$$
$$\div 上期主营业务成本$$

$$本期主营业务收入变动率 = （本期主营业务收入 - 上期主营业务收入）$$
$$\div 上期主营业务收入$$

$$\frac{主营业务成本与}{收入变动匹配率} = \frac{本期主营业务}{成本变动率} \div \frac{本期主营业务}{收入变动率}$$

3. 检查方向。

（1）检查销售合同、商品出库记录，检查货币资金、应收账款、预收账款、其他应付款等科目，并对收入进行截止性测试。

判断：收入的真实性。

（2）检查采购合同、商品入库记录，检查货币资金、预付账款、应付账款等科目，并对存货进行盘点。

判断：存货采购的真实性。

（3）检查进销存台账以及成本结转分录。

判断：销售成本计算结转是否正确。

（4）检查成本明细账。

判断：是否存在科目核算错误，将费用计入本科目。

（5）检查企业原材料的价格是否上涨。

判断：成本上升的合理性。

（6）检查企业原材料结转方法是否发生改变，产成品与在产品之间的成本分配是否合理。

判断：是否存在将工程成本计入生产成本等问题。

4. 风险指标阈值。

主营业务成本与收入变动风险指标阈值如表6-2所示。

表6-2　　　　　　　　主营业务成本与收入变动风险指标阈值

	风险阈值
存在风险	A. 0.8≤主营业务成本与收入变动匹配率<1；本期主营业务成本变动率<0；本期主营业务收入变动率<0 B. 1<主营业务成本与收入变动匹配率≤1.2；本期主营业务成本变动率>0；本期主营业务收入变动率>0
高等风险	A. 0.5≤主营业务成本与收入变动匹配率<0.8；本期主营业务成本变动率<0；本期主营业务收入变动率<0 B. 1.2<主营业务成本与收入变动匹配率≤1.5；本期主营业务成本变动率>0；本期主营业务收入变动率>0
极度危险	A. 0≤主营业务成本与收入变动匹配率<0.5；本期主营业务成本变动率<0；本期主营业务收入变动率<0 B. 1.5<主营业务成本与收入变动匹配率；本期主营业务成本变动率>0；本期主营业务收入变动率>0 C. 本期主营业务成本变动率>0；本期主营业务收入变动率<0

（三）营业成本费用利润率低于行业

1. 问题指向。

营业成本费用利润率明显低于行业平均水平，判断为异常。可能存在少计收入，多转成本，多提多摊相关费用或多转成本，多提、多摊相关费用或将资本性支出一次性在当期列支的情况。

2. 指标公式。

营业成本费用率 = 本期累计营业利润÷（本期累计营业成本+本期累计税金及附加+本期累计销售费用+本期累计管理费用+本期累计财务费用）

$$低于行业率 = (营业成本费用率 - 行业营业成本费用利润率)$$
$$\div 行业营业成本费用利润率$$

3. 检查方向。

（1）检查销售合同、商品出库记录，检查货币资金、应收账款、预收账款、其他应付款等科目，并对收入进行截止性测试。

判断：收入的真实性。

（2）结合进销存台账检查成本明细账。

判断：成本计算及其结转是否正确。

（3）检查大额费用入账是否合理准确，查验合同。

判断：判断其真实性及是否未作摊销处理。

（4）获取员工名册。

判断：A. 其人数的合理性；

B. 是否存在虚做工资；

C. 是否存在将应计入工程成本、制造费用的人力成本直接计入管理费用或者销售费用。

（5）获取企业银行贷款合同。

判断：A. 是否将用于长期资产建造发生的银行利息直接计入财务费用；

B. 检查其计算的准确性。

（6）检查其他应付款、应付账款等科目期后借方。

判断：A. 其计提的费用是否真实发生；

B. 上述科目是否存在大额红字冲回。

（7）对管理费用、销售费用科目进行明细分析，同历史各期数据进行对比。

判断：是否存在部分费用异常增加。

4. 风险指标阈值。

营业成本费用利润率低于行业风险指标阈值如表6-3所示。

表6-3　　　　　　　　　**营业成本费用利润率低于行业风险指标阈值**

	风险阈值
存在风险	$-0.25 \leqslant$ 高于行业率 < -0.2
高等风险	$-0.3 \leqslant$ 高于行业率 < -0.25
极度危险	高于行业率 < 0.3

（四）费用与主营业务收入变动不匹配

1. 问题指向。

期间费用变动幅度显著大于主营业务收入变动幅度，可能存在虚增费用的情形或虚增收入的情形。正常情况下期间费用变动率与主营业务收入变动率应基本同步增长，弹性系数应接近1。

2. 指标公式。

$$本期主营业务收入变动率 = (本期主营业务收入 - 上月主营业务收入)$$
$$\div 上月主营业务收入$$

$$本期费用变动率 = (本期管理费用 + 本期销售费用 + 本期财务费用 + 本期研发费用)$$
$$- (上月管理费用 + 上月销售费用 + 上月财务费用 + 上月研发费用)$$
$$\div (上月管理费用 + 上月销售费用 + 上月财务费用 + 上月研发费用)$$

$$费用与主营业务收入变动匹配率 = 期间费用变动率 \div 主营业务收入变动率$$

3. 检查方向。

(1) 检查销售合同、商品出库记录，检查货币资金、应收账款、预收账款、其他应付款等科目，并对收入进行截止性测试。

判断：收入的真实性。

(2) 检查费用明细账。

判断：是否存在科目核算错误，将成本计入费用科目。

(3) 检查大额费用入账是否合理准确，查验合同。

判断：判断其真实性及是否未作摊销处理。

(4) 获取员工名册。

判断：A. 其人数的合理性；

B. 是否存在虚做工资；

C. 是否存在将应计入工程成本、制造费用的人力成本直接计入管理费用或者销售费用。

(5) 获取企业银行贷款合同。

判断：A. 是否将用于长期资产建造发生的银行利息直接计入财务费用；

B. 检查其计算的准确性。

(6) 检查其他应付款、应付账款等科目期后借方。

判断：A. 其计提的费用是否真实发生；

B. 上述科目是否存在大额红字冲回。

(7) 对管理费用、销售费用科目进行明细分析，同历史各期数据进行对比。

判断：是否存在部分费用异常增加。

4. 风险指标阈值。

费用与主营业务收入变动风险指标阈值如表 6-4 所示。

表 6-4　　　　　　　　　　费用与主营业务收入变动风险指标阈值

	风险阈值
存在风险	A. 0.8 ≤ 费用与主营业务收入变动匹配率 < 1；本期费用变动率 < 0；本期主营业务收入变动率 < 0
	B. 1 < 费用与主营业务收入变动匹配率 ≤ 1.2；本期费用变动率 > 0；本期主营业务收入变动率 > 0

续表

风险阈值	
高等风险	A. 0.5≤费用与主营业务收入变动匹配率 <0.8；本期费用变动率 <0；本期主营业务收入变动率 <0 B. 1.2 <费用与主营业务收入变动匹配率≤1.5；本期费用变动率 >0；本期主营业务收入变动率 >0
极度危险	A. 0≤费用与主营业务收入变动匹配率 <0.5；本期费用变动率 <0；本期主营业务收入变动率 <0 B. 1.5 <费用与主营业务收入变动匹配率；本期费用变动率 >0；本期主营业务收入变动率 >0 C. 本期费用变动率 >0；本期主营业务收入变动率 <0

（五）销售成本大于销售收入

1. 问题指向。

正常情况下销售收入应大于销售成本，而造成销售成本大于销售收入的原因可能是企业上下游勾结串通，为压低开票价格造成较长时期内成本大于收入的情形或多转成本的情形。

2. 指标公式。

$$销售毛利 = 本期营业收入 - 本期营业成本$$

3. 检查方向。

（1）检查企业售价低于历史同期的原因，评估其合理性。

判断：A. 是否符合市场行情；

B. 是否是长时间低价销售。

（2）如成本明显高于历史同期，应检查其成本计算。

判断：A. 成本的结转是否正确；

B. 是否存在虚转成本的情形。

（3）核查企业的上下游客户情况。

判断：A. 是否存在关联关系；

B. 是否利用销售价格调节利润逃避纳税。

4. 风险指标阈值。

销售成本大于销售收入风险指标阈值如表 6 - 5 所示。

表 6 - 5　　　　　　　　　销售成本大于销售收入风险指标阈值

风险阈值	
存在风险	毛利 <0

（六）财务费用占借款比例过大

1. 问题指向。

企业列支的财务费用应不高于同期贷款利息，按中长期贷款计算一般不应高于年息6%。企业的财务费用高于长期借款和短期借款之和的6%，则企业可能多列了财务费用。

2. 指标公式。

$$年化利息率 = 本年累计财务费用 \div (本期短期借款 + 本期长期借款)$$

3. 检查方向。

（1）检查银行借款合同，测算利息。

判断：利息的计算是否准确。

（2）检查贷款的用途

判断：A. 是否属于建造长期资产而发生的财务费用；

B. 这部分财务费用是否应予资本化。

（3）检查企业是否有关联方。

判断：A. 是否存在关联方借款；

B. 关联债资比是否高于税法规定。

（4）检查借款是否用于企业自身生产经营。

判断：是否存在母公司借款但将款项用于其关联企业，而财务费用全部计入了母公司的情况。

4. 风险指标阈值。

财务费用占借款比例过大风险指标阈值如表6-6所示。

表6-6　　　　　　　　　　财务费用占借款比例过大风险指标阈值

	风险阈值
存在风险	0.06 < 财务费用占借款比率 ≤ 0.08
高等风险	0.08 < 财务费用占借款比率 ≤ 0.1
极度危险	财务费用占借款比率 > 0.1

（七）企业期间费用占收入比重过大

1. 问题指向。

企业期间费用占收入比重过大，说明企业可能存在虚假业务的情况、虚开发票或多列费用的情况。

2. 指标公式。

$$本期期间费用占销售收入比 = \left(本期销售费用 + 本期管理费用 + 本期财务费用 + 本期研发费用 \right) \div 本期营业收入$$

3. 检查方向。

（1）检查期间费用明细账。

判断：A. 关注大额费用的真实性；

B. 尤其是大额办公用品发票是否后附明细清单；

C. 咨询费是否按照受益期限摊销。

（2）检查固定资产折旧、长期待摊费用摊销情况。

判断：固定资产折旧、长期待摊费用摊销计算的准确性。

（3）核查研发费用账务情况。

判断：研发费用是否按照规定归集。

（4）结合借款合同分析财务费用的情况。

判断：A. 列支是否正确；

B. 是否应予资本化；

C. 是否应在关联企业间分摊。

4. 风险指标阈值。

期间费用占收入比重过大风险指标阈值如表6-7所示。

表6-7　　　　　期间费用占收入比重过大风险指标阈值

风险阈值	
存在风险	0.2 < 本期期间费用占销售收入比率 ≤ 0.25
高等风险	0.25 < 本期期间费用占销售收入比率 ≤ 0.3
极度危险	本期期间费用占销售收入比率 > 0.3

（八）企业增值税税负过多

虚增成本税负风险指标明细如表6-8所示。

表6-8　　　　　　虚增成本税负风险指标明细

指标类型	指标明细	指标值	偏离方向	风险级别
虚增成本税负风险	企业增值税税负过大	0.107349	偏低	极度危险

1. 问题指向。

企业增值税负超过3.2%，毛利率超过了20%，是不符合实际情况的，企业很可能存在虚开发票的情形。同时由于是虚假的业务，计算所得税时其取得的成本费用发票也不能扣除，还存在少缴所得税的风险。

2. 指标公式。

$$本期增值税税负 = 应交增值税 ÷ 本期营业收入$$

3. 检查方向。

（1）检查采购、销售业务。

判断：是否货物流、资金流、发票流三流一致。

（2）检查企业开具的发票。

判断：企业经营是否超出企业经营范围。

（3）检查销售发票所列商品品种以及采购发票所列商品品种。

判断：采购商品与销售商品是否一致。

（4）核查企业的销售地域、销售业务量。

判断：是否符合自身人力、资金水平。

（5）检查商品的进销存记录以及物流第三方的送货记录。

判断：核实其业务的真实性。

4. 风险指标阈值。

增值税税负过多风险指标阈值如表 6 − 9 所示。

表 6 − 9   增值税税负过多风险指标阈值

	风险阈值
存在风险	0.032 < 本期增值税税负 ≤ 0.036
高等风险	0.036 < 本期增值税税负 ≤ 0.040
极度危险	本期增值税税负 > 0.040

（九）企业高毛利低税负

1. 问题指向。

如果非零售企业毛利率大于 20% ，则企业的毛利率是不正常的，有可能存在虚假经营和虚开发票的情况。企业在高毛利率正常情况下应该高税负，如果企业税负低于相配比的 2.5% ，则可能存在在三项费用中虚抵乱列费用项目的情况。

2. 指标公式。

$$毛利率（月）=（本期营业收入 - 本期营业成本）\div 本期营业收入$$
$$本期增值税税负 = 应交增值税 \div 本期营业收入$$
$$企业高毛利低税负 = 毛利率（月）\div 本期增值税税负$$

3. 检查方向。

（1）核查高毛利。

判断：是否符合行业特点以及市场供需状况。

（2）检查采购、销售业务。

判断：业务是否货物流、资金流、发票流三流一致。

（3）检查商品的进销存记录以及物流第三方的送货记录。

判断：核实其业务的真实性。

（4）检查大额三项费用。

判断：核实金额与发生的真实性。

4. 风险指标阈值。

高毛利率低税负风险指标阈值如表 6 − 10 所示。

表 6 – 10	高毛利率低税负风险指标阈值
	风险阈值
存在风险	本期毛利率 > 0. 2；本期增值税税负 < 0. 025

（十）营业外支出金额过大

1. 问题指向。

营业外支出是核算与生产经营无直接关系的各项支出，如各种罚款、滞纳金、违约金、赞助、捐赠、各种赔款、固定资产净损失等。如果该科目金额较大则企业可能在经营、纳税方面不合规，也存在所得税汇算不准确的风险。

2. 指标公式。

$$本期营业外支出占销售收入比 = 本期营业外支出 ÷ 本期营业收入$$

3. 检查方向。

（1）检查营业外支出明细账，确认该科目金额的具体构成，分析其性质。

判断：A. 根据税法是否可以税前列支；

B. 根据税法不能税前列支的，是否进行纳税调整。

（2）如营业外支出属于处置固定资产形成的，应检查其账务处理。

判断：账务处理的正确性和数据准确性。

（3）核查"营业外支出"科目明细账所记录的内容。

判断：A. 是否属于行政罚款、税收滞纳金、非赞助、公益性捐赠；

B. 是否作了纳税调增处理。

（4）核查"营业外支出"科目明细账所记录的内容。

判断：A. 是否属于日常经营中的违约金、赔款，应检查对应的合同条款；

B. 合同条款的合理合法性；

C. 支付流水已核实其真实性。

4. 风险指标阈值。

营业外支出金额过大风险指标阈值如表 6 – 11 所示。

表 6 – 11	营业外支出金额过大风险指标阈值
	风险阈值
存在风险	0. 01 < 本期营业外支出占销售收入比 ≤ 0. 02 500 000 元 < 本期营业外支出 ≤ 1 000 000 元
高等风险	0. 02 < 本期营业外支出占销售收入比 ≤ 0. 03 1 000 000 元 < 本期营业外支出 ≤ 1 500 000 元
极度危险	本期营业外支出占销售收入比 > 0. 03 本期营业外支出 > 1 500 000 元

（十一）研发费用增幅过大

1. 问题指向。

研发费用是核算企业为了开发新技术、新产品、新工艺而发生的合理支出，它的投入既受公司发展战略的影响，也受公司当下的人力、财力的制约。

研发费用增幅过快，可能企业为了享受研发费用加计扣除或者申报高新企业资质而进行的虚假账务处理。

2. 指标公式。

$$研发费用同期累计比例 = \left(本期累计研发费用 - 同期累计研发费用\right) \div 同期累计研发费用$$

3. 检查方向。

（1）检查研发费用明细账，分析研发费用大幅增长的原因。

判断：其合理性。

（2）检查研发人员的基本情况和人工费用的发生情况。

判断：A. 研发人员是否符合相关条件；

B. 人工费用是否真实。

（3）核查直接费用的归集是否正确。

（4）检查与非研发活动共用的固定资产折旧、长期待摊费用的摊销情况。

判断：是否是按照合理比例分摊的。

4. 风险指标阈值。

研发费用增幅过大风险指标阈值如表 6 – 12 所示。

表 6 – 12　　　　　　　　研发费用增幅过大风险指标阈值

	风险阈值
存在风险	0.5 < 研发费用同期累计比例 ≤ 1
高等风险	1 < 研发费用同期累计比例 ≤ 2
极度危险	研发费用同期累计比例 > 2

（十二）实现增值税与毛利不匹配

1. 问题指向。

实际实现毛利小于理论毛利，可能存在人为多转成本，造成少实现毛利或低于进价销售、返利不记账、往来隐瞒、库存隐瞒等少计销售收入行为造成的少实现毛利。

2. 指标公式。

$$本期理论毛利 = 本期未交增值税 \div 行业增值税税率$$
$$本期实际毛利 = 本期营业收入 - 本期营业成本$$
$$实现增值税与毛利匹配率 = 实际毛利 \div 理论毛利$$

3. 检查方向。

（1）检查成本结转是否正确，是否多转成本。

（2）检查是否存在低于进价销售的情形。

（3）检查是否通过预收账款、其他应付款等往来款隐瞒收入。

4. 风险指标阈值。

实现增值税与毛利不匹配风险指标阈值如表 6 - 13 所示。

表 6 - 13	实现增值税与毛利不匹配风险指标阈值
	风险阈值
存在风险	0.9≤实现增值税与毛利匹配率≤1
高等风险	0.8≤实现增值税与毛利匹配率＜0.9
极度危险	实现增值税与毛利匹配率＜0.8

【实训练习 2】

上海家美乐有限公司系增值税一般纳税人，纳税评估人员通过监管软件提取了该企业年度财务报表中的相关情况。该企业有关财务数据如表 6 - 14 所示。

表 6 - 14	上海家美乐有限公司财务数据	单位：万元
项目	2022 年	2023 年
营业收入	5 436.30	7 467.25
营业成本	2 334.43	3 352.69
管理费用	285.00	321.00
销售费用	208.00	456.00
财务费用	139.00	146.00
营业外支出	133.23	252.93

请填制表 6 - 15。

表 6 - 15

营业收入变动率	营业成本变动率	本期毛利率
本期费用变动率	费用与主营业务收入变动匹配率	本期营业外支出占销售收入比

第五节　业财税一体化检查

高科控股集团股份有限公司业财税一体化检查页面如图 6 - 6 所示。

图 6-6　高科控股集团股份有限公司业财税一体化检查页面

一、基本情况

已知高科控股集团股份有限公司在虚增成本税负风险存在的风险上有：一是主营业务成本与收入变动不匹配；二是企业增值税税负过大；三是实现增值税与毛利不匹配。

（一）一体化建议检查点

1. 检查采购合同、商品入库记录，检查货币资金、预付账款、应付账款等科目，并对存货进行盘点，判断存货采购的真实性。
2. 检查成本明细账，判断是否存在科目核算错误，将费用计入本科目。
3. 检查成本明细账，结合进销存台账，检查成本计算及其结转是否正确。
4. 检查企业开票是否超出企业经营范围。

（二）任务要求

案例分析，查找风险点。

二、业财税一体化检查结果

经检查后，检查结果正确的有（　　　）。
A. 2 号楼并未做沙垫层基础。仅此一项，该企业就多计工程成本造价 133 多万元
B. 工程的桩基并未变更，仍为猫杆静压桩。经重新套用国家定额进行计算，此项目多列支工程成本 85 万元

C. 5 号院地势低，通过施工时道路厚度达到 50 厘米，比实际施工图纸 30 厘米厚度多 20 厘米厚度的黏土水泥用料，实现虚增材料成本 20 多万元

D. 稽查人员入户核查，内墙并未粉刷，所谓的内墙乳胶漆并未使用，明显与事实不符。经计算，上述两项多列成本计 43 万元

第六节 尝试应用

根据 2024 年度税收专项检查工作计划，某市税务局稽查局对某市房地产开发公司高科控股集团股份有限公司 2023 年度纳税情况进行检查。

高科控股集团股份有限公司成立于 2011 年 10 月，2020～2021 年开发金海别墅花园项目，2023 年开始销售。该单位 2023 年度账面反映金海别墅花园项目 1 号至 5 号院商住综合楼共计销售收入 3 305.5 万元，账面利润 278.5 万元。

一、场景二

某市税务局稽查局参与"金海别墅花园项目"稽查人员在会议室开会，内容是关于此案例的稽查预案。

张副局长：我建议先从企业调取会计核算资料、纳税资料及成本结算资料，然后从征管分局调取该单位周边地段其他开发商的纳税资料进行对比分析。

李处长：在此基础上，收集工程监理单位、施工单位、工程造价审核单位等部门的相关资料，开展必要的外围调查取证。

任科长：可以实施询问调查，最后锁定证据，固定事实。

三人点头对视后，分头准备，加上三位稽查人员，一同进入高科控股集团股份有限公司，对金海别墅花园项目实施现场税务稽查工作。

二、场景三

进入高科控股集团股份有限公司，对金海别墅花园项目展开现场税务稽查。在高科控股公司会议室里，稽查人员针对了解到的问题展开讨论。

任科长：我和冯丽丽认真分析了该单位的有关纳税资料。"金海别墅花园项目"商用房占总开发商品房的 15%，项目利润率约 8%。该小区位于市区较繁华地段，其楼盘在建筑结构、容积率、绿化等方面项目与周边其他小区基本类似，平均售价 2 000 元/平方米，比周边项目高近 200 元/平方米，同时高出该市同等类型房产平均成本 180 元。而利润率却明显低于周边其他房地产公司 15% 的平均利润率。

李处长：我们这边核查了收入相关资料，该单位收入已全部入账。

张副局长：建议我们将检查重点锁定在企业的成本费用项目上。

三、业务分析

（一）财税体检报告

财税体检报告如表 6 - 16 所示。

表 6 - 16   财税体检报告

指标类型	指标明细	指标值	偏离方向	风险级别
虚增成本税务风险	主营业务成本与收入 变动不匹配	1.511335	偏高	极度危险
	企业增值税税负过大	0.107349	偏低	极度危险
	增值税与毛利不匹配	0.666350	偏低	极度危险

说明：

1. 偏离方向代表企业指标值与行业标准值的偏离方向，"偏离"表示企业指标值高于行业标准值，"偏低"表示企业指标值低于行业标准值；

2. 表 6 - 16 中的风险级别从低到高分别是有风险、高风险和极度危险三种。

（二）分析问题

经检查发现，该公司开发商高科控股，其账面反映的 2020 ~ 2021 年关于支付给承建商"金海别墅花园"项目的工程款 18 219 000 元，均已支付给施工单位，该情况不太符合行规（见图 6 - 7）。

工程结算审核报告书

编号：190921			时间：2021 年 12 月 20 日		
建设单位	高科控股集团股份有限公司		项目名称	金海别墅花园工程	
施工单位	高科建设开发有限公司		结构类型	砖混	建筑面积	5360.12平方米
结 算 送审造价	人民币小写：	¥20,417,000.00			
	人民币大写：	贰仟零肆拾壹万柒仟元整			
结 算 审核造价	人民币小写：	¥18,219,000.00			
	人民币大写：	壹仟捌佰贰拾壹万玖仟元整			
结 算 核减造价	人民币小写：	¥2,198,000.00			
	人民币大写：	贰佰壹拾玖万捌仟元整			
备注	本工程以项目招投标文件、施工合同和建设单位核实的工程量为依据进行结算。				
建设单位：（盖章）	施工单位：（盖章）	工程造价咨询单位：（盖章）			

图 6 - 7   高科控股集团股份有限公司工程结算审核报告书

从四次付款回单（见图 6 – 8 ~ 图 6 – 11）可以看到：

2020 年 5 月 18 日，支付 5 465 700 元；2020 年 10 月 18 日，支付 5 465 700 元；

2021 年 3 月 18 日，支付 3 643 800 元；2021 年 11 月 18 日，支付 3 643 800 元。

支付总款额与工程结算审核报告书中的结算审核造价金额一致。

图 6 – 8　高科控股集团股份有限公司 2020 年 5 月 18 日付款回单

图 6 – 9　高科控股集团股份有限公司 2020 年 10 月 18 日付款回单

图 6 – 10 高科控股集团股份有限公司 2021 年 3 月 18 日付款回单

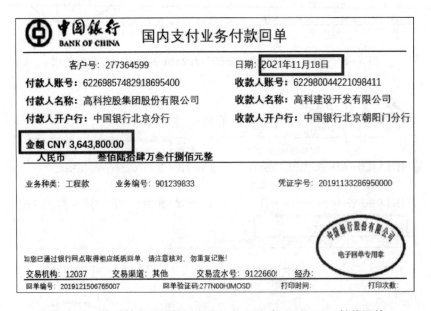

图 6 – 11 高科控股集团股份有限公司 2021 年 11 月 18 日付款回单

场景四

稽查人员依法询问了施工单位负责人。

稽查人员：李总，"金海别墅花园"项目的工程造价是否是真实的？

李学彬：工程造价是真实的，是经过权威部门审计的。

提供了工程造价审核机构出具的《关于金海别墅花园 1 号至 5 号商住楼工程结

算的审核报告》及相关附件（见图6-12）。报告列明该工程报审价为2 041.7万元，审定价为1 821.9万元。该开发商也是按照工程结算报告的金额入账，相关的工程结算单均有开发商、施工单位与工程造价审核机构三方签证，该报告具有法律效力。

工程结算审核报告书

编号：190921			时间：2021年12月20日		
建设单位	高科控股集团股份有限公司		项目名称	金海别墅花园工程	
施工单位	高科建设开发有限公司		结构类型	砖混	建筑面积 5360.12平方米
结　算 送审造价	人民币小写：	¥20,417,000.00			
	人民币大写：	贰仟零肆拾壹万柒仟元整			
结　算 审核造价	人民币小写：	¥18,219,000.00			
	人民币大写：	壹仟捌佰贰拾壹万玖仟元整			
结　算 核减造价	人民币小写：	¥2,198,000.00			
	人民币大写：	贰佰壹拾玖万捌仟元整			
备注	本工程以项目招投标文件、施工合同和建设单位核实的工程量为依据进行结算。				

图6-12　高科控股集团股份有限公司工程结算审核报告书

从施工单位法定代表人与该公司法定代表人的名字分别是李学华、李学彬，怀疑有亲属关系。通过进一步对二人的户口本进行核查，发现二人是兄弟关系。据此分析判断，企业极有可能利用这种关联关系虚增成本。

场景五

稽查人员将核查的情况向李处长汇报。

稽查人员：依据我手里所掌握的全市建安成本价的平均状况相关资料，我认为该企业成本确实有问题的判断是不会有误的，只不过是目前还没有找到证据。

李处长：咱们先从外围突破，锁定重点，看看能否查到问题。

稽查人员：处长，我到建设局工程造价管理处，对在同一区域开发的其他房地产公司的有关情况进行了详细了解，同样得出该公司的单位工程造价偏高的结论。所以，据此推断工程造价审核机构出具的审核报告很有可能存在问题。

李处长：工程施工要经建设单位、施工单位及监理单位三方协作才能完成，国家实行工程强制监理制度，监理资料完成后必须存档，因此要审核审计报告，必须从监理资料入手。详细查阅分部分项工程监理验收记录，了解每一个分部分项工程，并与工程造价审核机构工程结算书中的每一个子项目相核对。

（三）发现问题

通过仔细核对，稽查人员首先发现"金海别墅花园"项目2号楼的监理记录中无沙垫层（见图 6 - 13），而工程结算书中却出现了沙垫层。根据这一线索，稽查人员又详细查阅了监理工作日志及分项工程验收报告和图纸、设计变更等资料，但均未发现"金海别墅花园" 2 号楼有沙垫层的相关记录。

图 6 - 13　高科控股集团股份有限公司设计图纸

稽查人员对当时负责监理的工程师进行了询问，稽查人员核查了监理日志、材料清单和相关图纸。证实某花园 2 号楼并未做沙垫层基础。仅此一项，该企业就多计工程成本造价 133 多万元（见图 6 - 14）。

材料付款清单

单项工程名称：金海别墅花园2号院

材料名称	计量单位	规格	单价	数量	金额	进场日期	拟用部位
钢筋混凝土水泥管	个		290	380.00	110,200.00	2022/5/18	
外六角螺栓	个	M12*120	20	20,000.00	400,000.00	2022/5/18	
建筑木方	立方米	落叶松木龙骨	1800	4,500.00	8,100,000.00	2022/5/18	
覆膜模板	张	1220*2440	64	10,000.00	640,000.00	2022/5/18	
沙垫层	吨	砾石过滤	1650	807.00	1,331,550.00	2022/5/18	基础、主体
混凝土预制桩	件		580	3,000.00	1,740,000.00	2022/5/18	
屋顶屋面找坡垫层	立方米	轻集料混凝土	118	810.00	95,580.00	2022/5/18	

图 6 - 14　高科控股集团股份有限公司材料付款清单

稽查人员进一步检查发现，"金海别墅花园"项目工程桩基础图纸中明确设计为猫杆静压桩，而工程审核结算书中却反映为打混凝土预制桩，两者价格相差 4 ~ 5 倍。

根据国家相关法律的规定，凡影响结构的建筑设计变更必须由原设计单位出具工程设计变更通知书。但稽查人员查阅了全部档案，也未发现桩基的变更通知，相关的监理工作日志及分部分项工程验收报告，也都反映桩基础为猫杆静压桩。经询问监理工程师和相关施工技术人员及设计单位有关人员后得知，该工程的桩基并未变更，仍为猫杆静压桩。经重新套用国家定额进行计算，此项目多列支工程成本 85 万元（见图 6 – 15 ~ 图 6 – 17）。

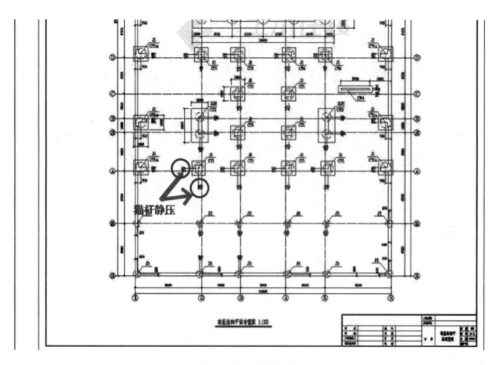

图 6 – 15　设计图纸

材料付款清单

单项工程名称：金海别墅花园2号院

材料名称	计量单位	规格	单价	数量	金额	进场日期	拟用部位
钢筋混凝土水泥管	个		290	380.00	110,200.00	2022/5/18	
外六角螺栓	个	M12*120	20	20,000.00	400,000.00	2022/5/18	
建筑木方	立方米	落叶松木龙骨	1800	4,500.00	8,100,000.00	2022/5/18	
覆膜模板	张	1220*2440	64	10,000.00	640,000.00	2022/5/18	
沙垫层	吨	砾石过滤	1650	807.00	1,331,550.00	2022/5/18	基础、主体
混凝土预制桩	件		580	3,000.00	1,740,000.00	2022/5/18	
屋顶屋面找坡垫层	立方米	轻集料混凝土	118	810.00	95,580.00	2022/5/18	
合计					12,417,330.00		
三方确认	施工单位		监理单位		建设单位		
	高科建设开发有限公司		中建恒通工程管理有限公司		高科控股集团股份有限公司		

图 6 – 16　报批的材料清单

进场材料拟用部位、数量报验单

单项工程名称：金海别墅花园2号院

材料名称	计量单位	规格	单价	数量	金额	进场日期	拟用部位
钢筋混凝土水泥管	个		290.00	380	110,200.00	2022/5/18	
外六角螺栓	个	M12*120	20.00	20000	400,000.00	2022/5/18	
建筑木方	立方米	落叶木松木龙骨	1,800.00	4500	8,100,000.00	2022/5/18	
覆膜模板	张	1220*2440	64.00	10000	640,000.00	2022/5/18	基础、主体
锚杆静压桩	件		300.00	3000	900,000.00	2022/5/18	
屋顶屋面找坡垫层	立方米	轻集料混凝土	118.00	810	95,580.00	2022/5/18	
合计					10,245,780.00		
签字栏	施工单位		监理单位		建设单位		
	高科建设开发有限公司		中建恒通工程管理有限公司		高科控股集团股份有限公司		
	年 月 日		年 月 日		年 月 日		

图 6-17　实际的材料清单

第七节　融会贯通

一、分析问题

场景六

稽查人员又到"金海别墅花园"项目 5 号院进行实地检查。

稽查人员：5 号院于工程结算书中反映该花园的黏土水泥很多，与其他院不同，但是建筑风格都是一样的，为什么会多出来价值 20 多万元的黏土水泥呢（见图 6-18）？

进场材料拟用部位、数量报验单

单项工程名称：金海别墅花园5号院

材料名称	计量单位	规格	单价	数量	金额	进场日期	拟用部位
钢筋混凝土水泥管	个		290.00	510	147,900.00	2023/8/12	
外六角螺栓	个	M12*120	20.00	20000	400,000.00	2023/8/12	
建筑木方	立方米	落叶松木龙骨	1,800.00	5800	10,440,000.00	2023/8/12	
覆膜模板	张	1220*2440	64.00	12000	768,000.00	2023/8/12	
混凝土预制柱	件		580.00	2500	1,450,000.00	2023/8/12	基础、主体
屋顶屋面找坡垫层	立方米	轻集料混凝土	118.00	900	106,200.00	2023/8/12	
外墙乳胶漆	桶	抗碱漆环保	340.00	2000	680,000.00	2023/8/12	
黏土水泥	立方米		395.00	510	201,450.00	2023/8/12	
内墙乳胶漆	组	漆灰色A01 细腻型 20KG/桶+1KG底漆	430.00	1000	430,000.00	2023/8/12	
合计					14,623,550.00		
签字栏	施工单位		监理单位		建设单位		
	高科建设开发有限公司		中建恒通工程管理有限公司		高科控股集团股份有限公司		

图 6-18　材料清单

李学彬：道路厚度不同，5 号院地势低，施工时道路厚度达到 50 厘米。

二、发现问题

稽查人员便在开发商、施工单位、监理单位三方共同见证下，对道路进行了挖掘，并按随机原理，选取若干计算点核定出道路的平均厚度只有 20 厘米。

施工单位拿出道路施工图纸，显示是按 20 厘米的厚度施工的，因此虚列成本达 20 万元。

稽查人员还发现，工程结算书的材料清单中有大量使用室内乳胶漆的记录。

开发商：该小区的房屋均是经内外粉刷后才出售的。

稽查人员入户核查，内墙并未粉刷，所谓的内墙乳胶漆并未使用，明显与事实不符（见图 6 – 19）。经计算，上述两项多列成本计 43 万元。

进场材料拟用部位、数量报验单

单项工程名称：金海别墅花园5号院

材料名称	计量单位	规格	单价	数量	金额	进场日期	拟用部位
钢筋混凝土水泥管	个		290.00	510	147,900.00	2023/8/12	
外六角螺栓	个	M12*120	20.00	20000	400,000.00	2023/8/12	
建筑木方	立方米	落叶松木龙骨	1,800.00	5800	10,440,000.00	2023/8/12	
覆膜模板	张	1220*2440	64.00	12000	768,000.00	2023/8/12	
混凝土预制柱	件		580.00	2500	1,450,000.00	2023/8/12	基础、主体
屋顶屋面找坡垫层	立方米	轻集料混凝土	118.00	900	106,200.00	2023/8/12	
外墙乳胶漆	桶	抗碱漆环保	340.00	2000	680,000.00	2023/8/12	
黏土水泥	立方米		395.00	510	201,450.00	2023/8/12	
内墙乳胶漆	组	深灰色A01 细腻型 20KG/桶+1KG底漆	430.00	1000	430,000.00	2023/8/12	
合计					14,623,550.00		
签字栏		施工单位	监理单位		建设单位		
		高科建设开发有限公司	中建恒通工程管理有限公司		高科控股集团股份有限公司		

图 6 – 19　材料清单

三、解决问题

编写修正分录：

1. 调减金海别墅花园项目虚增的成本。

借：开发费用　　　　　　　　　　　　　　　　　 – 2 803 000

　　应交税费——应交增值税（进项税额）　　　 – 364 390

　　贷：应付账款　　　　　　　　　　　　　　　　 – 3 167 390

2. 结转金海别墅花园项目虚增的成本少缴纳的增值税。

借：应交税费——应交增值税（转出未交增值税）　　　　364 390

　　贷：应交税费——未缴增值税　　　　　　　　　　　　　　　364 390

3. 补提金海别墅花园项目虚增的成本少缴纳的附加税。

城市维护建设税 = 364 390 × 7% = 25 507.30（元）

教育费附加 = 364 390 × 3% = 10 931.70（元）

地方教育附加 = 364 390 × 2% = 7 287.80（元）

借：税金及附加　　　　　　　　　　　　　　　　　　43 726.80

　　贷：应交税费——应交城市维护建设税　　　　　　　　　25 507.30

　　　　　　　　——应交教育费附加　　　　　　　　　　　　10 931.70

　　　　　　　　——应交地方教育附加　　　　　　　　　　　 7 287.80

4. 金海别墅花园项目虚增的成本涉及的损益。

借：开发成本　　　　　　　　　　　　　　　　　　 2 803 000

　　贷：税金及附加　　　　　　　　　　　　　　　　　　　43 726.80

　　　　本年利润　　　　　　　　　　　　　　　　　　 2 759 273.20

提示："主营业务收入""主营业务成本""税金及附加"属于损益类科目，而损益类科目期末无余额，金额需从反方向结转至"本年利润"。

5. 计提虚增成本少计的所得税费用，结转所得税费用。

借：所得税费用　　　　　　　　　　　　　　　　　　 689 818.30

　　贷：应交税费——应交企业所得税　　　　　　　　　　　 689 818.30

借：本年利润　　　　　　　　　　　　　　　　　　　 689 818.30

　　贷：所得税费用　　　　　　　　　　　　　　　　　　　 689 818.30

6. 结转本年利润。

借：本年利润　　　　　　　　　　　　　　　　　　 2 069 454.90

　　贷：利润分配——未分配利润　　　　　　　　　　　 2 069 454.90

四、场景七

根据高科控股集团股份有限公司 2023 年 1 月 1 日至 12 月 31 日科目汇总表、期初数据汇总表、修正后凭证数据等 Excel 表格下载后进入实训平台，利用健康财税体检软件进行分析发现，高科控股集团股份有限公司虚增成本曾经存在的三项风险点，主营业务成本与收入变动不匹配、企业增值税税负过大以及增值税与毛利不匹配已全部消失（见图 6 - 20）。

主营业务成本与收入变动不匹配　　　　企业增值税税负过大　　　　增值税与毛利不匹配

图 6 - 20　高科控股集团股份有限公司虚增成本风险检测

第八节　编写风险分析报告

1. （多选题）通过"健康财税体检"，我们看到案例企业"虚增成本税务风险"出现的问题有（　　）。

A. 主营业务成本与收入变动不匹配　　B. 费用与主营业务收入变动不匹配

C. 企业增值税税负过大　　D. 增值税与毛利不匹配

2. （多选题）"虚增成本费用"税务风险中的风险指标"主营业务收入成本率高于行业"的出现，核查企业主营业务成本率是否显著高于行业值，怀疑可能是由于（　　）。

A. 存在已销售未计收入

B. 存在多列成本费用

C. 存在扩大税前扣除范围等问题

D. 正常情况下期间费用变动率与主营业务收入变动率应基本同步增长，弹性系数应接近 1

3. （多选题）"虚增成本费用"税务风险重点关注 12 项风险指标，下列属于"虚增成本费用"税务风险指标的有（　　）。

A. 主营业务收入费用率高于行业　　B. 主营业务成本与收入变动不匹配

C. 销售成本大于销售收入　　D. 实现增值税与毛利不匹配

4. （多选题）虚增成本费用的目的有（　　）。

A. 从投资者角度考虑虚增成本费用会减少利润，对于投资者可供分配的税后利润也会减少，造成投资者回报受损害

B. 从职业经理人角度考虑虚增成本费用会造成利润减少，职业经理人年终绩效会受到影响

C. 虚假增加产品销售成本（凭空增加销售数量、凭空增加产品单位成本）

D. 从企业综合利益考虑虚增成本费用可以减少账面利润，少缴企业所得税

5. （多选题）下列属于企业虚增成本费用方式的有（　　）。

A. 账外经营、阴阳合同　　B. 虚发工资、转移利润

C. "监守自盗"确认损失　　D. 高新技术企业试验报损

6. （单选题）成本是企业在生产经营活动中发生的，下列关于成本的叙述正确的是（　　）。

A. 销售成本　　B. 业务支出

C. 生产成本　　D. 其他耗费

7. （单选题）费用是指企业在生产经营活动中发生的，下列关于费用的叙述错误的是（　　）。

A. 销售费用　　B. 研发费用

C. 管理费用　　D. 财务费用

第九节　拓展案例

一、案例背景

A 公司是一家房地产开发企业，开发甲小区项目。B 公司系 A 公司关联企业，主要从事建筑施工服务。A 公司分别于 2012 年 7 月、2013 年 1 月、2015 年 9 月与 B 公司签订施工合同，约定 B 公司为甲小区项目提供施工服务，合同总金额 1.42 亿元，取得 B 公司开具的营业税建筑发票共计 1.32 亿元。2010 年至 2023 年，C 公司向 A 公司提供活动策划或顾问服务，A 公司支付并实际申报列支销售费用 1 177 万元。

税务机关认定，2010 年至 2023 年，A 公司存在以下违法事实。

（一）虚增开发成本

A 公司为将不能税前列支的股东分红、管理费用、财务费用等项目予以税前扣除，通过与 B 公司虚构业务、资金回流的方式，让 B 公司为自己开具与实际经营情况不符的发票，虚增工程开发成本 3 715 万元，并用于列支成本。

1. 结合电子数据、银行流水，2012 年，A 公司向 B 公司转账 1 462 万元，2013 年，A 公司向 B 公司转账 2 127 万元，B 公司扣除手续费后，通过江某等个人账户回流给 A 公司，共计 3 715 万元。

2. 结合 A 公司内账情况，A 公司内账记载截至 2018 年，A 公司共支付 B 公司建筑安装工程费 9 547 万元，与实际结算金额能够对应，与取得发票金额相差 3 715 万元。

（二）虚增销售费用

A 公司通过与 C 公司虚构业务、资金回流的方式，虚增销售费用 584 万元。

1. 结合合同条款，A 公司与 C 公司约定按销售收入比例提取佣金，但 A 公司实际按照定额支付佣金金额，且在 2021 年 A 公司已处于销售尾盘阶段，但仍与 C 公司签订四份佣金合同合计 299 万元，不符合常理。

2. 结合资金支付及银行流水，A 公司与 C 公司金额往来的收款人均与 A 公司存在关联关系，且存在资金回流现象。

3. 结合发票取得情况，2020 年至 2023 年，A 公司与 C 公司之间共有 267 万元营销策划费或宣传活动费为现金支付或委托收款且无收据。

4. 结合 A 公司内账情况，其 2010 年至 2023 年销售费用合计为 592 万元，与电子数据等所列示的数据相同，与列支的 1 177 万元相差 584 万元。

（三）未依法分摊成本

A 公司未对甲小区项目的土地成本和其他成本进行区分，也未按照可售面积对项目的土地成本和共同成本进行分摊，导致应纳税所得额计算不准确。

（四）处罚情况

首先，认定 A 公司在 2011 年至 2023 年，通过虚假合同、资金回流支付手续费、内外账等方式，少计应纳税所得额，依法进行成本分摊调整后，确认合计少缴企业所得税 1 083 万元。

其次，因 A 公司已经在 2021 年进行土地增值税清算，且清算已由主管税务机关审核，税务机关针对 A 公司虚增的开发成本 3 715 万元，对其土地增值税申报情况进行调整，认定其少缴土地增值税 395 万元。

最后，认定 2010 年至 2023 年 A 公司通过虚增营业成本和销售费用，造成少缴企业所得税和土地增值税合计 1 478 万元的行为属于偷税，拟对其少缴税款处罚款 2 217 万元。

二、案例分析

（一）业务真实性风险：偷税和虚开的双重责任

实践中，税务机关认定业务真实性主要围绕货物流、资金流、发票流、合同流展开检查。相较于真实业务，虚构业务在"四流"上存在一定瑕疵。房地产开发企业在没有真实业务的情况下虚增成本、扣除项目，从而少缴税款的，构成偷税，首先会引发企业所得税、土地增值税纳税调整风险，需要补缴少缴的税款，加收滞纳金，并承担 0.5 倍到 5 倍罚款。如果虚增成本的凭证系增值税专用发票，对于抵扣的进项税额也属于少缴税款范畴，需作进项转出，补缴税款、滞纳金并加处罚款。同时，虚开税款数额在 10 万元以上，或者造成国家税款损失数额在 5 万元以上的，还可能被移送司法追究虚开增值税专用发票罪的刑事责任。虚增成本主要通过虚构合同、资金回流等方式实现。

1. 虚构合同。

目前，常见的虚构合同形式主要包括三种：一是与关联公司约定的工程造价单价明显偏高；二是将已经包含在总合同中的工程建设单独、重复签订虚假合同；三是通过虚构补充协议，增加工程成本。

案例中，A 公司虚增工程成本及销售费用均采取了签订补充协议的方式。上述业务之所以被认定为虚构业务，主要有两方面的原因：从时间上看，A 公司与 B 公司的施工补充协议系在相应项目工程竣工后签订，A 公司与 C 公司的部分佣金协议也系在项目已进入尾盘销售阶段后签订，明显不具有必要性与合理性。从内容上看，A 公司向 C 公司支付佣金的付款方式与其合同约定不一致，也与房地产行业佣金支付的惯例不符，难以与其他证据材料相互印证来支撑业务真实性。

2. 资金回流。

资金回流指的是企业间通过对公账户收付资金，通过私人账户又回流到付款一方的私人账户。存在资金回流不一定是虚开，没有资金回流也并非就能排除虚开的嫌疑，但资金回流始终是认定业务真实性，把握虚开风险的重要抓手之一。根据《税收征收管理法》第五十四条第（六）项的规定，税务机关有权查询纳税人银行存款账户。随着税收大数据大大提高了税务监管能力，银税互动也为税务机关发现税收违法提供了一条可靠的途径，纳税人资金存在可疑情形的，极易触发税务预警。

案例中，A 公司与 B 公司签订合同虚构业务，通过 A 公司公户向 B 公司转账，B 公司再通过私人账户，将款项支付给予 A 公司存在关联关系的收款人私户，在体外实现资金循环。资金循环过程中，B 公司扣除相应的手续费，向 A 公司虚开发票。A 公司与 B 公司之间部分业务不存在真实合意，走账仅仅是为达到支付手续费与开票的目的。

（二）成本核算风险：未依法区分成本而被纳税调整

根据《房地产开发经营业务企业所得税处理办法》的规定，企业在进行成本、费用的核算与扣除时，必须按规定区分期间费用和开发产品计税成本、已销开发产品计税成本与未销开发产品计税成本。对于已开发产品，其计税成本应按当期已实现销售的可售面积和可售面积单位工程成本确认，并可以在当期按规定扣除。

案例中，A 公司未对其甲项目成本进行区分，违背了上述成本扣除的税务处理规则，导致在成本列支不实的基础上，错误认定了成本发生时间，使得相关成本未能在实现销售的当年得到结转，而在以后年度集中结转，造成成本核算违背收入与成本配比的原则，税务机关有权对该项目的土地成本和其他成本进行区分，并对各期工程结转的成本进行纳税调整。

（三）成本扣除风险：违规扣除与不得扣除

1. 违规扣除不得扣除的项目。

根据《企业所得税法》《企业所得税法实施条例》，向投资者支付的股息、红利、税收滞纳金、罚金、罚款和被没收财物的损失、不符合条件的捐赠支出、赞助支出、未经核定的准备金支出、企业之间支付的管理费、企业内营业机构之间支付的租金和特许权使用费、非银行企业内营业机构之间支付的利息、超过限额的业务招待费、广告费和业务宣传费支出、与取得收入无关的其他支出不得扣除。如果企业通过将上述支出转化为一些可以扣除的名目予以违规扣除，不仅应当进行纳税调整，还可能构成在账簿上多列成本的偷税行为。

案例中，A 公司将股东分红、B 公司的管理费在税前予以扣除，违背了上述规定。一是股东分红是以公司税后利润支付的，不应在税前扣除；二是 A 公司向 B 公司支付的管理费系为促进业务发展而产生的，不属于与其取得收入直接相关的支出，也不应在税前扣除。A 公司对上述支出予以违规扣除的行为属于偷税，应当被纳税调整。

2. 扣除无票支出项目。

根据《企业所得税税前扣除凭证管理办法》第五条的规定，企业发生支出应取得税前扣除凭证，作为税前扣除的依据。对于增值税应税项目，原则上以发票作为税前扣除凭证。对房地产企业而言，企业在归集计税成本或扣除项目时，对于其应当取得但未取得合法凭证的，则不得计入上述成本。根据《土地增值税暂行条例实施细则》《土地增值税清算管理规程》，土地增值税扣除取得土地使用权所支付的金额、房地产开发成本、财务费用及与转让房地产有关的税金，也要求提供合法有效凭证；不能提供合法有效凭证的，不予扣除或不能据实扣除。虽然土地增值税法规没有一律要求以发票作为扣除项目确认凭证，但在地方征管实践中，对大多数扣除项目都以发票作为确认的基础。

案例中，2020 年 7 月以来，A 公司以现金支付等方式向 C 公司支付巨额销售费用，既未取得发票，也未取得收据等其他可以证明支出真实发生的凭证，A 公司对上述支出予以税前扣除存在巨大的虚列成本风险。在土地增值税方面，对于 A 公司支付的利息费用，只有能够提供金融机构证明的，才可以据实扣除，如相关利息产生于关联企业借款，则只能按照法定比例扣除，可能产生扣除金额低于实际支出的风险。

（四）账务管理风险：账外经营偷逃税的隐患

"两套账"即内外账，内账对内提供，能够相对真实地反映企业经营情况，外账对外提供，用于报税和应对外部检查。随着全面数字化的电子发票正式实现试点全覆盖，税务监管将进一步体现全方位、全业务、全流程、全智能的精准监管，发挥"以数治税"的优势。未来再想通过两套账偷逃税，无疑存在巨大的税务风险。两套账即纳税人存在账外经营的情形，纳税人存在在账外上多列支出、少列收入的行为，可能被定性偷税，不仅需要补缴税款、滞纳金，还将承担不缴或少缴税款 0.5 倍以上 5 倍以下的罚款，甚至被追究逃税罪的刑事责任。

案例中，A 公司通过在外账上虚增成本和销售费用，少缴了企业所得税和土地增值税，已经被定性偷税并处罚，如果 A 公司后续无法按期缴纳税款、滞纳金及罚款，还可能被移送公安追究逃税罪的刑事责任。需要强调的是，案例中存在多项税收违法行为竞合的现象，即同一行为可能同时构成账外经营、虚增成本、违规扣除，对于违法行为竞合的，根据一事不二罚的原则，只能进行一次行政处罚。

三、案例启示

案例中，税务机关通过调取涉案企业的合同与结算单等业务资料、电子数据与银行流水等财务资料，结合其已经掌握的涉税资料，发现了 A 公司虚增成本、虚列销售费用的税收违法行为。例如，A 公司与 B 公司的施工补充协议约定的造价偏高，而结算单、内账记载的金额偏低，发现 A 公司工程成本列支不实的异常情况；又结合电子数据和银行流水，发现 A 公司与 B 公司之间的资金收付异常、存在资金回流，强化了其不具备真实交易，虚增成本的事实认定。

可见，通过证据间的矛盾，税务机关可以发现企业开展业务的异常情况，而通过能够相互印证的证据，税务机关能够还原真实的交易往来，对税收违法行为的性质和程度作出认定。对于纳税人来说，应当清醒地认识到当前税务监管的精准性，以及税务机关查处虚开偷税行为的力度，重视对于税务风险的事前防范。纳税人应当全面记录开展业务的过程，妥善留存合同、记账凭证等，形成能够相互支撑的业务资料。对于自查发现既往业务存在风险的，纳税人应当积极寻求专业人士的帮助，避免税务风险进一步扩大。

（资料来源：国家税务总局龙岩市税务局第二稽查局公告）

第七章　存货异常税务风险

【课程导读】

存货管理是企业运营中非常重要的一环，它直接关系到企业的生产、销售和利润。存货异常通常指的是在企业的存货管理过程中出现的异常情况，这些情况可能导致企业面临财务和运营以及涉税方面的风险。

企业在日常存货管理中，面临多种涉税风险，如期末存货为负、存货占销售收入比重过大、存货周转率变动过大等。为了有效应对涉税风险，企业应加强存货管理，做好库存商品明细账，定期做好存货清查盘点，防止出现积压、损坏、丢失等现象，同时应建立科学的存货管理制度，合理规划存货的采购和销售，避免存货积压和滞销；定期检查存货的保质期和质量情况，及时处理过期和陈旧存货（本章涉及的所有企业名称、相关材料及数据均为虚构，仅作教学使用）。

【学习目标】

★ 掌握业财税一体化思维
★ 了解与存货核算相关的法律法规
★ 掌握存货异常税务风险分析指标

【能力目标】

★ 培养学生对存货项目涉税业务的敏感性
★ 培养学生具有"财税一体化思维"的能力

【素质目标】

★ 培养学生依法纳税意识
★ 培养学生具有严谨、诚信的职业品质和良好的职业道德

第一节　聚焦问题

一、案例背景

北京勒联商贸有限公司

成立日期：2010 年 2 月 10 日

所属行业：批发和零售电子产品

经营范围：销售电脑、打印机、手机产品等

纳税性质：一般纳税人

会计制度：企业会计准则

二、场景一

北京勒联商贸有限公司在 6 月末的库存盘点中发现账实不符。

张达：小赵，你入职公司财务部门有半个月了，对公司了解怎么样？

赵云：通过半个月的熟悉，已经了解企业的运营模式。财务资料也在逐步地深入了解。

张达：给你深入熟悉企业的机会，这次存货盘点发现问题，查明一下原因，并把解决方案上报给我。

赵云：好的。

旁白：会计赵云心想，自己的工作经验不是很丰富，从哪里入手解决问题呢？公司给予我会计上岗机会，来之不易，一定要想办法做好。

三、场景二

赵云心想，自己的经验很少，但是身边做财务的朋友和老师多呀，可以在之前会计学习群里问问有经验的财务达人，请教有没有好的办法。

赵云：请教！我是财务小白，初入公司，没什么工作经验，公司存货盘点，发现账实不符，老板让我查明原因，并上报解决方案。我不知道如何入手，有经验的财务达人，教教我。

朱海：都是新手过来的，不用着急，你可以查看每个月的明细账，逐项核对。

李桐：对啊，可以找出出库单与进销存明细账——核对。估计能查出一些线索。

胡迪：我们公司使用云账房风险管控系统进行财税体检，这样每个月可以快速发现问题。再针对问题集中解决，推荐你可以尝试一下。

赵云：感谢大家的建议，胡迪推荐的我再了解一下。

第二节　激活旧知

一、存货的概念

企业在日常活动中持有以备出售的产成品或商品、处在生产过程中的在产品、在生产过程或提供劳务过程中耗用的材料或物料等。

二、存货的组成

存货包括原材料、在产品、半成品、产成品或库存商品以及周转材料、低值易耗品、委托代销商品等。

(一) 原材料

指企业在生产过程中使用的各种原料及辅助材料、燃料、修理用备料（备品备件）、包装材料等。这些材料在生产加工过程中可能会发生物理或化学变化，以适应产品的最终形态。

(二) 在产品

指在企业尚未加工完成的生产物，可能包括正在加工、已加工完毕尚未检验或已检验尚未入库的产品。

(三) 半成品

指的是尚未制造完工为产成品，仍需进一步加工的中间产品。

(四) 产成品或库存商品

指的是工业企业完工并验收入库的产品，或者商品流通企业可供销售的物品。对于商品流通企业而言，这指的是外购和委托加工完成验收入库的可供销售的各种商品。

(五) 周转材料

包括用于企业生产和经营活动的各种工具、设备、器具等，它们不是作为固定资产核算，而是根据其实际用途进行会计处理。

(六) 低值易耗品

指的是不作为固定资产的各种用具物品，如办公耗材、一次性餐具等。

(七) 委托代销商品

对于商业企业来说，指的是委托其他单位代销的商品。

此外，存货的组成还可能包括在途物资、发出商品、委托代销商品等其他相关类别。不同类型的企业可能会有不同的存货分类方式，例如建筑企业可能会将存货分为库存材料、低值易耗品、周转材料、委托加工材料等。

注意：存货不是会计科目，而是资产负债表的报表项目。

三、存货的形式

一般情况下，企业的存货包括三种类型的有形资产。

一是在正常经营过程中存储以备出售的存货。这是指企业在正常的过程中处于待销状态的各种物品，如工业企业的库存产成品及商品流通企业的库存商品。

二是为了最终出售正处于生产过程中的存货。这是指为了最终出售但处于生产加工过程中的各种物品，如工业企业的在产品、自制半成品以及委托加工物资等。

三是为了生产供销售的商品或提供服务以备消耗的存货。这是指企业为生产产品或提供劳务耗用而储备的各种原材料、燃料、包装物、低值易耗品等。

四、存货的特点

（一）有形性

存货是一种有形的资产，具有物质实体，这与无形的资产如应收账款和无形资产不同。

（二）流动性强

在正常情况下，存货能够在一年内转化为货币资金或其他形式的资产，因此具有较强的变现能力。

（三）时效性

存货的存在有时间限制，需要在未来某个时间点被销售或耗用。如果存货超过这个期限未被使用，可能会变成积压物资或需要通过降价销售等方式处理，这可能导致潜在的损失。

（四）潜在损失可能性

由于存货的可变现价值受到未来销售价格的影响，因此在某些情况下，存货的价值可能会有较大的不确定性。此外，长期未能耗用的存货也可能成为积压物资，给企业带来损失。

（五）目的多样性

企业持有的存货可能是为了最终出售，也可能是为了生产过程的需要，或者是为了提供商品或服务而准备的消耗品。

（六）分类多样

存货可以包括在产品（尚未加工完成的半成品）、原材料、燃料、包装物、低值易耗品等。

五、存货发出的计价方法

（一）先进先出法

先进先出是指以先入库的存货先发出为前提来假定成本的流转顺序，对发出及结存存货进行计价的一种方法。

（二）加权平均法

加权平均法也称全月一次加权平均法，是以本月全部收入数量加月初存货数量作为权数，去除本月全部收货成本加月初存货成本，先计算出本月存货的加权平均单位成本，然后再计算本月发出存货成本及月末库存存货成本的一种方法。

计算公式：

存货加权平均单位成本 =（月初结存存货实际成本 + 本月收入存货实际成本）

÷（月初结存存货数量 + 本月收入存货数量）

本月发出存货成本 = 本月发出存货数量 × 加权平均单位成本

月末库存存货成本 = 月末库存存货数量 × 加权平均单位成本

（三）移动平均法

移动平均法亦称移动加权法，是在月初存货的基础上，每入库一批存货都要根据新的库存存货数量和总成本重新计算一个新的加权平均单价，并据以计算发出存货及结存存货实际成本的一种计价方法。

计算公式：

新加权平均单位成本 =（原结存存货成本 + 新入库存货成本）÷

（原结存存货数量 + 新入库存货数量）

本次发出存货成本 = 本次发出存货数量 × 新加权平均单位成本

本次发出后结存存货成本 = 本次发出后结存存货数量 × 新加权平均单价

（四）个别计价法

个别计价法又称个别认定法、具体辨认法、分批实际法。采用这一方法是假定存货的成本流转与实物流转一致，按照各种存货逐一辨认各批发出存货和期末存货所属的购进批次或者生产批别，分别按其购入或生产时所确定的单位成本作为计算各批发出存货和期末存货成本的方法。

根据会计准则的规定：采用存货发出的计价方法前后各期应当一致，不得随意变更；确有必要变更的，应当按照国家统一的会计制度的规定变更，并将变更的原因、情况及影响在财务会计报告中说明。

六、存货异常表现形式

1. 货品未做入库就做出库，导致出现库存负数量，可能同时库存负金额，涉及

采购入库、生产入库等各类型的入库;

2. 估价入库时的单价与冲回时采购发票单价差异较大,如果估入的货品已全发出,冲回的单价较大则会出现库存无数量有金额的情况,冲回的单价较小时则会出现库存无数量负金额的情况;

3. 采购退货单价与当前库存成本价差较大,采购退货成本如按原采购价计算,因为价格波动等因素影响,当前的库存金额较低的情况下,存货库存可能会出现 0 数量或负金额;

4. 仓库做报损时,只报损数量未计算相应的成本金额,可能会导致最后无数量还有金额;

5. 软件里个别发出单据的成本单价不是按存货发出计价方法计算而人工直接录入,录入的金额不合理,也可能会导致存货库存成本异常。

【实训练习 1】

(单选题)存货采用先进先出法进行核算的企业,在物价持续上涨的情况下将会使企业(　　)。

A. 期末库存升高,当期损益增加　　　B. 期末库存降低,当期损益减少

C. 期末库存升高,当期损益减少　　　D. 期末库存降低,当期损益增加

第三节　健康财税体检

将北京勒联商贸有限公司 2023 年 1 月 1 日至 12 月 31 日科目汇总表、期初数据汇总表以及修正前凭证数据等 Excel 表格下载后进入实训平台,按系统提示依次导入健康财税体检软件,并进行健康体检。软件显示北京勒联商贸有限公司存货异常存在两项税务风险,分别是存货周转变动率与销售收入变动率不匹配以及期末存货为负数(见图 7 - 1 ~ 图 7 - 4)。

图 7 - 1　下载北京勒联商贸有限公司科目汇总表、期初数据汇总表以及修正前凭证数据

图7-2 导入科目汇总表进行科目初始化

图7-3 进行税务风险体检

图7-4 北京勒联商贸存货异常税务风险点

第四节　论证新知

一、业财税一体化思维模型

1. 问题指向。

2. 指标公式。

3. 检查方向。

（1）结合应付账款、其他应付款、存货明细账，检查存货入库记录。

判断：A. 核实企业是否存在只有发票入账而无实物入库的情形；

B. 如存在应进一步追查原因以判定企业是否存在虚构发票行为；

……

4. 风险指标阈值。

5. 示例与解析。

二、存货异常税务风险分析指标

（一）存货占销售收入的比重过大

1. 问题指向。

在企业存货周转率考核中，低于 3 的为不达标，反映为存货太大，资金周转太慢。企业存货很可能账实不符，即存货早已售出但未确认收入、结转成本，或者企业为获取进项外购发票造成存货虚增，其增值税、所得税均存在隐患。

2. 指标公式。

$$存货占销售收入比重 = 本期期末存货金额 \div 本年累计营业收入$$

注：存货金额为资产负债表中的存货项。

3. 检查方向。

（1）对比企业所处行业的存货周转率。

判断：A. 企业的存货周转率是否显著低于同行业；

B. 分析存货周转较慢的原因。

（2）检查企业的负债类往来科目、借款科目的期末贷方余额。

判断：是否有大幅度的增加，对变化的原因进行核查。

（3）到仓库对存货进行实物盘点。

判断：通过核对存货数量，判断是否账实相符。

（4）检查外购存货的入账情况，包含车间核算发生的直接材料、直接人工、制造费用的计算和归集。

判断：直接材料、直接人工、制造费用的计算和归集是否准确。

（5）根据会计准则规定的存货计价方法确定后不得轻易改变。

判断：企业是否存在人为随意变更导致数据没有可比性。

（6）检查存货计提减值准备的情况。

判断：是否按照会计准则规定计提减值准备。

4. 风险指标阈值。

存货占销售收入的比重过大风险阈值如表 7-1 所示。

表 7-1　　　　　　　　　　存货占销售收入的比重过大风险阈值

风险阈值	
存在风险	25% <存货占销售收入比率≤30%
高等风险	30% <存货占销售收入比率≤40%
极度危险	存货占销售收入比率 >40%

〰〰〰〰〰〰〰〰〰〰〰〰〰〰〰〰〰〰〰〰〰〰〰〰〰〰〰〰〰〰〰〰

【示例】

某企业 2023 年 9 月末资产负债表存货余额为 350 万元，9 月利润表本期收入 100 万元，本年累计金额 1 100 万元，计算存货占销售收入比重，并考虑是否存在风险？

【解析】

存货占销售收入比重 = 本期期末存货金额 ÷ 本年累计营业收入

$$= 350 \div 1\,100 = 31.82\%$$

根据风险阈值判断指标存货占销售收入比重为 31.82%（见表 7-2），在高等风险阈值范围内：30% <指标 <40%。说明企业关于这项风险指标存在高度风险。

表 7-2　　　　　　　　　　存货占销售的比重数据

序号	项目	组成	组成	计算结果
1	公式	本期期末存货金额	本期累计营业收入	存货占销售收入比重
2	数值	3 500 000	11 000 000	31.82%

一般情况下，正常库存量应为市场需求量的 1.5 倍。通过计算，该企业 9 月末的库存量 350 万元，平均每月销售收入为 122.22 万元，该企业存货量为市场需求量的 2.86 倍，说明存货积压严重，所以出现高等风险，可以通过"检查方向"提供的方向进行核查。

〰〰〰〰〰〰〰〰〰〰〰〰〰〰〰〰〰〰〰〰〰〰〰〰〰〰〰〰〰〰〰〰

（二）期末存货大于实收资本差异幅度异常

1. 问题指向。

纳税人期末存货余额大于实收资本，生产经营不正常，可能存在库存商品不真实，销售货物后未结转收入等问题。

2. 指标公式。

$$
\begin{array}{c} \text{期末存货与实收} \\ \text{资本差异幅度} \end{array} = \left(\begin{array}{c} \text{本期期末} \\ \text{存货金额} \end{array} - \begin{array}{c} \text{本期期末实} \\ \text{收资本金额} \end{array} \right) \div \begin{array}{c} \text{本期期末实} \\ \text{收资本金额} \end{array}
$$

3. 检查方向。

（1）到仓库对存货进行实物盘点。

判断：通过核对存货数量，判断是否账实相符。

（2）结合预收账款明细账查验出库记录。

判断：核实企业是否存在商品已出库应确认收入而未确认收入情形。

（3）结合应付账款、其他应付款、存货明细账，检查存货入库记录。

判断：A. 核实企业是否存在只有发票入账而无实物入库的情形；

B. 如存在应进一步追查原因以判定企业是否存在虚构发票行为。

4. 风险指标阈值。

期末存货大于实收资本差异幅度异常风险阈值如表 7 - 3 所示。

表 7 - 3　　　　　　　　期末存货大于实收资本差异幅度异常风险阈值

	风险阈值
存在风险	20% < 期末存货与实收资本差异幅度 ≤30%
高等风险	30% < 期末存货与实收资本差异幅度 ≤40%
极度危险	期末存货与实收资本差异幅度 >40%

（三）期末存货大于当期收入差异幅度异常

1. 问题指向。

正常生产经营情况下，期末存货余额与当期累计收入对比异常，可能存在存货不真实，销售货物后未结转收入、成本等问题。

2. 指标公式。

$$
\begin{array}{c} \text{期末存货与当期} \\ \text{收入差异幅度} \end{array} = \left(\begin{array}{c} \text{本期期末} \\ \text{存货金额} \end{array} - \begin{array}{c} \text{本期营业} \\ \text{收入金额} \end{array} \right) \div \begin{array}{c} \text{本期营业} \\ \text{收入金额} \end{array}
$$

3. 检查方向。

（1）检查库存商品科目，并结合预收账款、应收账款、其他应付款等科目进行分析。

判断：A. 库存商品科目余额大于预收账款以及应收账款贷方余额；

B. 应付账款借方余额长期挂账；

C. 可能存在少计收入问题。

（2）实地检查存货与原始凭证、账载数据。

判断：存货账实是否一致，数据是否真实。

4. 风险指标阈值。

期末存货大于当期收入差异幅度异常风险阈值如表7-4所示。

表7-4   期末存货大于当期收入差异幅度异常风险阈值

	风险阈值
存在风险	30% < 期末存货与当期收入差异幅度 ≤40%
高等风险	40% < 期末存货与当期收入差异幅度 ≤50%
极度危险	期末存货与当期收入差异幅度 >50%

【示例】

某企业2023年1月利润表本期收入119万元，本年累计金额1392万元，资产负债表存货余额为132万元，其中库存商品130万元，低值易耗品2万元，计算存货占销售收入比重，并考虑是否存在风险？

【解析】

期末存货与当期收入差异幅度＝（本期期末存货金额－本期营业收入金额）÷本期营业收入金额 ＝（132－119）÷119＝10.92%

根据风险阈值判断指标存货占销售收入比重为10.92%（见表7-5），指标<30%，因此存货大于当期收入差异幅度较小无风险。

表7-5   存货占销售收入比重数据

序号	项目	组成	组成	计算结果
1	公式	本期期末存货金额	本期累计营业收入	期末存货与当期收入差异
2	数值	1 320 000	1 190 000	10.92%

（四）存货周转变动率与销售收入变动率不匹配

1. 问题指向。

正常情况下存货周转变动率与销售收入变动率应基本同步增长，弹性系数应接近1（见表7-6）。

表7-6   存货周转变动率与销售收入变动率不匹配问题指向

风险提示	匹配率 >1	匹配率 <1	匹配率 <0
可能存在企业少报或瞒报收入、多转成本问题	存货周转变动率、销售收入变动率都为正	存货周转变动率、销售收入变动率都为负	存货周转变动率为正、销售收入变动率为负
无问题	存货周转变动率、销售收入变动率都为负	存货周转变动率、销售收入变动率都为正	存货周转变动率为负、销售收入变动率为正

2. 指标公式。

$$销售收入变动率 = (本期营业收入 - 上期营业收入) \div 上期营业收入$$

$$月度存货周转率 = (本期营业收入 \times 2) \div (本期存货金额 + 上月存货金额)$$

$$月度存货周转变动率 = (本期月度存货周转率 - 上期月度存货周转率)$$
$$\div 上期月度存货周转率$$

$$\frac{存货周转变动率与销售}{收入变动率匹配率} = \frac{月度存货}{周转变动率} \div \frac{销售收入}{变动率}$$

3. 检查方向。

（1）结合市场行情分析存货周转率变动率。

判断：存货周转率变动率快于收入变动率的原因是否有合理因素。

（2）若存货周转率大幅变动是因为期末存货较小。

判断：是否存在虚转成本情况。

（3）若收入增长率较小，甚至为负数，应同时预收账款、其他应付款的情况。

判断：是否存在隐瞒收入的情况。

4. 风险指标阈值。

存货周转变动率与销售收入变动率不匹配风险阈值如表 7-7 所示。

表 7-7 　　　　　　存货周转变动率与销售收入变动率不匹配风险阈值

存在风险	
第一种情况（同时满足）	第二种情况（同时满足）
0.8≤匹配率<1	1<匹配率≤1.2
月度存货周转变动率<0	月度存货周转变动率>0
销售收入变动率<0	销售收入变动率>0

高等风险	
第一种情况（同时满足）	第二种情况（同时满足）
0.5≤匹配率<0.8	1.2<匹配率≤1.5
月度存货周转变动率<0	月度存货周转变动率>0
销售收入变动率<0	销售收入变动率>0

极度危险		
第一种情况（同时满足）	第二种情况（同时满足）	第三种情况（同时满足）
0≤匹配率<0.5	匹配率>1.5	
月度存货周转变动率<0	月度存货周转变动率>0	月度存货周转变动率>0
销售收入变动率<0	销售收入变动率>0	销售收入变动率<0

（五）期末存货为负

1. 问题指向。

存货为负数可能存在人为抬高结转成本价格，销售产品与实际结转产品的品种不一致多转成本或者多结转存货数量。

2. 指标公式。

通过账簿核实本期期末存货金额为负数。

3. 检查方向。

（1）检查存货明细账的情况。

判断：是否通过抬高当期估价入库商品价格，来抬高加权移动平均单价从而达到多转成本的目的。

（2）检查记账凭证所记载的结转数量和原始凭证所载数量。

判断：两个数据是否不一致，造成硬性多转成本。

（3）检查销售产品与实际结转产品的品种。

判断：是否不一致导致多转成本。

（4）检查企业是否将库存转入损失、转入非生产经营用成本或支出、虚假退货等造成库存为负数。

4. 风险指标阈值。

期末存货为负风险阈值如表7-8所示。

表7-8　　　　　　　　　　　　期末存货为负风险阈值

风险阈值	
存在风险	期末存货 < 0

【实训练习2】

杭州东方有限公司系增值税一般纳税人，纳税评估人员通过监管软件提取了该企业年度财务报表中的相关情况。该企业有关财务数据如表7-9所示。

表7-9　　　　　　　　　　杭州东方有限公司财务数据　　　　　　　单位：万元

项目	2022年	2023年
营业收入	1 023.37	2 024.12
营业成本	631.43	1 323.69
存货	361.00	794.00

请填制表7-10。

表7-10

营业收入变动率	存货变动率	存货占销售收入比重
本期期末存货与当期收入差异幅度	存货周转率	存货周转变动率与销售收入变动率匹配率

第五节　业财税一体化检查

北京勒联商贸有限公司业财税一体化检查页面如图 7-5 所示。

图 7-5　北京勒联商贸有限公司业财税一体化检查页面

一、基本情况

已知北京勒联商贸有限公司在虚增成本税负风险存在的风险上有：一是存货周转变动率与销售收入变动率不匹配；二是期末存货为负数。

（一）一体化建议检查点

1. 若存货周转率大幅变动是因为期末存货较小，应核查是否存在虚转成本情况。
2. 检查存货明细账是否通过抬高当期估价入库商品价格，来抬高加权移动平均单价从而达到多转成本的目的。
3. 检查记账凭证所记载的结转数量和原始凭证所载数量是否不一致，造成隐性多转成本。
4. 检查销售产品与实际结转产品的品种是否不一致导致多转成本。

（二）任务要求

案例分析，查找风险点。

二、业财税一体化检查结果

（多选题）经检查后，检查结果正确的有（　　　　）。

A. 检查记账凭证与出库单，发现多结转存货数量，导致存货余额为负数

B. 经检查，并不能确定企业存在故意抬高价格的情况

C. 检查盘点表与记账凭证，存货产品尚在，记账凭证金额中多结转数量，导致存货余额较小，虚增成本

D. 检查发现存在明显的销售与实际结转产品的品种不一致

第六节　尝试应用

一、场景三

赵云：胡迪太感谢你啦，亲自来帮我演示。

胡迪：我们互相学习，账实不符的问题你已经和我说了，你把我之前让你准备的科目名称，期初余额，凭证序时账发给我。

赵云：我已经发给你了，你接收一下。

胡迪：收到了，我们现在同步演示一下。

胡迪：资料导入，财税体检，你看有这么多风险项，存货一共五个风险项检查，你们公司有两项亮红灯。

赵云：哎呀，还真检查出问题了。那我怎么办呢？

胡迪：别着急，检查出问题，核实问题，再解决问题。

赵云：胡迪，太谢谢你了，你是我财务工作的引路灯，以后还要向你多多学习，今天请你吃饭。

胡迪：不用客气，互相学习。

二、业务分析

（一）财税体检报告

财税体检报告如表 7-11 所示。

表 7-11　　　　　　　　　　　　　财税体检报告

指标类型	指标明细	指标值	偏离方向	风险级别
存货异常税务风险	存货周转变动率与销售收入变动率不匹配	5.884709	偏高	极度危险
	期末存货为负数	-60 700.00	偏低	存在风险

说明：

1. 偏离方向代表企业指标值与行业标准值的偏离方向，"偏离"表示企业指标值高于行业标准值，"偏低"表示企业指标值低于行业标准值；

2. 表 7-11 中的风险级别从低到高分别是有风险、高风险和极度危险三种。

（二）分析问题

分析“存货周转变动率与销售收入变动率不匹配”指标时，核对4～6月的销售合同（见图7－6）、销售发票（见图7－7），没有发现问题。

销售合同

合同编号：20230405

甲方：中铁二局集团有限公司　（以下简称“甲方”）

乙方：北京勒联商贸有限公司　（以下简称“乙方”）

甲、乙双方在平等互利、诚实信用的基础上，依据《中华人民共和国合同法》及其他相关法律法规的规定，经过友好协商，签订本合同。

第一条 产品名称、型号、数量、金额

序号	产品描述（名称、型号）	计量单位	数量	单价（含税）	总价
1	格力中央空调 AR55	套	98	568750.00	55,737,500.00
合计：	大写人民币 伍仟伍佰柒拾叁万柒仟伍佰元整			￥	55,737,500.00

第二条　质量标准

乙方为甲方提供产品应以保证质量为前提。乙方为甲方提供产品必须符合国家关于此类产品的质量约定，否则由乙方承担全部由此引起的责任。

第三条 交货付款方式

1、交货时间：合同生效后，乙方在：4-6月分三批发货，发货形式直接配送，交给甲方。

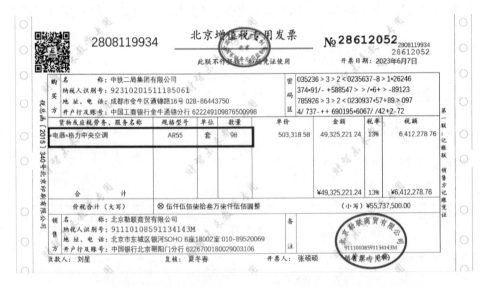

图7－6　北京勒联商贸有限公司2023年4月销售合同

北京增值税专用发票

2808119934　№28612052　2808119934 28612052

此联不作报销、扣税凭证使用　开票日期：2023年6月7日

购买方　名称：中铁二局集团有限公司
纳税人识别号：923102015111185061
地址、电话：成都市金牛区通锦路16号 028-86443750
开户行及账号：中国工商银行金牛通锦分行 6222491098765009998

密码区：
035236 > 3 > 2 < 0235637-8 > 1*26246
374*91/- +588547 > > /*6+ > -89123
785926 > 3 > 2 < 0230937*57+89 > 097
4/ 737-++ 690195*6067/ /42+2-72

货物或应税劳务、服务名称	规格型号	单位	数量	单价	金额	税率	税额
*电器*格力中央空调	AR55	套	98	503,318.58	49,325,221.24	13%	6,412,278.76
合计					¥49,325,221.24	13%	¥6,412,278.76
价税合计（大写）	⊗伍仟伍佰柒拾叁万柒仟伍佰圆整				（小写）¥55,737,500.00		

销售方　名称：北京勒联商贸有限公司
纳税人识别号：91110108591134143M
地址、电话：北京市东城区银河SOHO B座18002室 010-89520069
开户行及账号：中国银行北京朝阳门分行 6226700180029003106

备注

收款人：刘星　复核：夏冬春　开票人：张硕硕

税总函［2015］340号北京印刷有限公司

第一联：记账联　销售方记账凭证

图7－7　北京勒联商贸有限公司2023年6月增值税专用发票（销项税）

核对4～6月的销售出库单（见图7－8～图7－10），同样没有发现问题。

销售出库单

客户:中铁二局集团有限公司　　　　业务员:肖刚　　　　开单日期:2023年4月5日

序号	品名	规格	单位	数量	单价	金额	备注
1	格力中央空调	AR55	套	50	467,962.96	23,398,148.15	
2							

合计总额:人民币(大写)贰仟叁佰玖拾玖万壹仟壹佰肆拾捌元壹角伍分　　　　(小写)￥ 23,398,148.15

库房主管:王风　　　　　　　　　　　　　　　　库房管理员:王雨

图 7 - 8　北京勒联商贸有限公司 2023 年 4 月出库单

销售出库单

客户:中铁二局集团有限公司　　　　业务员:肖刚　　　　开单日期:2023年5月18日

序号	品名	规格	单位	数量	单价	金额	备注
1	格力中央空调	AR55	套	30	467,962.96	14,038,888.89	
2							

合计总额:人民币(大写)壹仟肆佰零叁万捌仟捌佰捌拾捌元捌角玖分　　　　(小写)￥ 14,038,888.89

库房主管:王风　　　　　　　　　　　　　　　　库房管理员:王雨

图 7 - 9　北京勒联商贸有限公司 2023 年 5 月出库单

销售出库单

客户:中铁二局集团有限公司　　　　业务员:肖刚　　　　开单日期:2023年6月2日

序号	品名	规格	单位	数量	单价	金额	备注
1	格力中央空调	AR55	套	18	467,962.96	8,423,333.33	
2							

合计总额:人民币(大写)捌佰肆拾贰万叁仟叁佰叁拾叁元叁角叁分　　　　(小写)￥ 8,423,333.33

库房主管:王风　　　　　　　　　　　　　　　　库房管理员:王雨

图 7 - 10　北京勒联商贸有限公司 2023 年 6 月出库单

(三) 发现问题

核查该公司进销存明细表(见图 7 - 11)时看到存货发出的计价方法是先进先出法,单价成本为 455 000 元。发现"格力中央空调"从 4 月到 6 月连续三笔销售,成本金额达 4 500 多万元。但是存货发出的单价成本由 455 000 元调整为 467 962.96 元,比原成本单价提高了 12 962.96 元。

通过计算 (38 675 000 + 24 500 000) ÷ (85 + 50) = 467 962.96 (元)。

发现 3 月 5 日期末结存的存货单位成本是按照移动加权平均法计算的,单价成本由 455 000 元调整为 467 962.96 元,比原成本单价提高了 12 962.96 元。结转 4 月、5 月、6 月的销售成本增加了 12 962.96 × (50 + 30 + 18) = 1 270 370.37 (元)。

核查中,没有看到法规政策、会计准则等文件要求调整存货发出的计价方法。所以问题锁定在,通过调整存货发出的计价方法虚增销售成本的结转,减少应纳税所得额，达到少缴纳企业所得税的目的。

根据企业所得税法的相关规定，应调整存货销售成本，补缴应交企业所得税，进行合规账务调整。

库存商品月度进销存明细表

| 商品名称: 格力中央空调 | | 规格型号: AR55 | 期间: 2023年6月 | | | | | | 计价方法: 先进先出法 | | |

序号	日期	摘要	单位	期初结存			本期购入			本期销售			本期结存		
				数量	单价	金额	数量	单价	金额	数量	单价	金额	数量	单价	金额
1	1.1	期初	套	102	455,000.00	46,410,000.00							102	455,000.00	46,410,000.00
2	1.5	销售								12	455,000.00	5,460,000.00	90	455,000.00	40,950,000.00
3	2.28	销售								5	455,000.00	2,275,000.00	85	455,000.00	38,675,000.00
4	3.5						50	490,000.00	24,500,000.00				135	467,962.96	63,175,000.00
5	4.5									50	467,962.96	23,398,148.15	85	467,962.96	39,776,852
6	5.18									30	467,962.96	14,038,888.89	55	467,962.96	25,737,963
7	6.2									18	467,962.96	8,423,333.33	37	467,962.96	17,314,630

图 7-11　北京勒联商贸有限公司 2023 年 6 月格力中央空调进销存明细表

（四）解决问题

编写修正分录:

（1）冲销 2023 年 4 月 5 日、5 月 18 日和 6 月 2 日销售成本。

借:库存商品——格力中央空调　　　　　　　　　1 270 370.37

　　贷:主营业务成本　　　　　　　　　　　　　　　1 270 370.37

（2）结转 2023 年 4 月 5 日、5 月 18 日和 6 月 2 日销售成本损益。

借:主营业务成本　　　　　　　　　　　　　　　1 270 370.37

　　贷:本年利润　　　　　　　　　　　　　　　　　1 270 370.37

提示:"主营业务成本"属于损益类科目，而损益类科目期末无余额，金额需从反方向结转至"本年利润"。

（3）补提所得税费用并结转。

借:所得税费用　　　　　　　　　　　　　　　　317 592.59

　　贷:应交税费——应交企业所得税　　　　　　　　317 592.59

借:本年利润　　　　　　　　　　　　　　　　　317 592.59

　　贷:所得税费用　　　　　　　　　　　　　　　　317 592.59

（4）结转补记的本年利润。

借:本年利润　　　　　　　　　　　　　　　　　952 777.87

　　贷:利润分配——未分配利润　　　　　　　　　　952 777.87

三、总结

分析"存货周转变动率与销售收入变动率不匹配"指标时，核对 4~6 月的销售合同、销售发票、出库单没有发现问题。

核查该公司进销存明细表时看到存货发出的计价方法是先进先出法，单价成本为

455 000 元。发现"格力中央空调"从 4 月到 6 月连续三笔销售，成本金额达 4 500 多万元。

通过计算（38 675 000 + 24 500 000）÷（85 + 50）= 467 962.96（元），发现 3 月 5 日期末结存的存货单位成本是按照移动加权平均法计算的，单价成本由 455 000 元调整为 467 962.96 元，比原成本单价提高了 12 962.96 元。结转 5 月、6 月的销售成本增加了 12 962.96 ×（50 + 30 + 18）= 1 270 370.37（元）。

核查中，没有看到法规政策、会计准则等文件要求调整存货发出的计价方法。所以问题锁定在，通过调整存货发出的计价方法虚增销售成本的结转，减少应纳税所得额，达到少缴纳企业所得税的目的。

根据企业所得税法的相关规定，应调整存货销售成本，补缴应交企业所得税，进行合规账务调整。

（1）冲销 2023 年 4 月 5 日、5 月 18 日和 6 月 2 日销售成本。

（2）结转 2023 年 4 月 5 日、5 月 18 日和 6 月 2 日销售成本损益、补提所得税费用、结转补提所得税费用。

（3）结转本年利润。

第七节　融会贯通

一、分析问题

为了分析"期末存货为负数"这个风险指标，核查了销售合同（见图 7 – 12）、销售发票（见图 7 – 13），没有发现问题。

销售合同

合同编号：20230405

甲方：	首都经济贸易大学计算机学院	（以下简称"甲方"）
乙方：	北京勒联商贸有限公司	（以下简称"乙方"）

甲、乙双方在平等互利、诚实信用的基础上，依据《中华人民共和国合同法》及其他相关法律法规的规定，经过友好协商，签订本合同。

第一条 产品名称、型号、数量、金额

序号	产品描述（名称、型号）	计量单位	数量	单价（含税）	总价
1	联想笔记本电脑 ARH27	台	400	15175.00	6,070,000.00
2	联想台式电脑	台	5	10200.00	51,000.00
合计：	大写人民币： 陆佰壹拾贰万壹仟元整			￥ 6,121,000.00	

第二条 质量标准

乙方为甲方提供产品应以保证质量为前提。乙方为甲方提供产品必须符合国家关于此类产品的质量约定，否则由乙方承担全部由此引起的责任。

第三条 交货付款方式

1、交货时间：合同生效后，乙方在：5-6月分两批发货，发货形式直接配送，交给甲方。

图 7 – 12　北京勒联商贸有限公司 2023 年 4 月销售合同

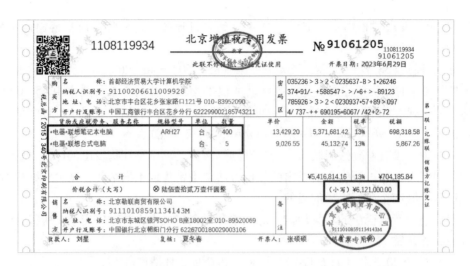

图7-13 北京勒联商贸有限公司2023年6月增值税专用发票（销项税）

核查销售出库单（见图7-14、图7-15）时，发现销售合同（见图7-16）列示的销售商品是两种商品，分别为联想笔记本电脑和联想台式电脑，而出库单列示的出库商品只有联想笔记本电脑这一种商品。

为了确定导致"期末存货为负数"情况发生的原因，需核对这两个商品的进销存明细表。

销售出库单

客户：首都经贸计算机学院　　　　业务员：肖刚　　　　开单日期：2023年5月8日

序号	品名	规格	单位	数量	单价	金额	备注
1	联想笔记本电脑	ARH27	台	200	12,140.00	2,428,000.00	
2							

合计总额：人民币（大写）　　贰佰肆拾贰万捌仟元整元整　　（小写）¥ 2,428,000.00

库房主管：王风　　　　　　　　　　　　　　库房管理员：王雨

图7-14 北京勒联商贸有限公司2023年5月出库单

销售出库单

客户：首都经贸计算机学院　　　　业务员：肖刚　　　　开单日期：2023年6月25日

序号	品名	规格	单位	数量	单价	金额	备注
1	联想笔记本电脑	ARH27	台	205	12,140.00	2,488,700.00	
2							

合计总额：人民币（大写）　　贰佰肆拾捌万捌仟柒佰元整　　（小写）¥ 2,488,700.00

库房主管：王风　　　　　　　　　　　　　　库房管理员：王雨

图7-15 北京勒联商贸有限公司2023年6月出库单

销售合同

				合同编号：	20230405
甲方：	首都经济贸易大学计算机学院			（以下简称“甲方”）	
乙方：	北京勒联商贸有限公司			（以下简称“乙方”）	

甲、乙双方在平等互利、诚实信用的基础上，依据《中华人民共和国合同法》及其他相关法律法规的规定，经过友好协商，签订本合同。

第一条 产品名称、型号、数量、金额

序号	产品描述（名称、型号）	计量单位	数量	单价（含税）	总价
1	联想笔记本电脑 ARH27	台	400	15175.00	6,070,000.00
2	联想台式电脑	台	5	10200.00	51,000.00
合计：	大写人民币： 陆佰壹拾贰万壹仟	元整		￥6,121,000.00	

第二条 质量标准

乙方为甲方提供产品应以保证质量为前提。乙方为甲方提供产品必须符合国家关于此类产品的质量约定，否则由乙方承担全部由此引起的责任。

图 7-16 北京勒联商贸有限公司 2023 年 4 月销售合同

二、发现问题

通过核查联想笔记本电脑的进销存明细表信息（见图 7-17）与出库单信息一致。但是，发现联想笔记本电脑期末的库存数量是 -5 台，金额是 -60 700 元。

库存商品月度进销存明细表

商品名称：联想笔记本电脑　　规格型号：ARH27　　期间：2023年6月

序号	日期	摘要	单位	期初结存			本期购入			本期销售			本期结存		
				数量	单价	金额	数量	单价	金额	数量	单价	金额	数量	单价	金额
1	1.1	期初	台	140	12,140.00	1,699,600.00							140	12,140.00	1,699,600.00
2	3.5	采购	台				260	12,140.00	3,156,400.00				400	12,140.00	4,856,000.00
3	5.8	销售	台							200	12,140.00	2,428,000.00	200	12,140.00	2,428,000.00
4	6.25	销售	台							205	12,140.00	2,488,700.0	-5	12,140.00	-60,700.00
5	2023年合计			140	12,140.00	1,699,600.00	260	12,140.00	3,156,400.00	405	12,140.00	4,916,700.00	-5	12,140.00	-60,700.00

图 7-17 北京勒联商贸有限公司 2023 年 6 月联想笔记本电脑进销存明细表

根据销售合同（见图 7-18）所载明的另一个商品“联想台式电脑”，查到了该商品存货盘点明细表（见图 7-19）。发现“联想台式电脑”的存货盘点表上显示的盘点结果是盘亏 5 台，说明当时商品已出库，商品并未填写出库单。

销售合同

				合同编号：	20230405
甲方：	首都经济贸易大学计算机学院			（以下简称“甲方”）	
乙方：	北京勒联商贸有限公司			（以下简称“乙方”）	

甲、乙双方在平等互利、诚实信用的基础上，依据《中华人民共和国合同法》及其他相关法律法规的规定，经过友好协商，签订本合同。

第一条 产品名称、型号、数量、金额

序号	产品描述（名称、型号）	计量单位	数量	单价（含税）	总价
1	联想笔记本电脑 ARH27	台	400	15175.00	6,070,000.00
2	联想台式电脑	台	5	10200.00	51,000.00
合计：	大写人民币： 陆佰壹拾贰万壹仟	元整		￥6,121,000.00	

第二条 质量标准

图 7-18 北京勒联商贸有限公司 2023 年 4 月销售合同

存货盘点明细表

盘点部门：财务部				仓库：第一仓库								时间：2023年12月30日	
序号	商品名称	规格型号	单位	账面		实物		盘盈		盘亏		备注	
				数量	金额	数量	金额	数量	金额	数量	金额		
1	联想台式电脑		台	13	117,345.15	8	72,212.40			5	45,132.75	没找到原因	

图 7 - 19　北京勒联商贸有限公司 2023 年 12 月联想台式电脑盘点明细表

库房管理员误将 5 台联想台式电脑看成联想笔记本电脑，导致联想台式电脑没有填出库单、联想笔记本电脑多出库 5 台的错误，发生了"期末存货为负数"的情况。

应调整两个商品的库存商品出库信息，补填 5 台联想台式电脑的出库单，冲减多出库的 5 台联想笔记本电脑。调整联想台式电脑存货盘点表，财务对账务进行合规调整。

三、解决问题

1. 调整存货商品进销存明细表（见图 7 - 20、图 7 - 21）

库存商品月度进销存明细表

商品名称：联想台式电脑				规格型号：			期间：2023年6月								
序号	日期	摘要	单位	期初结存			本期购入			本期销售			本期结存		
				数量	单价	金额	数量	单价	金额	数量	单价	金额	数量	单价	金额
1	1.1	期初	台	130	9,026.55	1,173,451.50							130	9,026.55	1,173,451.50
2	3.5	采购	台				120	9,026.55	1,083,186.00				250	9,026.55	2,256,637.50
3	5.8	销售	台							20	9,026.55	180,531.00	230	9,026.55	2,076,106.50
4	6.18	销售	台							55	9,026.55	496,460.25	175	9,026.55	1,579,646.25
5	8.25	销售	台							12	9,026.55	108,318.60	163	9,026.55	1,471,327.65
6	9.4	销售	台							30	9,026.55	270,796.50	133	9,026.55	1,200,531.15
7	11.20	销售	台							120	9,026.55	1,083,186.00	13	9,026.55	117,345.15
8	2023年合计			130	9,026.55	1,173,451.50	120	9,026.55	1,083,186.00	237	9,026.55	2,139,292.35	13	9,026.55	117,345.15
9	2024.1.30	补2023年6月销售出库	台							5	9,026.55	45,132.75	8	9,026.55	72,212.40

图 7 - 20　调整后北京勒联商贸有限公司联想台式电脑进销存明细表

库存商品月度进销存明细表

商品名称：联想笔记本电脑				规格型号：ARH27			期间：2023年6月								
序号	日期	摘要	单位	期初结存			本期购入			本期销售			本期结存		
				数量	单价	金额	数量	单价	金额	数量	单价	金额	数量	单价	金额
1	1.1	期初	台	140	12,140.00	1,699,600.00							140	12,140.00	1,699,600.00
2	3.5	采购	台				260	12,140.00	3,692,600.00				400	12,140.00	4,856,000.00
3	5.8	销售	台							200	12,140.00	2,428,000.00	200	12,140.00	2,428,000.00
4	6.25	销售	台							205	12,140.00	2,488,700.00	-5	12,140.00	-60,700.00
8	2023年合计			140	12,140.00	1,699,600.00	260	12,140.00	3,156,400.00	405	12,140.00	4,916,700.00	-5	12,140.00	-60,700.00
8	2024.1.30	冲销2023年6月销售出库	台							-5	12,140.00	-60,700.00	0	12,140.00	0.00

图 7 - 21　调整后北京勒联商贸有限公司联想笔记本电脑进销存明细表

2. 调整存货盘点明细表和销售出库单（见图 7 – 22、图 7 – 23）

存货盘点明细表

盘点部门：财务部　　　　　　　仓库：第一仓库　　　　2024 年 1 月 30 日

序号	商品名称	规格型号	单位	账面		实点		盘盈		盘亏		备注
				数量	金额	数量	金额	数量	金额	数量	金额	
1	联想台式电脑		台	8	72,212.40	8	72,212.40					

图 7 – 22　补记北京勒联商贸有限公司 2024 年 1 月联想台式电脑盘点明细表

销售出库单

客户：首都经贸计算机学院　　　　业务员：肖刚　　　开单日期：2024 年 1 月 30 日

序号	品名	规格	单位	数量	单价	金额	备注
1	联想笔记本电脑	ARH27	台	-5	12,140.00	-60,700.00	冲销多出库数量
2	联想台式电脑		台	5	9,026.55	45,132.75	补出库
3							
合计总额：人民币（大写）负壹万伍仟伍佰陆拾柒元贰角伍分						（小写）¥	15,567.25

库房主管：王风　　　　　　　　　　　　　　　库房管理员：王雨

图 7 – 23　冲销、补记北京勒联商贸有限公司 2024 年 1 月出库单

计算出库错误导致的"期末存货为负数"问题。5 台联想笔记本电脑的含税销售价是 15 175 × 5 = 75 875（元），收入虚增；不含税成本是 12 140 × 5 = 60 700（元），成本虚增，应通过账务处理进行调减收入和成本。

同理，5 台联想笔记本电脑的不含税成本是 12 140 × 5 = 60 700（元），成本虚增，应通过账务处理进行调减。5 台联想台式电脑的不含税成本是 9 026.55 × 5 = 45 132.75（元），出库成本 45 132.75 元未入账，应通过账务处理进行调增。

3. 编写修正分录。

（1）5 台联想笔记本电脑的含税销售单价是 15 175 × 5 = 75 875（元），收入虚增；不含税成本单价是 12 140 × 5 = 60 700（元），成本虚增，应通过账务处理进行调减收入和成本。

借：应收账款——首都经贸计算机学院　　　　　　　－75 875.00

　　贷：主营业务收入　　　　　　　　　　　　　　－67 146.02

　　　　应交税费——应交增值税（进项税额）　　　－8 728.98

借：主营业务成本　　　　　　　　　　　　　　　　－60 700.00

　　贷：库存商品　　　　　　　　　　　　　　　　－60 700.00

（2）5 台联想台式电脑的含税销售单价是 10 200 × 5 = 51 000（元），没有确认收入，应通过账务处理进行调增；没有结转出库成本 45 132.75 元，应通过账务处理进行调增。

借：应收账款——首都经贸计算机学院   51 000.01

    贷：主营业务收入   45 132.75

      应交税费——应交增值税（进项税额）   5 867.26

借：主营业务成本   45 132.75

    贷：库存商品   45 132.75

（3）结转 5 台联想台式电脑和 5 台联想笔记本电脑账务调整影响的增值税销项税额 = −8 728.98 + 5 867.26 = −2 861.73（元），应通过账务处理进行调减。

借：应交税费——应交增值税（转出未交增值税）   −2 861.73

    贷：应交税费——未缴增值税   −2 861.73

（4）调减 2023 年 5～6 月销售影响的税金及附加。

城市维护建设税 = −2 861.73 × 7% = −200.32（元）

教育费附加 = −2 861.73 × 3% = −85.85（元）

地方教育附加 = −2 861.73 × 2% = −57.23（元）

借：税金及附加   −343.40

    贷：应交税费——应交城市维护建设税   −200.32

      ——应交教育费附加   −85.85

      ——应交地方教育附加   −57.23

（5）结转 2023 年 5～6 月销售影响的损益，应通过账务处理进行调减本年利润。

借：主营业务收入   −22 013.28

    贷：主营业务成本   −15 567.25

      税金及附加   −343.41

      本年利润   −6 102.62

提示："主营业务收入""主营业务成本""税金及附加"属于损益类科目，而损益类科目期末无余额，金额需从反方向结转至"本年利润"。

（6）结转 2023 年 5～6 月销售影响的所得税费用并结转，应通过账务处理进行调减所得税费用和本年利润。

借：所得税费用   −1 525.65

    贷：应交税费——应交企业所得税   −1 525.65

借：本年利润   −1 525.65

    贷：所得税费用   −1 525.65

（7）结转 2023 年 5～6 月销售影响的本年利润，应通过账务处理进行调减利润分配——未分配利润。

借：本年利润   −1 525.65

    贷：利润分配——未分配利润   −1 525.65

四、总结

核查销售出库单时，发现销售合同列示的销售商品是两种商品，联想笔记本电脑和联想台式电脑，而出库单列示的出库商品是一种商品联想笔记本电脑。

通过核查联想笔记本电脑的进销存明细表信息与出库单信息一致。但是，发现联想笔记本电脑期末的库存数量是 -5 台，金额是 -60 700 元。

根据销售合同所载明的另一个商品"联想台式电脑"，查到了该商品存货盘点表。发现"联想台式电脑"的存货盘点表上显示的盘点结果是盘亏 5 台，说明当时商品已出库，商品并未填写出库单。而联想笔记本电脑期末的库存数量是 -5 台，金额是 -60 700 元，正好就是"期末存货为负数"这个风险指标出现的原因。

通过上述分析，解决办法是 5 台联想笔记本电脑，应通过账务处理进行调减收入和成本；5 台联想笔记本电脑，应通过账务处理进行调增收入和成本。

五、场景四

根据北京勒联商贸有限公司 2023 年 1 月 1 日至 12 月 31 日科目汇总表、期初数据汇总表、修正后凭证数据等 Excel 表格下载后进入实训平台，利用健康财税体检软件进行分析发现，北京勒联商贸有限公司存货异常曾经存在的两项风险点，存货周转变动率与销售收入变动率不匹配和期末存货为负数已全部消失（见图 7－24）。

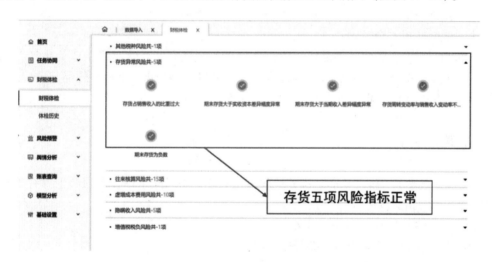

图 7－24　北京勒联商贸有限公司存货异常税务风险检测

第八节　编写风险分析报告

1.（多选题）"存货异常"税务风险中的风险指标"存货占销售收入的比重过大"的出现，在企业存货周转率考核中，低于 3 的为不达标，反映为存货太大，资金周转太慢。与风险指标"存货占销售收入的比重过大"相关的叙述有（　　）。

A. 企业存货很可能账实不符，即存货早已售出但未确认收入、结转成本

B. 存货占销售收入比重等于本期期末存货金额除以本年累计营业收入

C. 企业为获取进项外购发票造成存货虚增，其增值税、所得税均存在隐患

D. 正常情况下期间费用变动率与主营业务收入变动率应基本同步增长，弹性系数应接近 1

2. （多选题）在核查"存货异常"税务风险时，风险指标"期末存货大于实收资本差异幅度异常"的检查方向有（　　）。

A. 到仓库对存货进行实物盘点

B. 结合预收账款明细账查验出库记录

C. 结合应付账款、其他应付款、存货明细账，检查存货入库记录

D. 检查存货计提减值准备的情况。

3. （多选题）一般情况下，企业的存货包括的有形资产有（　　）。

A. 为了最终出售正处于生产过程中的存货。这是指为了最终出售但目前处于生产加工过程中的各种物品，如工业企业的在产品、自制半成品以及委托加工物资等

B. 在正常经营过程中存储以备出售的存货。这是指企业在正常的过程中处于待销状态的各种物品，如工业企业的库存产成品及商品流通企业的库存商品

C. 先进先出法、加权平均法、移动平均法、个别计价法。企业计价方法影响企业结转成本金额

D. 为了生产供销售的商品或提供服务以备消耗的存货。这是指企业为生产产品或提供劳务耗用而储备的各种原材料、燃料、包装物、低值易耗品等

4. （多选题）企业存货发出的计价方法影响企业结转成本金额。存货发出计价方法包括（　　）。

A. 先进先出法　　　　　　　　　B. 加权平均法

C. 移动平均法　　　　　　　　　D. 个别计价法

5. （多选题）"存货异常"税务风险重点关注 5 项风险指标，下列属于"存货异常"税务风险指标的有（　　）。

A. 存货占销售收入的比重过大

B. 期末存货大于实收资本差异幅度异常

C. 存货周转变动率与销售收入变动率不匹配

D. 期末存货为负数

第九节　拓展案例

一、案例一

某纳税人 A，以预收货款销售方式对外卖出 4 000 件商品，商品已发出，但 A 企业当期未确认收入、未开票，也没有结转库存。那么 A 企业存在哪些风险？

【解析】

增值税收入确认的相关规定，采取预收货款方式销售货物，货物发出的当天为增值税收入确认的时间。

企业所得税收入确认的规定，销售商品采取预收款方式的，在发出商品时确认收入。

因此，A 企业货物已发出，不管是否开具发票都应确认收入申报缴税，否则会出现逾期确认收入被税务处罚的风险。

二、案例二

某纳税人 B，2021 年底进项税额 50 万元，2022 年底进项税额 100 万元，2023 年底进项税额 200 万元。可以看出该企业每年购进货物处于递增状态。但是，该企业销项税额却每年维持在 50 万 ~ 60 万元，无固定资产购进，且该企业存货无较大变化。那么，该企业又存在哪些风险？

【解析】

按常理，企业都有自己的财务规划，在非特殊情况下，存货周转天数处于一个稳定的区间数值或与收入呈相同的增减趋势。企业无特殊情况，不会花费大量的资金和时间囤积原材料、库存商品。如果企业在销项税额不变的情况下大量购进货物，占用自身宝贵的现金流，明显是异常的购进行为。

因此，B 企业可能存在发出货物隐瞒销售收入或虚抵进项税额风险。

三、案例三

某纳税人 C，期初存货 5 000 件，由于市场价格下跌，企业财务根据预估将会发生的减值损失计提资产减值准备 20 万元，期末 C 企业存货实际发生损失 10 万元。但是，企业未按税法要求在申报纳税时对计提的减值损失进行纳税调整，C 企业存在哪些风险？

【解析】

在会计上用预估数计提资产减值准备是一个正常行为，但税法却要求以实际损失确认所得税税前扣除金额。

因此，C 企业可能存在少缴税款的风险。

四、案例四

某纳税人 D，2024 年 6 月因管理不善造成损失，丢失了库存的一批包装物，成本 2 万元，该包装物在当年 4 月已作进项税额抵扣，而该企业并未将这部分损失作进项税额转出，又存在什么风险？

【解析】

按照增值税暂行条例等相关规定，资产损失分为正常损失和非正常损失。正常损失的资产，损失部分对应的进项税额不需要转出，非正常损失需要作进项税额转出。

因此，D企业可能存在少缴税款的风险。

其中正常损失指客观原因造成的、经营中的合理损失。比如，正常损耗、自然灾害等。

非正常损失：指因管理不善造成被盗、丢失的损失，或违反法律法规原因造成的损失，比如被依法没收、销毁等。

那么，纳税人因管理不善造成丢失，损失库存的一批包装物属于非正常损失，需要作进项转出。

注意：如果企业是正常损失，记得留存相关资料，以证明其损失的真实性、合法性和完整性。如果是非正常损失，又没有对这部分进项税额做转出处理，则存在虚抵进项税额的风险。

（资料来源：中国税务报）

第八章　个人所得税税负风险

【课程导读】

个人所得税是国家对本国公民、居住在本国境内的个人的所得和境外个人来源于本国的所得征收的一种所得税。在我国，个人所得税是主体税种，在财政收入中占较大比重，对经济也有较大影响。

企业在个人所得税的计算和申报过程中，面临人均工资低于同行业同地区平均水平、人均工资收入少于上期、个人所得税增长率与工资薪金支出增长率配比异常等问题。为了有效应对涉税风险，企业应加强内部管理、优化会计核算、加强税务合规意识、加强税务管理和定期开展涉税培训等。只有通过完善的风险管控机制和管理流程，企业才能实现健康稳定的发展，为社会和国家的发展作出积极贡献。

【学习目标】

★ 了解个人所得税法律法规
★ 掌握个人所得税税务风险分析指标和税务风险点

【能力目标】

★ 培养学生对个人所得税涉税业务的敏感性
★ 培养学生具有"财税一体化思维"的能力

【素质目标】

★ 培养学生依法纳税意识
★ 培养学生具有严谨、诚信的职业品质和良好的职业道德

第一节　聚焦问题

一、场景一

华宇科技有限公司 2022 年共有员工 80 人，工资薪金总额为 460 000 元。该公司所处地区所处行业的月平均工资水平为 8 000～10 000 元。

二、场景二

某局税务稽查人员对华宇科技有限公司进行税务检查过程中发现该企业 2022 年经常请省内知名教授来公司授课，并按税前 10 000 元/天的标准专家支付报酬，并取得了专家在税务机关代开的增值税发票作为税前扣除的凭证。按照代开发票上的注明的身份证号进行了个人所得税申报的查询，均未发现该公司对所请教授的个人所得税扣缴记录。最后证实，该公司未按相关规定为上述人员扣缴个人所得税。

第二节　激活旧知

一、个人所得税的概念

个人所得税是以个人（自然人）取得的各项应税所得为征税对象所征收的一种税。

二、纳税义务人

（一）居民个人

居民个人负有全面纳税义务。其所取得的应纳税所得，无论是来源于中国境内还是中国境外任何地方，都要在中国缴纳个人所得税。根据《中华人民共和国个人所得税法》规定，居民个人是指在中国境内有住所，或者无住所而一个纳税年度在中国境内居住累计满 183 天的个人。

在中国境内有住所的个人，是指因户籍、家庭、经济利益关系，而在中国境内习惯性居住的个人。

一个纳税年度在境内居住累计满 183 天，是指在一个纳税年度（即公历 1 月 1 日起至 12 月 31 日止）内，在中国境内居住累计满 183 日。在计算居住天数时，按其一个纳税年度内在境内的实际居住时间确定，取消了原有的临时离境规定。即境内无住所的某人在一个纳税年度内无论出境多少次，只要在我国境内累计住满 183 天，就可判定为我国的居民个人。

（二）非居民个人

非居民个人，是指不符合居民个人判定标准（条件）的纳税义务人，即非居民个人是在中国境内无住所又不居住，或者无住所而一个纳税年度内在境内居住累计不满 183 天的个人。

非居民个人承担有限纳税义务，即仅就其来源于中国境内的所得，向中国缴纳个人所得税。

另外 2019 年 3 月 14 日，财政部和国家税务总局规定，从 2019 年 1 月 1 日起，无住所个人一个纳税年度在中国境内累计居住满 183 天的，如果此前六年在中国境内每年累计居住天数都满 183 天且没有任何一年单次离境超过 30 天，该纳税年度来源于中国境内、境外所得应当缴纳个人所得税；如果此前六年的任一年在中国境内累计居住天数不满 183 天或者单次离境超过 30 天，该纳税年度来源于中国境外且由境外单位或者个人支付的所得，免予缴纳个人所得税。其中，此前六年，是指该纳税年度的前一年至前六年的连续六个年度，此前六年的起始年度自 2019 年（含以后年度开始计算）。

三、征税范围

（一）工资、薪金所得

工资、薪金所得，是指个人因任职或者受雇而取得的工资、薪金、奖金、年终加薪、劳动分红、津贴、补贴以及与任职或者受雇有关的其他所得。工资、薪金所得属于非独立个人劳动所得。

除工资、薪金以外，奖金、年终加薪、劳动分红、津贴、补贴也被列入工资、薪金税目。其中，年终加薪、劳动分红不分种类和取得情况，一律按工资、薪金所得征税。

下列项目不属于工资、薪金性质的补贴、津贴，不予征收个人所得税。这些项目包括：

1. 独生子女补贴；

2. 执行公务员工资制度未纳入基本工资总额的补贴、津贴差额和家属成员的副食补贴；

3. 托儿补助费；

4. 差旅费津贴、误餐补助；

5. 外国来华留学生，领取的生活津贴费、奖学金，不属于工资、薪金范畴，不征税。

（二）劳务报酬所得

劳务报酬所得，是指个人独立从事非雇用的各种劳务所取得的所得。内容包括：设计、装潢、安装、制图、化验、测试、医疗、法律、会计、咨询、讲学、新闻、广播、翻译、审稿、书画、雕刻、影视、录音、录像、演出、表演、广告、展览、技术服务、介绍服务、经纪服务、代办服务、其他劳务。

在实际操作过程中，还可能出现难以判定一项所得是属于工资、薪金所得，还是属于劳务报酬所得的情况。这两者的区别在于：工资、薪金所得是属于非独立个人劳务活动，即在机关、团体、学校、部队、企业、事业单位及其他组织中任职、受雇而得到的报酬；而劳务报酬所得，则是个人独立从事各种技艺、提供各项劳务取得的报酬。

（三）稿酬所得

稿酬所得，是指个人因其作品以图书、报刊形式出版、发表而取得的所得。作品包括文学作品、书画作品、摄影作品，以及其他作品。作者去世后，财产继承人取得的遗作稿酬，也应征收个人所得税。

（四）特许权使用费所得

特许权使用费所得，是指个人提供专利权、商标权、著作权、非专利技术以及其他特许权的使用权取得的所得。提供著作权的使用权取得的所得，不包括稿酬所得。

（五）经营所得

经营所得，具体内容为：

1. 个体工商户从事生产、经营活动取得的所得，个人独资企业投资人、合伙企业的个人合伙人来源于境内注册的个人独资企业、合伙企业生产、经营的所得；

2. 个人依法从事办学、医疗、咨询以及其他有偿服务活动取得的所得；

3. 个人对企业、事业单位承包经营、承租经营以及转包、转租取得的所得；

4. 个人从事其他生产、经营活动取得的所得。

个体工商户和从事生产、经营的个人，取得与生产、经营活动无关的其他各项应税所得，应分别按照其他应税项目的有关规定，计算征收个人所得税。如取得银行存款的利息所得、对外投资取得的股息所得，应按利息、股息、红利所得税目的规定单独计征个人所得税。

（六）利息、股息、红利所得

利息、股息、红利所得，是指个人拥有债权、股权而取得的利息、股息、红利所得。利息，是指个人拥有债权而取得的利息，包括存款利息、贷款利息和各种债券的利息。按照税法规定，个人取得的利息所得，除国债和国家发行的金融债券利息外，应当依法缴纳个人所得税。股息、红利，是指个人拥有股权取得的股息、红利。按照一定的比率对每股发给的息金叫股息；公司、企业应分配的利润，按股份分配的叫红利。股息、红利所得，除另有规定外，都应当缴纳个人所得税。

（七）财产租赁所得

财产租赁所得，是指个人出租不动产、机器设备、车船以及其他财产取得的所得。

个人取得的财产转租收入，属于"财产租赁所得"征税范围的，由财产转租人缴纳个人所得税。

（八）财产转让所得

财产转让所得，是指个人转让有价证券、股权、合伙企业中的财产份额、不动产、机器设备、车船以及其他财产取得的所得。

对转让上市公司流通股、新三板挂牌公司非原始股取得的所得暂免征收个税；对限售股、新三板挂牌公司原始股转让所得征收个人所得税。

（九）偶然所得

偶然所得，是指个人得奖、中奖、中彩以及其他偶然性质的所得。得奖是指参加各种有奖竞赛活动，取得名次得到的奖金；中奖、中彩是指参加各种有奖活动，如有奖销售、有奖储蓄或者购买彩票，经过规定程序，抽中、摇中号码而取得的奖金。偶然所得应缴纳的个人所得税税款，一律由发奖单位或机构代扣代缴。

四、居民个人综合所得适用税率

居民个人每一纳税年度内取得综合所得包括：工资、薪金所得，劳务报酬所得，稿酬所得和特许权使用费所得，适用七级超额累进税率，税率为3%~45%（见表8-1）。

表8-1　　　　　　　居民纳税人综合所得个人所得税税率表

级数	全年应纳税所得额	税率（%）	速算扣除数（元）
1	不超过36 000元	3	0
2	超过36 000元至144 000元的部分	10	2 520
3	超过144 000元至300 000元的部分	20	16 920
4	超过300 000元至420 000元的部分	25	31 920
5	超过420 000元至660 000元的部分	30	52 920
6	超过660 000元至960 000元的部分	35	85 920
7	超过960 000元的部分	45	181 920

五、费用扣除标准

在计算个人所得税的应纳税所得额时，除利息、股息、红利所得和偶然所得以及其他所得外，一般允许纳税人从收入总额减除一定的费用。

例如居民个人所得费用扣除如表8-2所示。

表 8 - 2   居民纳税人可扣除费用表

基本费用扣除	5 000 元/月（即 6 万元/年）
专项扣除	居民个人缴纳的三险一金：基本养老保险、基本医疗保险、失业保险等社会保险费和住房公积金等
专项附加扣除	婴幼儿照护、子女教育、继续教育、大病医疗、住房贷款利息和住房租金、赡养老人支出等支出
依法确定的其他扣除	公益性捐赠、企业年金与职业年金、商业健康保险、税收递延型商业养老保险等

（一）专项扣除

专项扣除包括居民个人按照国家规定的范围和标准缴纳的基本养老保险、基本医疗保险、失业保险等社会保险费和住房公积金等。

（二）专项附加扣除（只适用于居民个人）

专项附加扣除包括婴幼儿照护、子女教育、继续教育、大病医疗、住房贷款利息、住房租金、赡养老人等支出。个人所得税专项附加扣除在纳税人本年度综合所得应纳税所得额中扣除，本年度扣除不完的，不得结转以后年度扣除。

1. 婴幼儿照护。

3 岁以下婴幼儿照护个人所得税专项附加扣除自 2022 年 1 月 1 日起实施。

（1）扣除标准。纳税人照护 3 岁以下婴幼儿子女的相关支出，按照每个婴幼儿每月 2 000 元的标准定额扣除。子女，是指婚生子女、非婚生子女、继子女、养子女。父母之外的其他人担任未成年人的监护人的，比照本规定执行。

（2）扣除办法。父母可以选择由其中一方按扣除标准的 100% 扣除，也可以选择由双方分别按扣除标准的 50% 扣除，具体扣除方式由父母双方商议决定，一个婴幼儿扣除总额不能超过每月 2 000 元，扣除主体不能超过两个人。具体扣除方式一个纳税年度内不能变更。

2. 子女教育。

（1）扣除标准。纳税人的子女接受全日制学历教育的相关支出，按照每个子女每月 2 000 元的标准定额扣除。子女，是指婚生子女、非婚生子女、继子女、养子女。父母之外的其他人担任未成年人的监护人的，比照本规定执行。

学历教育包括年满 3 岁至小学入学前学前教育、义务教育（小学、初中教育）、高中阶段教育（普通高中、中等职业、技工教育）、高等教育（大学专科、大学本科、硕士研究生、博士研究生教育）。纳税人子女在中国境外接受教育的，纳税人应当留存境外学校录取通知书、留学签证等相关教育的证明资料备查。包含因病或其他非主观原因休学但学籍继续保留的休学期间，以及施教机构按规定组织实施的寒暑假等假期。

（2）扣除办法。父母可以选择由其中一方按扣除标准的100%扣除，也可以选择由双方分别按扣除标准的50%扣除，具体扣除方式在一个纳税年度内不能变更。

3. 继续教育。

（1）扣除标准。纳税人在中国境内接受学历（学位）继续教育的支出，在学历（学位）教育期间按照每月400元定额扣除。同一学历（学位）继续教育的扣除期限不能超过48个月。

纳税人接受技能人员职业资格继续教育、专业技术人员职业资格继续教育的支出，在取得相关证书的当年，按照3600元定额扣除。

（2）扣除办法。个人接受本科及以下学历（学位）继续教育，符合规定扣除条件的，可以选择由其父母扣除，也可以选择由本人扣除。

纳税人接受技能人员职业资格继续教育、专业技术人员职业资格继续教育的，应当留存相关资料备查。

4. 住房贷款利息。

（1）扣除标准。纳税人本人或者配偶单独或者共同使用商业银行或者住房公积金个人住房贷款为本人或者其配偶购买中国境内住房，发生的首套住房贷款利息支出，在实际发生贷款利息的年度，按照每月1000元的标准定额扣除，扣除期限最长不超过240个月。纳税人只能享受一套首套住房贷款的利息扣除。首套住房贷款是指购买住房享受首套住房贷款利率的住房贷款。

（2）扣除办法。

①经夫妻双方约定，可以选择由其中一方扣除，具体扣除方式在确定后，一个纳税年度内不能变更。

②夫妻双方婚前分别购买住房发生的首套住房贷款，其贷款利息支出，婚后可以选择其中一套购买的住房，由购买方按扣除标准的100%扣除，也可以由夫妻双方对各自购买的住房分别按扣除标准的50%扣除，具体扣除方式在一个纳税年度内不能变更。

纳税人应当留存住房贷款合同、贷款还款支出凭证备查。

5. 住房租金。

（1）扣除标准。纳税人在主要工作城市没有自有住房而发生的住房租金支出，可以按照表8-3标准定额扣除。

表8-3 住房租金定额扣除标准

直辖市、省会（首府）城市、计划单列市以及国务院确定的其他城市		1 500 元/月
上述以外	市辖区户籍人口超过100万的城市	1 100 元/月
	市辖区户籍人口不超过100万的城市	800 元/月

纳税人的配偶在纳税人的主要工作城市有自有住房的，视同纳税人在主要工作城市有自有住房。

（2）扣除办法。

①夫妻双方主要工作城市相同的，只能由一方扣除住房租金支出。

②夫妻双方主要工作城市不相同的,且各自在主要工作城市都没有住房的,可以分别扣除住房租金支出。

③住房租金支出由签订租赁住房合同的承租人扣除。

④纳税人及其配偶在一个纳税年度内不能同时分别享受住房贷款利息和住房租金专项附加扣除。

6. 赡养老人。

(1) 赡养老人的年龄标准。赡养老人的年龄标准是指纳税人赡养年满60岁(含)的父母(包括生父母、继父母、养父母),以及子女均已去世的年满60岁的祖父母、外祖父母。

(2) 扣除标准。纳税人赡养一位及以上被赡养人的赡养支出,统一按照以下标准定额扣除:

①纳税人为独生子女的,按照每月3 000元的标准定额扣除。

②纳税人为非独生子女的,由其与兄弟姐妹分摊每月3 000元的扣除额度,每人分摊的额度不能超过每月1 500元。可以由赡养人均摊或者约定分摊,也可以由被赡养人指定分摊。约定或者指定分摊的须签订书面分摊协议,指定分摊优先于约定分摊。具体分摊方式和额度在一个纳税年度内不能变更。

7. 大病医疗。

(1) 大病医疗的界定。在一个纳税年度内,纳税人发生的与基本医保相关的医药费用支出,扣除医保报销后个人负担(指医保目录范围内的自付部分)累计超过1.5万元的部分,为大病医疗支出。

(2) 扣除标准。在一个纳税年度内,纳税人发生的与基本医保相关的医药费用支出,扣除医保报销后个人负担(指医保目录范围内的自付部分)累计超过1.5万元的部分,由纳税人在办理年度汇算清缴时,在8万元限额内据实扣除。

(3) 扣除办法。纳税人发生的医药费用支出可以选择由本人或者其配偶扣除;未成年子女发生的医药费用支出可以选择由其父母一方扣除;纳税人及其配偶、未成年子女发生的医药费用支出,按规定分别计算扣除额。

纳税人应当留存医药服务收费及医保报销相关票据原件(或者复印件)等资料备查。医疗保障部门应当向患者提供在医疗保障信息系统记录的本人年度医药费用信息查询服务。

(三) 依法确定的其他扣除

1. 捐赠扣除。

(1) 限额内扣除。个人将其所得对教育、扶贫、济困等公益慈善事业进行捐赠,捐赠额未超过纳税人申报的应纳税所得额30%的部分,可以从其应纳税所得额中扣除。个人将其所得对教育、扶贫、济困等公益慈善事业进行捐赠,是指个人将其所得通过中国境内的公益性社会组织、国家机关向教育、扶贫、济困等公益慈善事业的捐赠。

(2) 据实扣除。个人通过非营利性的社会团体和国家机关向红十字事业、福利性、非营利性老年服务机构、公益性青少年活动场所、农村义务教育(含高中)等的公益性捐赠可以从其应纳税所得额中全额扣除。

2. 其他扣除。

其他扣除包括个人缴付符合国家规定的企业年金、职业年金，个人购买符合国家规定的商业健康保险、税收递延型商业养老保险的支出，以及国务院规定可以扣除的其他项目等。

六、居民个人综合所得平时预扣预缴计算

扣缴义务人向居民个人支付工资、薪金所得，劳务报酬所得，稿酬所得和特许权使用费所得时，按规定的方法预扣预缴个人所得税。

（一）居民个人工资、薪金所得的平时预扣预缴

对上一完整纳税年度内每月均在同一单位预扣预缴工资、薪金所得个人所得税且全年工资、薪金收入不超过 6 万元的居民个人，扣缴义务人在预扣预缴本年度工资、薪金所得个人所得税时，累计减除费用自 2021 年 1 月起，直接按照全年 6 万元计算扣除，即在纳税人累计收入不超过 6 万元的月份，暂不预扣预缴个人所得税；在其累计收入超过 6 万元的当月及年内后续月份，再预扣预缴个人所得税。计算公式如下：

$$本期应预扣预缴税额 = (累计预扣预缴应纳税所得额 \times 预扣率 - 速算扣除数)$$
$$- 累计减免税额 - 累计已预扣预缴税额$$
$$累计预扣预缴应纳税所得额 = 累计收入 - 累计免税收入 - 6 万元 - 累计专项扣除$$
$$- 累计专项附加扣除 - 累计依法确定的其他扣除$$

如果扣缴义务人预计本分年度发放给纳税人的收入将超过 6 万元，则纳税人需要提供纳税记录或者说明本人有多处所得合计后全年收入将超过 6 万元的原因，扣缴义务人与纳税人可在当年 1 月税款扣缴申报前经双方确认后，按照原来预扣预缴方法计算并预缴个人所得税。

下列【综合案例分析 1~4】作为一个整体介绍。

〰〰〰〰〰〰〰〰〰〰〰〰〰〰〰〰〰〰〰〰〰〰〰〰〰〰〰〰〰〰〰〰〰〰〰

【综合案例分析 1】

李先生在甲企业任职，2021 年 1~12 月每月在甲企业取得工资、薪金收入 16 000 元，无免税收入；每月缴纳三险一金 2 500 元，从 1 月开始享受子女教育和赡养老人专项附加扣除共计为 3 000 元，无其他扣除。请计算李先生 2021 年工资、薪金所得每月预扣预缴个税金额。

【解析】

李先生 2021 年个人所得税的预扣预缴情况为：

1 月预扣预缴应纳税所得额 = 16 000 - 5 000 - 2 500 - 3 000 = 5 500（元），对应税率 3%，1 月应预扣预缴税款 = 5 500 × 3% = 165（元）。

2月预扣预缴应纳税所得额 $=16\,000\times2-5\,000\times2-2\,500\times2-3\,000\times2=11\,000$（元），对应税率3%，2月应预扣预缴税款 $=11\,000\times3\%-165=165$（元）。

3月预扣预缴应纳税所得额 $=16\,000\times3-5\,000\times3-2\,500\times3-3\,000\times3=165\,00$（元），对应税率3%，3月应预扣预缴税款 $=16\,500\times3\%-165\times2=165$（元）。

4月预扣预缴应纳税所得额 $=16\,000\times4-5\,000\times3-2\,500\times4-3\,000\times4=22\,000$（元），对应税率3%，4月应预扣预缴税款 $=22\,000\times3\%-165\times3=165$（元）。

5月预扣预缴应纳税所得额 $=16\,000\times5-5\,000\times5-2\,500\times5-3\,000\times5=27\,500$（元），对应税率3%，5月应预扣预缴税款 $=27\,500\times3\%-165\times4=165$（元）。

6月预扣预缴应纳税所得额 $=16\,000\times6-5\,000\times6-2\,500\times6-3\,000\times6=33\,000$（元），对应税率3%，6月应预扣预缴税款 $=33\,000\times3\%-165\times5=165$（元）。

7月预扣预缴应纳税所得额 $=16\,000\times7-5\,000\times7-2\,500\times7-3\,000\times7=38\,500$（元），对应税率10%，速算扣除数2 520，7月应预扣预缴税款 $=38\,500\times10\%-2\,520-165\times6=340$（元）。

8月预扣预缴应纳税所得额 $=16\,000\times8-5\,000\times8-2\,500\times8-3\,000\times8=44\,000$（元），对应税率10%，速算扣除数2 520，8月应预扣预缴税款 $=44\,000\times10\%-2\,520-165\times6-340=550$（元）。

9月预扣预缴应纳税所得额 $=16\,000\times9-5\,000\times9-2\,500\times9-3\,000\times9=49\,500$（元），对应税率10%，速算扣除数2 520，9月应预扣预缴税款 $=49\,500\times10\%-2\,520-165\times6-340-550=550$（元）。

10月预扣预缴应纳税所得额 $=16\,000\times10-5\,000\times10-2\,500\times10-3\,000\times10=55\,000$（元），对应税率10%，速算扣除数2 520，10月应预扣预缴税款 $=55\,000\times10\%-2\,520-165\times6-340-550\times2=550$（元）。

11月预扣预缴应纳税所得额 $=16\,000\times11-5\,000\times11-2\,500\times11-3\,000\times11=60\,500$（元），对应税率10%，速算扣除数2 520，11月应预扣预缴税款 $=60\,500\times10\%-2520-165\times6-340-550\times3=550$（元）。

12月预扣预缴应纳税所得额 $=16\,000\times12-5\,000\times12-2\,500\times12-3\,000\times12=66\,000$（元），对应税率10%，速算扣除数2 520，12月应预扣预缴税款 $=66\,000\times10\%-2520-165\times6-340-550\times4=550$（元）。

李先生全年合计预扣预缴个人所得税4 080元（ $165\times6+340+550\times5$ ）。

（二）居民个人劳务报酬所得的预扣预缴法

扣缴义务人向居民个人支付劳务报酬所得、稿酬所得、特许权使用费所得，按月或者按次预扣预缴个人所得税。计算公式为：

$$\text{劳务报酬所得预扣预缴税额}=\text{预扣预缴应纳税所得额}\times\text{超额累进预扣率}-\text{速算扣除数}$$

其中，劳务报酬所得应预扣预缴税额分为：

1. 每次收入不超过 4 000 元的劳务报酬所得。计算公式为：

$$\frac{劳务报酬所得}{预扣预缴税额} = （每次收入 - 800）\times 超额累进预扣率 - 速算扣除数$$

2. 每次收入 4 000 元以上的劳务报酬所得。计算公式为：

$$\frac{劳务报酬所得}{预扣预缴税额} = 每次收入 \times （1 - 20\%）\times 超额累进预扣率 - 速算扣除数$$

【综合案例分析 2】

李先生在 2021 年 3 月取得劳务报酬收入 3 000 元，6 月取得劳务报酬收入 30 000 元。

【解析】

（1）2021 年 3 月取得劳务报酬收入 3 000 元 < 4 000 元，因此

3 月劳务报酬所得预扣预缴应纳税所得额 = 3 000 - 800 = 2 200（元），

3 月劳务报酬所得预扣预缴税额 = 2 200 × 20% = 440（元）。

（2）2021 年 6 月取得劳务报酬收入 30 000 元 > 4 000 元，因此

6 月劳务报酬所得预扣预缴应纳税所得额 = 30 000 ×（1 - 20%）= 24 000（元），

6 月劳务报酬所得预扣预缴税额 = 24 000 × 30% - 2 000 = 5 200（元）。

（三）居民个人稿酬所得的预扣预缴法

$$稿酬所得预扣预缴税额 = 预扣预缴应纳税所得额 \times 比例预扣率 20\%$$

其中，稿酬所得应预扣预缴税额分为：

1. 每次收入不超过 4 000 元的稿酬所得。计算公式为：

$$稿酬所得预扣预缴税额 = （每次收入 - 800）\times 70\% \times 20\%$$

2. 每次收入 4 000 元以上的稿酬所得。计算公式为：

$$稿酬所得预扣预缴税额 = 每次收入 \times （1 - 20\%）\times 70\% \times 20\%$$

其中，稿酬所得收入额减按 70% 进行计算。

【综合案例分析 3】

李先生在 2021 年 3 月取得稿酬收入 2 000 元。

【解析】

2021 年 3 月取得稿酬收入 2 000 元 < 4 000 元，因此

3 月稿酬所得预扣预缴应纳税所得额 = （2 000 - 800）× 70% = 840（元），

3 月稿酬所得预扣预缴税额 = 840 × 20% = 168（元）。

（四）居民个人特许权使用费所得的预扣预缴法

特许权使用费所得预扣预缴税额＝预扣预缴应纳税所得额×比例预扣率20%

其中特许权使用费所得应预扣预缴税额分为：

1. 每次收入不超过4 000元的特许权使用费所得。计算公式为：

$$特许权使用费所得预扣预缴税额＝（每次收入－800）×20\%$$

2. 每次收入4 000元以上的特许权使用费所得。计算公式为：

$$特许权使用费所得预扣预缴税额＝每次收入×（1－20\%）×20\%$$

【综合案例分析4】

李先生在2021年6月取得特许权使用费收入2 000元。

【解析】

2021年6月取得特许权使用费收入2 000元＜4 000元，因此

6月特许权使用费所得预扣预缴应纳税所得额＝（2 000－800）＝1 200（元），

6月特许权使用费所得预扣预缴税额＝1 200×20%＝240（元）。

思考：劳务报酬所得、稿酬所得、特许权使用费所得"每次收入"如何确定？

劳务报酬所得、稿酬所得、特许权使用费所得，属于一次性收入的，以取得该项收入为一次；属于同一项目连续性收入的，以一个月内取得的收入为一次。

【知识点总结】

居民个人综合所得月预扣预缴处理如表8－4所示。

表8－4　　　　　　　　　　居民个人综合所得月预扣预缴处理

所得项目	税务处理
1. 工资、薪金所得	扣缴义务人支付时，按累计预扣法计算预扣税款，并按月办理扣缴申报（见表8－1）
2. 劳务报酬所得	扣缴义务人支付时，按以下方法按次或按月预扣预缴款： （1）每次收入不超过4 000元的，预扣预缴税额＝（收入－800）×预扣率20% （2）每次收入4 000元以上的，预扣预缴税额＝收入×（1－20%）×预扣率（见表8－2）
3. 稿酬所得	扣缴义务人支付时，按以下方法按次或按月预扣预缴款： （1）每次收入不超过4 000元的，预扣预缴税额＝（收入－800）×70%×20% （2）每次收入4 000元以上的，预扣预缴税额＝收入×（1－20%）×70%×20%
4. 特许权使用费所得	扣缴义务人支付时，按以下方法按次或按月预扣预缴款： （1）每次收入不超过4 000元的，预扣预缴税额＝（收入－800）×20% （2）每次收入4 000元以上的，预扣预缴税额＝收入×（1－20%）×20%

七、居民个人年综合所得个人所得税年终汇算清缴的计算

（一）年综合所得概念

年综合所得额是指居民个人的工资、薪金所得，劳务报酬所得，稿酬所得和特许权使用费所得。从 2019 年 1 月 1 日开始，按照全年应纳税所得额进行计算，即是指居民个人取得综合所得以每一纳税年度收入额减除费用 6 万元以及专项扣除、专项附加扣除和依法确定的其他扣除后的余额。

对个人所得综合所得采取预扣预缴法，其中对工资、薪金采取累计预扣预缴，对劳动报酬、稿酬及特许权使用费采取按月或者按次的预扣预缴。年终对年综合所得进行汇算清缴，多退少补。

（二）年综合所得计算公式

$$
\begin{aligned}
\text{综合所得应} \atop \text{纳税所得额} &= \left(\text{每一纳税} \atop \text{年度收入额} - 6\,\text{万元/年} - \text{专项} \atop \text{扣除} - \text{专项附} \atop \text{加扣除} - \text{其他} \atop \text{扣除} \right) \\
&\quad \times \text{个人所得税税率} - \text{速算扣除数}
\end{aligned}
$$

公式中的各项目为：

1. 年收入额。

$$
\begin{aligned}
\text{年收入额} &= \text{工资、薪金收入} + \text{劳务报酬所得} \times (1 - 20\%) \\
&\quad + \text{稿酬所得} \times (1 - 20\%) \times 70\% \\
&\quad + \text{特许权使用费所得} \times (1 - 20\%)
\end{aligned}
$$

工资、薪金所得全额计入收入额；而劳务报酬所得、特许权使用费所得的收入额为实际取得劳务报酬、特许权使用费收入的 80%；此外，稿酬所得的收入额在扣除 20% 费用基础上，再减按 70% 计算，即稿酬所得的收入额为实际取得稿酬收入的 56%。

2. 专项扣除额（全年"三险一金"）。

$$
\text{专项扣除额} = \text{基本养老保险} + \text{基本医疗保险} + \text{失业保险} + \text{住房公积金}
$$

3. 专项附加扣除额（全年）。

$$
\begin{aligned}
\text{专项附加扣除额} &= \text{婴幼儿照护支出} + \text{子女教育支出} + \text{继续教育支出} \\
&\quad + \text{大病医疗支出} + \text{住房贷款利息(或住房租金)支出} \\
&\quad + \text{赡养老人支出}
\end{aligned}
$$

4. 其他扣除额。

包括公益性捐赠、个人缴付符合国家规定的企业年金与职业年金、商业健康保险、税收递延型商业养老保险等。

八、经营所得应纳税额的计算

经营所得的个人所得税实行按年计算年应纳税额。其计算公式为：

$$年应纳税额 = (每一纳税年度的收入总额 - 成本 - 费用 - 损失) \times 税率 - 速算扣除数$$

（一）个体工商户应纳税额的计算

$$应纳税所得额 = 收入总额 - 成本 - 费用 - 损失 - 税金 - 其他支出 - 允许弥补的以前年度亏损$$

1. 收入总额：收入总额是指纳税人从事生产经营以及与生产经营有关的活动取得的货币形式和非货币形式的各项收入。包括：销售货物收入、提供劳务收入、转让财产收入、利息收入、租金收入、接受捐赠收入、其他收入。

2. 个体工商户下列支出不得扣除：（1）个人所得税税款；（2）税收滞纳金；（3）罚金、罚款和被没收财物的损失；（4）不符合扣除规定的捐赠支出；（5）赞助支出；（6）用于个人和家庭的支出；（7）与取得生产经营收入无关的其他支出；（8）国家税务总局规定不准扣除的支出。（与企业所得税基本相同）

3. 个体工商户生产经营活动中，应当分别核算生产经营费用和个人、家庭费用。对于生产经营与个人、家庭生活混用难以分清的费用，其 40% 视为与生产经营有关费用，准予扣除。

4. 个体工商户纳税年度发生的亏损，准予向以后年度结转，用以后年度的生产经营所得弥补，但结转年限最长不得超过 5 年。

5. 个体工商户与企业联营而分得的利润，按利息、股息、红利所得项目征税。

6. 个体工商户和从事生产、经营的个人，取得与生产、经营活动无关的各项所得，应按规定分别计算征收个人所得税。

（二）个人独资企业和合伙企业应纳税额的计算

应对个人独资企业和合伙企业生产经营所得，其个人所得税应纳税额的计算有以下两种方法。

1. 查账征税。

（1）投资者工资不得在税前扣除。个人独资企业和合伙企业投资者的生产经营所得依法计征个人所得税时，个人独资企业和合伙企业投资者本人的费用扣除标准统一确定为 60 000 元/年，即 5 000 元/月。投资者兴办两个或两个以上企业的，其费用扣除标准由投资者选择在其中一个企业的生产经营所得中扣除。

（2）投资者及其家庭发生的生活费用不允许在税前扣除。投资者及其家庭发生的生活费用与企业生产经营费用混合在一起，并且难以划分的，全部视为生活费用，不允许税前扣除。

个体工商户生产经营活动中，应当分别核算生产经营费用和个人、家庭费用。对于生产经营与个人、家庭生活混用难以分清的费用，其40%视为与生产经营有关费用，准予扣除。

（3）企业生产经营和投资者及其家庭生活共用的固定资产，难以划分的，由主管税务机关根据企业的生产经营类型、规模等具体情况，核定准予在税前扣除的折旧费用的数额或比例。

（4）投资者兴办两个或两个以上企业，并且企业性质全部是独资的，年度终了后，汇算清缴时，应纳税款的计算按以下方法进行：汇总其投资兴办的所有企业的经营所得作为应纳税所得额，以此确定适用税率，计算出全年经营所得的应纳税额，再根据每个企业的经营所得占所有企业经营所得的比例，分别计算出每个企业的应纳税额和应补缴税额。

（5）企业的年度亏损，允许用本企业下一年度的生产经营所得弥补，下一年度所得不足弥补的，允许逐年延续弥补，但最长不得超过5年。

投资者兴办两个或两个以上企业的，企业的年度经营亏损不能跨企业弥补。

2. 核定征收。

（1）核定征收：包括定额征收、定率征收和其他合理方法。

（2）实行核定征税的投资者不得享受个人所得税的优惠政策。

（3）查账征税改为核定征税后，查账征税认定的年度经营亏损未弥补完的部分不得再继续弥补。

九、财产租赁所得应纳税额的计算

（一）基本规定

按次纳税，以一个月取得的收入为一次，适用税率20%。

1. 每次收入不超过4 000元，其计算公式为：

$$每次应纳税额 = （每次收入 - 费用800）\times 20\%$$

2. 每次收入4 000元以上的，其计算公式为：

$$每次应纳税额 = 每次收入 \times （1 - 20\%）\times 20\%$$

（二）个人出租财产应纳税额的计算

个人出租财产取得的财产租赁收入，在计算缴纳个人所得税时，应依次扣除以下费用。

1. 财产租赁过程中缴纳的税金和国家能源交通重点建设基金、国家预算调节基金、教育费附加。

2. 由纳税人负担的该出租财产实际开支的修缮费用：每次800元为限，一次扣不完的,可无限期在以后期扣除。

3. 税法规定的费用扣除标准为 800 元或 20%。

4. 计算公式。

(1) 个人出租财产,每次收入不超过 4 000 元,其计算公式为:

$$每次应纳税额 = (收入 - 准予扣除项目 - 修缮费用[以 800 为限] - 800)$$
$$\times 20\%(或 10\%)$$

(2) 个人出租财产,每次收入 4 000 元以上的,其计算公式为:

$$每次应纳税额 = (收入 - 准予扣除项目 - 修缮费用[以 800 为限])$$
$$\times (1 - 20\%) \times 20\%(或 10\%)$$

对个人按市场价格出租的居民住房取得的所得,自 2001 年 1 月 1 日起暂减按 10% 的税率征收个人所得税。

(三) 个人房屋转租应纳税额的计算

个人将承租房屋转租取得的租金收入,属于个人所得税应税所得,应按"财产租赁所得"项目计算缴纳个人所得税。具体规定为:

1. 取得转租收入的个人向房屋出租方支付的租金,凭房屋租赁合同和合法支付凭据允许在计算个人所得税时,从该项转租收入中扣除。

2. 有关财产租赁所得个人所得税前扣除税费的扣除次序调整为:

(1) 财产租赁过程中缴纳的税费;

(2) 向出租方支付的租金;

(3) 由纳税人负担的租赁财产实际开支的修缮费用;

(4) 税法规定的费用扣除标准。

十、财产转让所得应纳税额的计算

财产转让所得,以转让财产的收入额减除财产原值和合理费用后的余额,为应纳税所得额。计算公式为:

$$应纳税额 = (每次收入 - 财产原值 - 合理费用) \times 20\%$$

其中,财产原值是指:

1. 有价证券,为买入价以及买入时按照规定缴纳的有关费用。

2. 建筑物,为建造费或者购进价格以及其他有关费用。

3. 土地使用权,取得土地使用权所支付的金额、开发土地的费用以及其他有关费用。

4. 机器设备、车船,为购进价格、运输费、安装费以及其他有关费用。

5. 其他财产,参照以上方法确定。

【实训练习1】

居民赵某就职于境内甲律师事务所，其育有一子一女，儿子8岁，上小学二年级，女儿2岁。2023年度赵某的收支情况如下。

（1）全年工资、薪金150 000元，专项扣除合计33 750元。

（2）1月取得全年一次性奖金51 000元，选择不并入当年综合所得计税。

（3）2月，将新购的1间商铺出租，租期半年，每月收取租金3 500元。8月，将该商铺以市场价出售，扣除购房成本及相关交易税费后所得20 000元。

（4）3月为乙公司提供一次法律讲座，取得劳务报酬3 000元。

（5）6月取得丙上市公司股息6 000元，该股票是赵某10个月前从公开发行和转让市场购入的。

（6）此外还取得储蓄存款利息2 000元、汽车保险赔偿款5 000元。

要求：根据上述材料，不考虑其他因素，分析回答下列问题。

1. 计算赵某综合所得应缴纳个人所得税税额的下列算式中，正确的是（　　）。

A. $150\,000 + 30\,00 \times (1 - 20\%) - 60\,000 - 12 \times 2\,000$

B. $150\,000 + (3\,000 - 800) - 60\,000 - 12 \times 2\,000$

C. $150\,000 + 3\,000 - 60\,000 - 33\,750 - 12 \times 2\,000$

D. $150\,000 + 3\,000 \times (1 - 20\%) - 60\,000 - 33\,750 - 12 \times 2\,000$

2. 计算赵某全年一次性奖金应缴纳个人所得税税额的下列算式中，正确的是（　　）。

A. $(51\,000 - 12 \times 10\% - 210) \times 12 = 2\,580$（元）

B. $51\,000 - 12 \times 10\% - 210 = 215$（元）

C. $51\,000 \times 30\% - 4\,410 = 10\,890$（元）

D. $51\,000 \times 10\% - 210 = 4\,890$（元）

3. 计算赵某提供法律讲座取得的报酬应预扣预缴个人所得税税额的下列算式中，正确的是（　　）。

A. $3\,000 \times 20\% = 600$（元）

B. $(3\,000 - 800) \times 20\% = 440$（元）

C. $3\,000 \times (1 - 20\%) \times 20\% = 480$（元）

D. $3\,000 \div (1 - 20\%) \times 20\% = 750$（元）

4. 计算赵某出租和出售商铺应缴纳个人所得税税额的下列算式中，正确的是（　　）。

A. 出租商铺每月租金收入应缴纳个人所得税税额 $= 3\,500 \times (1 - 20\%) \times 10\% = 280$（元）

B. 出租商铺每月租金收入应缴纳个人所得税税额 $= (3\,500 - 800) \times 10\% = 270$（元）

C. 出售商铺收入应缴纳个人所得税税额 $= 20\,000 \times 20\% = 4\,000$（元）

D. 出售商铺收入应缴纳个人所得税税额 $= 20\,000 \times (1 - 20\%) \times 20\% = 3\,200$（元）

5. 赵某取得的下列收入中，免予或暂免征收个人所得税的是（　　　）。

A. 取得丙上市公司股息 6 000 元　　　B. 取得储蓄存款利息 2 000 元

C. 取得汽车保险赔偿款 5 000 元　　　D. 提供法律讲座取得的劳务报酬 4 000 元

第三节　健康财税体检

将华宇科技有限公司 2022 年 1 月 1 日至 12 月 31 日科目汇总表、期初数据汇总表以及修正前凭证数据等 Excel 表格下载后进入实训平台，按系统提示依次导入健康财税体检软件，并进行健康体检。软件显示华宇科技有限公司个人所得税税负存在两项风险，分别是人均工资低于同地区同行业平均水平和自然人代开劳务发票与个人所得税申报记录比对异常。

第四节　论证新知

一、场景三

公司财务部，财务人员将华宇科技有限公司相关数据导入企业的账套后，对其进行一系列的分析，并将分析结果汇集到一份《财税健康体检报告》中。在报告中会指出，企业存在哪些风险点，这些风险点所指向的问题是什么，并提出一套相应的检查办法和建议，帮助企业消除风险点。这些风险点，就是由各项指标构成。与个人所得税税负相关的风险点包含 7 项指标，分别是人均工薪收入低于同地区同行业的平均水平、人均工薪收入少于上期、个人所得税申报工资总额和企业所得税申报工资总额比对不符、所有者权益变动少扣缴个人所得税、个人所得税增长率与工资薪金支出增长率配比异常、自然人代开劳务发票与个人所得税申报记录比对异常、某股东其他应收账款余额长期未变动异常。

二、个人所得税风险分析指标

（一）人均工薪收入低于同地区同行业的平均水平

1. 计算公式。

$$人均工薪收入 = 本期工资薪金总额 ÷ 总人数$$

2. 指标预警值。

与同地区同行业的人均工薪收入比较，如果偏离度比较大，视为异常。

3. 风险指向。

分析期内扣缴义务人人均工薪收入低于同地区同行业的平均水平，可能存在隐匿个人所得税问题。

4. 风险应对。

检查纳税申报表中的工资薪金总额与工资结算单的实际工资总额是否一致；检查企业员工清册，与工资结算单中实领工资的人数比较。

【示例】

华宇科技有限公司 2022 年共有员工 80 人，工资薪金总额为 460 000 元。该公司所处地区所处行业的月平均工资水平为 8 000～10 000 元。

【解析】

个人所得税扣缴义务人人均工薪收入 ＝ 企业在分析期内工资薪金总额 ÷ 总人数 ＝ 460 000 ÷ 80 ＝ 5 750（元）

5 750 元 < 8 000 元，该企业可能存在未足额扣缴个人所得税问题。

（二）人均工薪收入少于上期

1. 计算公式。

$$人均工薪收入 ＝ 本期工资薪金总额 ÷ 总人数$$

2. 指标预警值。

与本企业前三年人均工薪收入的平均水平比较，如果偏离度比较大，视为异常。

3. 风险指向。

分析期内扣缴义务人人均工薪收入少于前三年人均工薪收入，可能存在隐匿个人所得税问题。

4. 风险应对。

检查纳税申报表中的工资薪金总额与工资结算单的实际工资总额是否一致；检查企业员工清册，与工资结算单中实领工资的人数比较。

（三）个人所得税申报工资总额和企业所得税申报工资总额比对不符

1. 计算公式。

$$个人所得税申报工资总额和企业所得税申报工资总额对比 ＝ 个人所得税申报工资总额 ÷ 企业所得税申报工资总额$$

2. 指标预警值。

在一般情况下，两者比值接近 1。

3. 风险指向。

指标值 < 1，分析期个人所得税申报工资总额小于企业所得税申报工资总额，企业可能存在少扣缴个人所得税或企业所得税税前虚列工资薪金问题。

4. 风险应对。

检查个人所得税申报表中的工资薪金总额与企业所得税申报工资总额是否一致。

（四）所有者权益变动少扣缴个人所得税

1. 计算公式。

$$\begin{aligned}\text{所有者权益变动应扣缴个人所得税} = (&\text{资本公积期初数} + \text{盈余公积期初数} + \text{未分配利润期初数}\\&+ \text{本期净利润} - \text{资本公积期末数} - \text{盈余公积期末数}\\&- \text{未分配利润期末数}) \times \text{自然人投资比例} \times 20\%\end{aligned}$$

2. 指标预警值。

指标值大于扣缴个人所得税报告明细中股息红利所得个人所得税。

3. 风险指向。

有自然人投资者的非个人独资合伙企业、非上市公司，在转增股本及分配时应代扣代缴利息、股息、红利所得个人所得税，如果指标值大于扣缴个人所得税报告明细中的股息红利所得个人所得税额，则存在少代扣代缴利息、股息、红利所得个人所得税的风险。

4. 风险应对。

检查资本公积、盈余公积、未分配利润变动情况，核实是否存在转增股本及分配股利等事项。

【示例】

某企业为有限责任公司，有甲和乙两位自然人股东分别持股51%和49%。2023年初，资本公积共计4 000 000元，盈余公积580 000元，未分配利润365 000元。2023年末资本公积共计4 000 000元，盈余公积460 000元，未分配利润200 000元。该企业扣缴个人所得税报告表明细中无股息红利所得申报记录。

【解析】

所有者权益变动额 = 4 000 000 + 580 000 + 365 000 - 4 000 000 - 460 000 - 200 000 = 285 000（元）

甲应扣缴个人所得税 = 285 000 × 51% × 20% = 29 070（元）

乙应扣缴个人所得税 = 285 000 × 49% × 20% = 27 930（元）

由于该企业扣缴个人所得税报告表明细中无股息红利所得申报记录，可能存在少代扣代缴利息、股息、红利所得个人所得税的风险。

（五）个人所得税增长率与工资薪金支出增长率配比异常

1. 计算公式。

$$\text{个人所得税增长率与工资薪金支出增长率配比} = \text{个人所得税增长率} \div \text{工资薪金支出增长率}$$

2. 指标预警值。

在正常情况下，指标值应接近1。

3. 风险指向。

（1）指标值＜1，且相差较大，两者都为正，可能存在未足额扣缴个人所得税或虚列工资情况；（2）指标值＞1，且相差较大，两者都为负，可能存在未足额扣缴个人所得税或虚列工资情况；（3）指标值＜0，前者为负、后者为正，可能存在未足额扣缴个人所得税或虚列工资情况。

4. 风险应对。

检查纳税申报表中的工资薪金总额与工资结算单的实际工资总额是否一致；检查企业员工清册，与工资结算单中实领工资的人数比较。

（六）自然人代开劳务发票与个人所得税申报记录比对异常

1. 计算公式。

$$\frac{\text{自然人代开劳务发票与}}{\text{个人所得税申报记录比对}} = \frac{\text{某自然人年度内代}}{\text{开劳务发票收入}} \div \frac{\text{个人所得税申报}}{\text{劳务报酬收入}}$$

2. 指标预警值。

在正常情况下，指标值应等于1。

3. 风险指向。

指标值＞1，支付所得的扣缴义务人可能存在未按规定预扣预缴个人所得税问题。

4. 风险应对。

检查自然人代开劳务发票，与个人所得税申报记录比较。

【示例】

某局税务稽查人员对甲企业进行税务检查过程中发现该企业经常请省内知名教授来公司授课，并按税前 10 000 元/天的标准向专家支付报酬，并取得了专家在税务机关代开的增值税发票作为税前扣除的凭证。按照代开发票上注明的身份证号进行了个人所得税申报的查询，均未发现该公司对所请教授的个人所得税扣缴记录。最后证实，该公司未按相关规定为上述人员扣缴个人所得税。

（七）某股东其他应收款余额长期未变动异常

1. 计算公式。

$$\frac{\text{某股东其他应}}{\text{收款余额变动}} = \frac{\text{某股东其他}}{\text{应收款年末数}} - \frac{\text{某股东其他}}{\text{应收款年初数}}$$

2. 指标预警值。

指标值≥0，视为异常。

3. 风险指向。

指标值≥0，可能存在个人投资者从其投资的企业借款，在该纳税年度终了后既不归还又未用于企业生产经营的，未依照"利息、股息、红利所得"项目计征个人所得税。

4. 风险应对。

检查其他应收款账户，核实个人投资者借款，是否在年度终了后既不归还，又未用于企业生产经营的情况。

【示例】

某局税务稽查人员在对甲企业2022年度纳税情况进行税务检查过程中发现：该企业其他收款——A股东年初数为120万元，年末数未发生变化，依然为120万元，就对该公司其他应收款进行详细检查，发现A股东于2020年1月从该公司借款120万元，用途是购买住房。税务稽查人员要求该企业按照《国家税务总局关于规范个人投资者个人所得税征收管理的通知》第二条：纳税年度内个人投资者从其投资的企业（个人独资企业、合伙企业除外）借款，在该纳税年度终了后既不归还，又未用于企业生产经营的，其未归还的借款可视为企业对个人投资者的红利分配，依照"利息、股息、红利所得项目计征个人所得税"之规定，补扣个人所得税24万元。

三、个人所得税税务风险点

（一）工资薪金所得未按规定扣缴个人所得税

风险点1：以组织境内外免费培训班、研讨会、工作考察等形式，对本企业雇员营销业绩进行奖励。

风险点2：以各种形式或名目给企业员工发放的所得（包括现金、实物、有价证券等）。

风险点3：为员工（除个人投资者外）支付与企业生产经营无关的消费性支出及购买汽车、住房等财产性支出。

风险点4：企业出资购买房屋和其他财产，将所有权登记为企业其他人员（除个人投资者外）。

风险点5：以现金形式发给个人的住房补贴、医疗补助费。

风险点6：以误餐补助名义发给职工的补贴、津贴。

风险点7：从福利费和工会经费中支付给单位职工的人人有份的补贴、补助。

风险点8：个人在公司任职、受雇，同时兼任董事、监事的，未将董事费、监事费与个人工资收入合并。

【示例】

某市税务局稽查局在对辖区内某企业检查时识破该公司形式上利用劳务公司开具劳务费发票，实质是发放正式员工奖金、补助的违法手段，税务机关最终对该公司的涉税违法行为作出了补扣缴个人所得税1 600多万元罚款800多万元的税务处理处罚决定。

稽查人员在对该公司的账簿凭证资料进行仔细核查时发现，该公司存在巨额劳务费用支出，虽然附有合同、发票及转账记录，但是财务及人力部门均不能很好地解释该项目的具体情况。为谨慎起见，稽查人员前往开具发票的人力资源公司进行外调取证，发现人力资源公司除为该公司提供真实的劳务之外，还将该公司汇来的部分款项直接汇给5个私人银行账户，经过比对金三系统中该公司的个人所得税申报表，发现5人均属于该公司的在职员工。稽查人员将从银行查询得来的5个私人账户的流水明细与该公司的工资表、申报个人所得税数据一比对，核实资金的最终去向为该公司的在职员工。在确凿的证据及稽查人员耐心的辅导下，该公司不得不承认利用私人账户发放奖金、补助的税收违法行为。

（二）劳务报酬所得未按规定扣缴个人所得税

风险点1：对外支付劳务报酬未按规定预扣预缴个税。

风险点2：劳务报酬扣缴个人所得税计算错误。

风险点3：以组织境内外免费培训班、研讨会、工作考察等形式，对本企业非雇员的其他营销人员业绩进行奖励，未按"劳务报酬所得"项目扣缴个人所得税。

风险点4：对于只担任董事或监事职务所取得的董事费收入，错用"工资薪金所得"项目征税。

【示例】

华宇公司外聘专家对员工进行培训，2022年4月，该公司支付外聘王教授课酬3 000元/次，分4次完成培训任务，共计支付课酬12 000元。该公司按每次3 000元计算个人所得税：（3 000 - 800）×20% = 440（元），4次共计申报个人所得税1 760元。

【解析】

2022年6月，市税务局稽查局税务检查指出，该公司劳务扣缴税款计算错误。

根据《个人所得税法实施条例》第十四条第一款规定：劳务报酬新得、稿酬所得、特许权使用费所得，属于一次性收入的，以取得该项收入为一次；属于同一项目连续性收入的，以1个月内取得的收入为一次。因李教授是1个月内取得4次收入，应按1次计税，即12 000×（1 - 20%）×20% = 1 920（元）。

（三）利息、股息、红利所得未按规定扣缴个人所得税

风险点1：企业出资购买房屋及其他财产，将所有权登记为投资者个人、投资者家庭成员。

风险点2：个人投资者从其投资企业借款，在该纳税年度终了后既不归还，又未用于生产经营的。

风险点3：企业员工因拥有股权而参与企业税后利润分配取得的所得。

风险点4：企业向个人借款并支付利息。

风险点5：以未分配利润、盈余公积扣除股本溢价发行外的其他资本公积转增注册资本和股本。

【示例】

某有限责任公司是由某厂与两名外地老板共同出资组建，于2012年12月建成投产。稽查局对该公司进行稽查发现，该公司账面反映既有发放红利，又有收回"实收资本"的情况。按照《中华人民共和国公司法》的有关规定，若公司确需退出资本金，须履行相应的法律手续。但该公司未履行任何法律手续，而2016～2018年都有减少"实收资本"的情况，所减少的"实收资本"都有按投资所占比例退还给投资者。于是，稽查人员进行了深入的检查。

【解析】

经大量调查取证发现，该公司形式上退还了投资者的投资，而实质上是进行分红。只不过是通过虚退资本金形式，以达到逃避缴纳个人所得税的目的。

稽查局对纳税人进行了检查补税和罚款处理，并对公司协助纳税人偷税、未行代扣代缴个人所得税的行为给予了相应的处罚。

（四）其他所得未按规定扣缴个人所得税

风险点1：赠送礼品给个人。

风险点2：企业派发的现金网络红包。

风险点3：离退休人员相关收入。

风险点4：房屋产权无偿赠与他人。

风险点5：超标准为职工支付的养老、失业、医疗保险及住房公积金。

风险点6：个人财产租赁所得。

【示例】

某市税务局稽查局在检查中发现某软件公司2018年、2019年均向客户赠送了大量的礼品，却未按规定代扣代缴个人所得税最终依法对其作出补代扣代缴个人所得税48万元及罚款24万元的处罚决定。

【解析】

稽查人员前往该公司办公现场调取了账册资料，在查阅科目余额表的过程中，发现该公司2018年、2019年在"管理费用——其他科目"合计列支了240万元的费用，该公司财务人员对此无法给出明确的解释，也不能够提供该费用的原始凭证。稽查人员约谈了该公司财务负责人，通过细致的税收政策宣讲打消了他的顾虑，该负责人告知稽查人员，这笔费用主要用于给客户赠送礼品，由于费用性质特殊，客户不愿提供身份证缴纳个税，他们就没有为客户代扣代缴个人所得税。

【实训练习2】

1. （单选题）下列有关个人所得税风险分析指标的说法中，不正确的是（　　）。
A. 本期人均工薪收入＝本期工资薪金总额÷总人数
B. 所有者权益变动应纳个人所得税＝（资本公积期初数＋盈余公积期初数＋未分配利润期初数＋本期净利润－资本公积期末数－盈余公积期末数－未分配利润期末数）×自然人投资比例×20%
C. 个人所得税增长率与工资薪金支出增长率配比＝个人所得税增长率÷工资薪金支出增长率
D. 某股东其他应收款余额变动＝某股东其他应收款年初数－某股东其他应收款年末数
2. （多选题）下列有关自然人代开劳务发票的说法中，正确的有（　　）。
A. 正常情况下，自然人年度内代开劳务发票收入与其个人所得税申报劳务报酬收入的指标值应为1
B. 自然人未代开劳务发票的，雇用劳务方不承担代扣代缴其个人所得税的义务
C. 任何情形下，自然人只得代开劳务发票普票
D. 自然人年度内代开劳务发票收入与其个人所得税申报劳务报酬收入的指标值若大于1，可能存在未足额申报个人所得税的风险

第五节　融会贯通

问题描述

北京至臻酒业有限公司从事高端葡萄酒生产及销售等业务，公司通过ISO9002质量体系认证和产品质量认证，经过多年来的深耕经营，已初具规模，在同地区同行业中排名前列。公司所处行业属于酒类行业，是增值税一般纳税人，涉及的主要税种包括增值税、消费税、企业所得税、城建税、印花税以及预扣预缴的个人所得税等。

要求：请结合背景资料（见表8-5、表8-6），帮助北京至臻酒业有限公司完成个人所得税大数据税务预警与风险防控的相关工作。

表 8-5 2023 年工资结算表

部门	人数	基本工资	总收入	代扣社保	代扣住房公积金	代扣个人所得税	实发工资
管理部	8	662 000.00	662 000.00	88 320.00	73 600.00	20 214.00	479 866.00
销售部	35	2 930 000.00	2 930 000.00	378 960.00	315 800.00	59 374.00	2 175 866.00
生产部	12	908 000.00	908 000.00	123 480.00	102 900.00	23 089.00	658 931.00
合计	55	4 500 000.00	4 500 000.00	590 760.00	492 300.00	102 677.00	3 314 263.00

表 8-6 2023 年企业所得税申报表数据

项目	账载金额	实际发生额
工资薪金支出	4 900 000.00	4 900 000.00
职工福利费支出	590 760.00	590 760.00
职工教育经费支出	343 000.00	343 000.00
工会经费支出	98 000.00	98 000.00
各类基本社会保障性缴款	735 000.00	735 000.00
住房公积金	237 600.00	237 600.00
补充养老保险	0.00	0.00
补充医疗保险	0.00	0.00
其他	0.00	0.00
合计	6 904 360.00	6 904 360.00

指标：表 8-5 个人所得税申报工资总额和表 8-6 企业所得税申报工资总额比对不符。

1. 计算公式。

个人所得税申报工资总额和企业所得税申报工资总额对比 =（　　　）。

2. 指标预警值。

在一般情况下，两者比值接近 1。

3. 风险指向。

若分析期个人所得税申报工资总额小于企业所得税申报工资总额，企业可能存在多扣缴个人所得税或企业所得税税前虚列工资薪金问题。

4. 风险应对。

检查个人所得税申报表中的工资薪金总额与企业所得税申报工资总额是否一致。

风险指标计算：

个人所得税申报工资总额：

企业所得税申报工资总额：

两者差额：

两者比值：

指标预警分析：

公司 2023 年个人所得税申报工资总额为（　　）元，企业所得税申报工资总额为（　　）元，两者比值（　　），可能存在着（　　）或（　　）问题，需进一步自查。

自查过程：

财务人员根据风险预警进一步自查，发现工资结算表中有一列补贴，该补贴为公司每个月应发给全体职工的伙食补贴每人 500 元/月，税务会计认为该补贴属于误餐补贴，不需要缴纳个人所得税，因此在申报个人所得税按扣除伙食补贴以后的实发工资进行申报。

税收政策梳理：

根据规定，不征税的误餐补助，是指按财政部门规定，个人因公在城区、郊区工作，不能在工作单位或返回就餐，确实需要在外就餐的，根据实际误餐顿数，按规定的标准领取的误餐费。企业以误餐补助的名义发给职工的补贴、津贴，应当并入（　　）扣缴个人所得税。

自查结果及应对：

经分析，（　　　　　　　　　　　　　　　　　　　　　　　　　）。

第六节　拓展案例

北京正宇会计师事务所接受北京永成家具有限公司委托，对北京永成家具有限公司税务申报的合规性进行审计，并进行税务分析及风险预警。审计人员调取了该公司 2023 年度的账册、凭证、会计报表等涉税资料，就相关涉税问题以及公司的经营情况、纳税情况进行了询问。经检查发现，该公司存在如下业务。

业务 1：该公司董事会由本公司员工李铭、高修文和外部专家刘源组成，每月发放董事会费 6 000 元/人，财务人员均按"劳务报酬所得"项目代扣代缴个人所得税。

业务 2：为公司总经理李铭购买价值 200 000 元的大众汽车，登记在李铭个人名下，该汽车为李铭私人用车，未用于生产经营，未申报个人所得税。

业务 3：公司周年庆典，向员工每人发放 2 000 元的现金福利，已并入工资薪金所得申报个人所得税。

业务 4：为庆祝"618"活动公司业绩翻番，组织优秀员工外出旅游，人均旅游支出 5 000 元/人，由公司统一支付，未申报个人所得税。

要求：请结合资料，帮助北京永成家具有限公司完成个人所得税风险自查并进行纳税调整。

业务 1：董事会费个人所得税申报

是否存在风险：

风险点类型：

税法依据：

业务 2：无关经营支出个人所得税申报

是否存在风险：

风险点类型：

税法依据：

业务 3：发放现金福利个人所得税申报

是否存在风险：

风险点类型：

税法依据：

业务 4：职工非货币性福利个人所得税申报

是否存在风险：

风险点类型：

税法依据：

主要参考文献

［1］李晟璐. 税法［M］. 北京：经济科学出版社，2023.

［2］何忠. 中国税制［M］. 北京：经济科学出版社，2023.

［3］刘颖婷，关寒近［M］. 北京：经济科学出版社，2023.

［4］林晓红，苏聃. 智能财务应用——基于金蝶 EAS 管理平台［M］. 北京：清华大学出版社，2024.

［5］竟玉梅，谈先球. 智能财务会计实务［M］. 北京：清华大学出版社，2024.

［6］文蓉，李刚，傅仕伟. 金蝶 RPA 智能财务开发与应用［M］. 北京：人民邮电出版社，2022.